国家社科基金项目“西南民族地区乡村振兴与特色村寨建设的协同效应及特色文化路径研究”（18BMZ069）阶段性成果；西南民族大学民族学一级学科建设项目（0303MZX-2020）资助。

CHINA 中国特色

文化资源的保护与开发

以西部地区为例

唐　剑◎著

新华出版社

图书在版编目（CIP）数据

中国特色文化资源的保护与开发：以西部地区为例 / 唐剑著 . -- 北京：新华出版社，2021.1

ISBN 978-7-5166-5643-3

Ⅰ. ①中… Ⅱ. ①唐… Ⅲ. ①地方文化—资源保护—中国②地方文化—资源开发—中国 Ⅳ. ① G127

中国版本图书馆 CIP 数据核字（2021）第 025836 号

中国特色文化资源的保护与开发：以西部地区为例

作　　者：唐　剑

责任编辑：徐文贤

封面设计：马　佳

出版发行：新华出版社

地　　址：北京石景山区京原路 8 号　　邮　　编：100040

网　　址：http://www.xinhuapub.com

经　　销：新华书店

购书热线：010-63077122　　中国新闻书店购书热线：010-63072012

照　　排：北京人文在线文化艺术有限公司

印　　刷：天津雅泽印刷有限公司

成品尺寸：170mm × 240mm　1/16

印　　张：16.25　　字　　数：232 千字

版　　次：2021 年 6 月第一版　　印　　次：2021 年 6 月天津第一次印刷

书　　号：ISBN 978-7-5166-5643-3

定　　价：69. 80 元

前　言

中国共产党第十九次全国代表大会的报告明确强调："文化是一个国家、一个民族的灵魂。文化兴国运兴，文化强民族强。没有高度的文化自信，没有文化的繁荣兴盛，就没有中华民族伟大复兴。要坚持中国特色社会主义文化发展道路，激发全民族文化创新创造活力，建设社会主义文化强国。"我国广大西部地区由于缺少工业化的支撑，经济社会发展相对缓慢，难以通过工业化途径来完成现代化和城镇化进程，而当地的特色文化资源丰富，以特色文化资源的保护性开发培育西部地区的比较优势，是广大西部地区全面综合协调发展的理性选择。本书以西部地区特色文化资源的有效保护与合理开发的路径和机制为主要研究对象，深化理论与实证的结合，积极探索西部地区特色文化资源开发过程中所面临的问题，并且运用科学的方法对西部地区文化资源的保护性开发策略进行全面分析，对于激发民族文化创造活力、保障人民基本文化权益，尤其是对于广大西部地区依托特色文化资源推进新型城镇化建设、实施乡村振兴战略、促进城乡融合发展，具有重要的理论和现实意义。

综观国内外相关文献成果，关于传统特色文化资源的开发利用的研究，主要体现为 3 个方面：

第一，部分研究者以经济效益为中心对传统特色文化资源展开了产业化或市场化的探索，但需要进一步深化传统特色文化资源保护与开发的同步性研究。

第二，有的研究者明确指出了特色文化资源的保护在开发过程中面临诸多问题和困难，并提出了相应的政策建议，但是，没有从文化资源本身的特性进行深入挖掘解决方案，另外，从现代产权经济学的角度分析政府、当地民众、投资者，以及特色文化传承人在传统特色文化资源保护中的权利、责任和义务则更少。

第三，相关研究成果注重文化资源产业化发展对城市特别是大都市的影响，但对于西部地区农村文化产业发展的关注较少，尤其是西部地区特色村寨文化资源保护利用与新型城镇化协调发展的路径及机制的研究则更少。

以上问题正是本书的基本研究视角和研究任务。

特色文化资源的保护性开发是实现我国西部地区经济、社会、文化协调发展的重要途径，必须制定科学合理的目标体系，推动其稳步实施。首先，应立足于党的十九大报告所提出的“激发全民族文化创新创造活力，建设社会主义文化强国”这一基本原则；其次，要结合民族文化资源所特有的公共产品的特性，充分考虑利益相关者的经济诉求；同时，应该学习和借鉴发达国家、发达地区在民族文化资源开发与保护过程中所取得的成功经验和成熟模式。

在综合各种重要因素的前提下，结合文化资源和文化产业的基本属性。本书将西部地区特色文化资源保护性开发的目标体系，主要概括为5个方面：一是增进人们对特色文化资源产业化发展所产生的环境效应和经济效应的理解，强化人文生态意识；二是促进各民族的文化产业公平、协调、可持续发展；三是改善文化资源开发地区基层人民群众的生活质量；四是向社会各界提供高质量的特色文化产品；五是保证未来西部地区特色文化资源产业化发展赖以生存的人文环境质量。

围绕此目标体系，主要应深入分析特色文化资源保护与开发之间的逻辑辩证关系，积极探索保护与开发之间的相互作用机制，为了推动西部地区的跨越式发展，既不能为了保护而停止开发建设，更不能为了开发而盲目破坏。理性的选择应该是在科学理论的指导下，借鉴国内外先进经验，走出一条符合西部地区特点，操作性强的保护性开发路径。

目 录

CONTENTS

导 论

“社会主义文化强国建设”已成为我国在新时代的重要战略抉择之一。在长期的历史发展进程中，广大西部地区孕育了丰富多彩、形式多样的特色文化资源，为丰富中华文化做出了贡献，也为国家发展文化产业储备了独特的优质战略资源，特色文化资源已成为当地社会经济发展的基础性优势。在经济转型升级过程中，广大西部地区的发展面临的经济、社会、生态等方面的综合压力更大，发展低能耗、低污染、可持续的特色文化产业，是西部地区的理性选择。本书以特色文化资源保护性开发的路径和机制为主要研究对象，深化理论与实证相结合，积极探索西部地区特色文化资源开发过程中所面临的问题，并且运用科学方法对西部地区特色文化资源的保护性开发策略进行全面分析，对于激发民族文化创造活力、保障人民基本文化权益，尤其是对于全面开创西部大开发的新格局，有效建立区域协调发展新机制，具有重要的理论意义和现实意义。

本书的逻辑思路和主要内容包括以下 4 个方面：

第一，从特色文化资源的保护与开发所面临的政策问题、全球化进程与特色文化资源的保护性开发问题、文化资源保护利用的现状及问题、文化资源的开发与城镇化发展的关系等 4 个方面对国内外学者关于特色文化资源保护性开发的研究成果进行了梳理和述评，分析了本书的研究视角、理论意义和现实意义。并从国际经验比较和系统分析的角度提炼了特色文化资源保护性开发的目标体系及实现路径，进而构建了特色文化资源的保护与开发的理论分析框架。

第二，通过理论分析、田野调研、实证分析，分别研究了西部地区旅游文化资源、非物质文化资源、原生态文化资源、红色文化资源等多种特色文化资源的内涵、特征、开发现状及问题，并在典型案例分析的基础上，借鉴国内外先进经验，提出了相应的对策建议。

第三，结合“一带一路”倡议的构想，分析了在全球化开放交流的背景下，特色文化资源开发利用是西部地区经济社会发展的有效手段。在抽样调查与典型调查相结合的基础上分析了西部地区在特色文化资源开发过程中面临着市场主体薄弱、产品开发难度大、资源应用不全面、产品吸引力较弱、体验性不足等困难，需要结合自身特点，不断完善竞争力培育模式、构建均衡开发模式、创新一体化宣传模式，同时，坚持开发文化产品类型、加强人才资源建设、丰富节事活动等途径，全面加强特色文化资源转换力度，促进特色文化产业的稳步发展。

第四，基于系统分析的角度全面研究了西部地区特色文化资源保护性开发与新型城镇化建设的协同互补关系，揭示其内在联系和作用机制。采用统计分类法、比较分析法、综合评价法分析了西部地区在城镇化进程中面临着特色文化资源保护力度不够、文化基础设施滞后、城镇体系发育不完善、城镇功能弱小等诸多问题，需要通过有效的政府引导机制、依托差异化发展模式、关注特色文化资源的开发与保护并重、加强旅游业与文化资源保护利用深度融合等途径，进一步促进西部地区特色文化资源保护利用与新型城镇化建设的协调互动发展。

根据国内外相关学者对全面小康社会建设的研究成果，结合本书的研究目的和研究范围，本书的创新点主要体现为以下 5 个方面：

第一，从系统科学的角度分析特色文化资源保护与开发的互动共促机制。在国际经验比较分析的基础上，提炼出特色文化资源保护性开发的目标体系及实现路径，并运用系统分析法剖析了特色文化资源科学保护与合理开发之间相互交融、互动共促的辩证关系，为深入研究西部地区特色文化资源保护性开发目标的实现构建了合理的理论分析框架。

第二，运用产权经济理论对特色文化资源的特殊产权属性进行分析研究。产权经济模型对把握产权制度安排与文化资源配置和开发利用效率的关系、认识文化资源的特性、推动西部地区特色文化资源的保护性开发，具有重要的理论指导意义。从产权经济学的角度来看，多元化的产权属性和过高的界定成本导致了特色文化资源开发过程中的利益纠纷，合理界定并有效配置文化资源的相关权益是避免纠纷产生的重要途径，约束不同权利主体的产权实现方式可以减少交易成本，增加文化资源本身的价值，进而推动西部地区特色文化资源保护与开发目标的顺利实现。

第三，从经济学与伦理学的角度分析了外部约束机制与内部约束机制在西部地区特色文化资源保护系统中的作用机理和实现路径。通过灰色关联分析法研究了内外部约束机制的协同互补关系，指出通过刚性的外部约束机制和柔性的内部约束机制共同作用，来实现西部地区特色文化资源的有效保护。

第四，提炼特色文化资源保护利用与西部地区新型城镇化协调发展的目标体系。基于利益相关者理论和产业经济理论，提炼两者协调发展的目标体系：一是增进人们对特色文化产业所形成的环境效应和经济效应的理解，强化人文生态意识；二是促进特色文化产业公平发展；三是改善特色文化资源开发地区人民的生活质量；四是向人们提供高质量的文化经历；五是保证特色文化资源未来开发赖以生存的人文环境质量。

第五，立足三大维度原则，构建西部地区特色文化资源保护性开发的长效机制。遵循文化产业发展的长远性、分布性、拓展性三大维度原则，促进西部地区特色文化资源保护性开发。即从时间层面上考虑，协调好当前利益和长远利益的关系，分秩序、有选择地开发特色文化资源；从空间层面上考虑，按各地区的文化资源禀赋合理分工，促进相关地区的区际经济利益交换；从纵深层面来考虑，不断拓展特色文化资源产业链，通过文化资源产业链的科学延伸和特色文化产业的合理发展来促进西部地区特色文化资源保护性开发工作的有序推进。

第1章 特色文化资源的保护与开发：一个理论分析框架

1.1 国内外研究综述

随着文化资源的经济社会价值日益凸显，如何对西部地区特色文化资源进行合理地开发和有效地保护，尤其是在新型城镇化进程中，如何做到传统文化资源的保护利用，已引起了国内外学者的普遍关注，并产生了一系列的理论成果。主要体现在以下几方面：

第一，文化资源的开发与城镇化发展的关系。博尼费斯（Boniface，1999）认为，城镇化发展中过多注重经济效益，忽略文化和社会的特殊规律，冲突的可能就会增加。贾德（Judd，1999）的研究表明，历史名城产生的原因是依托特色文化资源进行旅游城市建设的结果。杨博（2012）、王治福（2012）等认为，在城镇总体规划阶段融入文化优先理念，有助于全面保护历史文化资源，营造特色文化空间，从而提升城镇品位和竞争力，促进城镇能既好又快地发展。岑慧（2012）、曹靖（2012）等从文化旅游区发展的脉络入手，通过驱动力、空间和产业等方面，对文化旅游区和小城镇之间的联动开发模式进行探讨。王紫葳（2011）认为，小城镇建设雷同，没有特色，应该通过地域文化彰显小城镇特色。

第二，传统文化资源保护利用的现状及问题。巴克（Buckly，2004）强调文化遗产资源对于旅游业及其他相关产业有很强的带动作用，应当给予严格的保护与现代化管理。黄银华和龚群（2009）、王沛智（2007）等认为，政府对开发组织结构与规模的政策导向模糊是民族文化资源开发利用中的一大问题。张军毅和龙梅（2000）、贺星（2006）、彭延炼、盛竞凌（2010）等认为，文化管理体制僵化导致了传统特色文化资源保护与开发中存在大量问题。还有部分研究人员、学者，如陈秋萍（2006）、黄荣平（2008）、赵鑫和赵立德（2010）、李铁（2011）等人认为金融政策不到位、基础设施建设投入不足也是制约传统文化资源的保护利用的重要因素。

第三，特色村寨建设与文化资源的保护性开发问题。黄萍（2005）、钟洁（2006）、张华明和滕健（2006）、罗琳（2007）等从不同角度对特色村寨开发的模式进行了划分，并根据不同开发模式对民族文化资源的保护和发展提出了建议。段超（2011）、田力（2011）等学者从政府、制度、技术和人才等方面阐述了特色村寨文化资源受到破坏的原因。蒋彬（2006）、罗奋飞（2011）、姚俊一和陈应新（2011）、房亚明（2011）等通过对西部民族地区不同村寨文化的调研，提出应该因地制宜，创新民族地区特色文化的保护方式。

第四，文化资源产业化发展所面临的问题。杰恩（Jayne，2010）指出，英国文化产业政策中存在着忽略乡村文化创意产业的弊端。布里顿（Britton，1991）、祖金（Zukin，1991）认为对文化资源进行产业化开发是各地区的政府、群体为了使本地区与其他地区相区别而采用的发展战略。李江帆（2000）、谢名家（2003）、李向民（1999）等分别从不同角度分析和总结了文化资源开发的产业属性及结构，并对我国文化产业的定位和发展进行了时代审视。张曾芳（2001）、张龙平（2008）等分析了文化资源产业化开发的形态，以及投资营运所面临的瓶颈，提出文化资源的产业化运作要同时遵循商品价值规律和社会价值规律。

综观国内外相关文献成果，关于传统特色文化资源的开发利用的研究，主要体现为以下 3 个方面：

第一，部分研究者以经济效益为中心对传统特色文化资源展开了产业化或市场化的探索，但需要进一步深化传统特色文化资源保护与开发的同步性研究。

第二，有的研究者明确指出了特色文化资源的保护在开发过程中面临诸多问题和困难，并提出了相应的政策建议，但是，没有从文化资源本身的特性来深入挖掘解决方案，另外，从现代产权经济学的角度分析政府、当地民众、投资者，以及特色文化传承人在传统特色文化资源保护中的权利、责任和义务则更少。

第三，相关研究成果注重文化资源产业化发展对城市特别是大都市的影响，但对于西部地区农村文化产业发展的关注度相对较少，尤其是西部地区特色村寨文化资源保护利用与新型城镇化协调发展的路径及机制方面的研究则更少。

以上问题正是本书的基本研究视角和研究任务。

1.2 特色文化资源保护性开发的目标体系及实现路径

特色文化资源的保护性开发是实现我国西部地区经济、社会、文化协调发展的重要途径，必须制定科学合理的目标体系，推动其稳步实施。首先，应立足于党的十九大报告所提出的“要坚持中国特色社会主义文化发展道路，激发全民族文化创新创造活力，建设社会主义文化强国”这一基本原则。其次，要结合民族文化资源所特有的公共产品的特性，充分考虑利益相关者的经济诉求；同时，还应该学习和借鉴发达国家、发达地区在民族文化资源开发与保护过程中所取得的成功经验和成熟模式。

在综合各种重要因素的前提下，结合文化资源和文化产业的基本属性，本书将西部地区特色文化资源保护性开发的目标体系主要概括为 5 个方面：一是增进人们对特色文化资源产业化发展所产生的环境效应和经济效应的理解，强化人文生态意识；二是促进各民族的文化产业公平、协调、可持续发展；三是改善文化资源开发地区基层人民群众的生活质量；四是向社会各界提供高质量的特色文化产品；五是保证未来西部地区特色文化资源产业化发展赖以生存的人文环境质量。[①] 围绕此目标体系，主要应深入分析特色文化资源保护与开发之间的逻辑辩证关系，积极探索保护与开发之间的相互作用机制，为了推动西部地区的跨越式发展，既不能为了保护而停止开发建设，更不能为了开发而盲目破坏。理性的选择应该是在科学理论的指导下，借鉴国内外先进经验，走出一条符合西部地区特点、操作性强的保护性开发路径。

1.3 特色文化资源保护与开发的互动共促机制

特色文化资源的持续开发与特色文化资源的有效保护，就其内在机理而言，二者处于互动共促、协同互补的辩证关系，是广大西部地区文化事业繁荣发展的支撑和保障，二者紧密联系，辩证统一。

1.3.1 特色文化资源的有效保护是持续开发的基础和源泉

第一，特色文化资源的有效保护有助于价值创造和价值增值。保护特色文化能够促进经济发展和实现产业机构调整升级。根据其贡献特征，可以分为间接贡献和直接贡献两种，其中，间接贡献主要指和经济效益相关的部分；直接贡献则是特色文化资源自身价值的增加。尽管把保护特色文化当作一项长期的社会文化事业，但是，这项事业却产生了不可估量的产业效益，而且这种效益并不是直接可以感知的，需要在具体的产业发展过程中得到体现，尤其是对于现代服务业的发展，其价值和意义更加明显，不仅能够促进

① ［英］伊恩·莫法特.可持续发展：原则、分析和政策［M］.北京：经济科学出版社.2002.

产业的转型升级，还能为边疆民族地区的经济增长带来无穷的动力。当前，随着经济的高速发展和社会的不断进步，无论是人民的生产和生活需求，还是经济发展的形式都呈现多元化，由此而产生的连锁反应非常明显。由于特色文化发展的多样性，越来越多的特色文化资源也面临着异化和消失的困境，为了更好地保护并有效利用这些人类历史发展积淀的宝贵资源，文化贸易服务应运而生。为此，许多地区专门建立了与特色文化相关的博物馆，既带动了当地的旅游产业的发展，又丰富了当地人民群众的精神文化生活，其中，最典型的当属云南民族博物馆和广西民族博物馆，它们吸引了大量游客前来观光旅行，不仅为当地经济的发展做出了最直接的贡献，还将这些日渐消失的传统特色文化传播开来。广西民族博物馆整体布局上包括 1 个主馆和 10 个特色生态博物馆，这些生态博物馆主要分布在各个主要民族特色文化突出的地区，成特色文化旅游发展最重要的助力，这是一种多方共赢的良性循环。在这里，特色文化得以发扬光大，民族工艺得以传承，旅游业得以发展，取得了十分良好的经济效益和社会效益。

对特色文化产业实行有效地保护，不仅是特色文化产业发展的重要保证，更是保持文化资源的独特性的必要手段，从而增加其利用价值，使经济效益、社会效益、生态效益均得到有效提升。近年来，我国能源消耗严重，自然资源更显匮乏，经济发展在能源和资源危机的影响下逐渐显出疲态，生态环境也变得非常脆弱。要想走出这种困境，就必须对产业结构进行合理调整，寻求升级发展的机遇。广大西部地区经济发展原本就相对滞后，而且生态环境比较脆弱，科技教育水平与东部地区也有较大差距，转型升级就更加困难，需要更好地立足于地方特色资源，培育可持续的比较优势，而特色文化资源的保护利用和特色文化产业的有序发展则是广大西部地区综合协调发展的理性选择。可以说，特色文化发展的本质就是可持续性和传承性，因此需要我们转变观念，树立尊重传统特色文化的意识，对特色民族文化保持敬畏之心，坚持保护文化资源这一亘古不变的原则，进而实现文化产业的长远发展。

特色文化产业是以特色民族文化资源为基础的，如果在开发过程中丧失了民族文化资源的特色属性，必然导致文化产业的发展成为无根之木，失去原有的生机和活力，因此，对特色文化资源实施科学合理的保护措施，是西部地区特色文化产业的可持续发展的内生动力。文化旅游模式是新时代西部民族地区促进经济社会发展的重要途径，在民族歌舞的表演和创作中，人们可以深切地感受到不同民族的精神风貌和生产生活状态，在民族工艺品的制作和生产过程中，人们也能感受到民族特色文化的强大吸引力。这一切都是民族文化旅游产业发展的关键，在游客获得对于民族特色文化的深刻体验基础上，民族旅游项目才有了持续建设和开发的动力。在云南丽江和大理等地区，民族文化旅游产业发展取得了引人瞩目的成绩，这其中的关键和共同之处就是非常重视保护民族特色文化，并且保证了文化资源开发的适度和科学。

在日益多元化的市场竞争态势下，广大西部地区在依托特色文化资源、开发特色文化资源的过程中，最关键的就是保证传统文化的原汁原味，将特色文化资源的开发上升到了一个新的高度。不仅需要防止民族文化特色的流失，而且还要使其在新的历史条件下发扬光大，以创造更多的社会价值，实现产业发展和文化保护的双丰收。

第二，创新特色文化资源保护模式有利于其永续发展。近年来，许多地方政府采取了多项措施来保护民族特色文化，并为此投入了大量的时间和资源，但是，却并没有达到预期的效果。究其原因，主要是因为保护措施脱离实际，保护理念相对落后。在当前形势下，文化产业发展是非常重要的一项长期事业，保护民族特色文化并不是唯一的目的，而只是一条发展传承民族文化的途径。当然，任何一种文化想要拥有更强大的生命力，就必须和其他文化一起协调发展，固步自封、与世隔绝只会越来越落后。因此，生态博物馆成一种保护民族特色文化的有效模式，它不同于传统博物馆，没有传统博物馆的围墙，形式上更加开放，其本质就是生态性，它把特定地区内的一种完整的民族文化统一起来，其范围更加广泛，在展示文化内涵和特征时，主要采用了音像储存、形象表演和实物陈列等形式。对于当地人民来说，这未尝不是发展文化旅游的契机，通过保护特色文化资源和自然生态环境，保持了文化传承的可持续性，吸引了更多的旅游者前来，促进了当地经济的发展，提高了人民的生活水平，这也是对特色文化资源进行保护和利用的典范，逐渐发展成为一种新的共赢模式。1998 年，我国建成了首个生态博物馆——贵州六枝梭戛生态博物馆，该馆覆盖了长角头饰苗族同胞居住社区 12 个，区域内长年生活着超过 4000 人，他们仍然保留了传统的特色文化，崇尚平等、自由的生活方式，注重祭祀和婚丧嫁娶的传统礼仪，在历史和时间的锤炼中，刺绣、蜡染等传统技艺被传承下来，除此之外，还形成了与众不同的舞蹈和音乐形式。①

生态博物馆属于典型的开放性保护措施，不仅维护了特色文化的原生态，还能促进地方传统特色文化在不断发展的社会中进步和演化，促进多元文化的交流、交往、交融，并可以进一步丰富本地文化的内涵和形式。但许多地方的发展经验也表明这种不同文化的交融既有利也有弊，随着旅游产业的发展，外来游客越来越多，本地文化必然受到外来文化的影响，在一定程度上面临着冲突、异化，甚至扭曲的困境。出于保护特色文化的良好意愿，但导致了当地人民享受现代生活、走进现代社会的权利受到一定程度影响，所以，生态博物馆这种特色文化保护模式也有着不容忽视的弊端，为了从根本上解决这一问题，就应该把西部地区的特色文化资源保护性开发作为一项产业来对待，并且需要与现代经济社会融合在一起，在不损害文化主体的需求和权利基础上，科学合理地提高特色文化资源的配置效率，使民族特色文化成为造福人民的精神财富。

要想维持文化的先进性，就必须匹配与之相适应的先进物质生产力。当前，文化产业发展迅猛，文化市场越来越健全，保护文化的方式也亟需变革。为了满足文化创新的需求，文化产业必须拥有强大的创造能力和创新水平，只有在不断发展创新的过程中，保证特色文化的基本内涵和特征不缺失、不变质，才能使文化产业的发展更加发挥保护民族特色文化的效用。

---

① 潘年英．变形的文本——梭戛生态博物馆的人类学观察．湖南科技大学学报（社会科学版）．2006（2）．

1.3.2 特色文化资源有序开发是有效保护的动力和途径

特色文化资源得以有序开发，其有效保护途径主要表现在以下两方面：

一方面，有序开发为特色文化资源有效保护提供内生动力。

满足一定的社会功能，才是保证特色文化长久存在的重要前提。目前，全球经济一体化逐渐深化，世界格局被进一步打破，在全球化浪潮中，即使是边疆地区也无法避免，随着地域限制越来越小，各个地区乃至国家的文化交流日益频繁，民族文化的独特性正遭受诸多挑战，文化趋同成为一种新形势。在这种时代背景下，每一个民族的文化体系和经济实力都悄然发生着变化，其文化发展的生态环境也面临着许多影响，导致民族特色文化与外来文化的边界越来越模糊。

西部地区的居民在长期的生产和生活中逐渐形成了传统的特色文化，它体现了文化的传承，反映了人民在一定时期内的生活特征，这是一个内容、结构和形式都在不断发生着变化的过程。文化形成的这种复杂过程也预示着文化保护并不是单纯的保护，而是在发展中不断地演变、进化，进而使文化继续传承。所以，对于文化的保护和发展并不是孤立的两个方面，两者相互依存。由于边疆地区人民文化水平相对较低，经济水平相对落后，文化传承主要依靠人们的口头交流，并没有详细的文字记载，这显然不利于文化的对外交流和传递，导致很多特色文化资源都陷入了断层的困境，同时，还遭受了大量强势文化的侵蚀，文化被同化的概率大大增加。所以，为了保护当前民族文化的个性和活力，就必须坚持发展创新，而保护和传承特色文化最有效的方式就是发展文化产业。

要想保证特色文化得到有效传承，就必须开放民族文化，在新的经济形势和社会格局中不断发展。把民族特色文化做成产业来发展，努力维护文化的个性特征，还原民族文化长期以来形成的厚重人文历史特征，使民族文化的民族特性和区域性更加鲜明，丰富民族文化的内涵，增强生机与活力，在具体的生产和生活中开展保护民族特色文化的活动。另外，文化产业化发展还能扩大特色文化的影响力和知名度，得到社会各界人士的支持，增强人们的主人翁意识和文化认同感，从而获得更为广泛和坚实的群众基础。当前，文化产业发展突飞猛进，而特色文化产业也成为边疆民族文化实现长远发展的重要基础。

另一方面，特色文化资源有序开发已成为对其保护的有效途径。有序开发和产业化发展为特色文化资源保护奠定经济基础。通过发展文化产业，使特色文化的价值得以体现，这也是保护特色文化的有效途径和方式。文化产业的主要内容就是形式多样的文化产品，这些都是文化资源的重要使用形式。对特色文化资源的有效利用，既是发展特色文化的重要手段，也是保护特色文化的重要方式，还能由此获得经济效益，为保护和传承非物质文化提供保障。提高文化产业的效益和价值，也是促进国民经济增长的重要方式。由于我国近年来出台了不少振兴文化产业的政策和制度，表明我国的文化产业已经得到有关部门的高度重视。实际上，我国的文化产业也处于高速发展的阶段，在整个国民经济结构中占据了越来越重要的地位，由于文化产业发展迅猛，特色文化的保护在物质资源方面也得到充分保证。

有序开发和产业化发展有利于完善特色文化资源保护渠道。独特性构成了特色文化产业的基础特征，特色文化的经济价值和有效传承基本上是通过特色文化产品和文化的生产经营来实现的。其中，最核心的文化产品更是直接体现了特色文化的特色，非常有助于文化的传播。由于文化市场的开放性，不同的文化种类都能在市场中流动，民族特色文化在此过程中得到了有效传承。以前，法兰克福学派认为，特色文化通过大众传播将在一定程度上控制民众的意识，这种控制性集中体现在文化产业上，这也是他们坚决反对发展文化产业的根本原因。然而，事实上，文化的有效保护和传承基本上是通过文化产业来实现的，至少在文化贸易繁荣和文化产业空前发展的当今是这样的。

文化的传播和传承都是一个相对抽象的概念，因此，为了达到更好的效果，获得人民群众更大的认同感，必须依托于一种具体的手段或者形式，而文化产品则是最好的选择。作为一种特殊的精神产品，文化产品的经营和交易不在于表面上的物质形态，而其所携带的文化价值和内涵才是传播的核心。因此，文化产品贸易从本质上来说，就是一种文化的交流和传播。随着文化的全球化发展，在传播的形式上也表现得更加多样化，比如，思想范式、学术语境、文化作品等，当然，作为一种传播文化的主流渠道和形式，文化产业更是至关重要。作为一种特殊的商品，文化产业必须遵循特定的市场规律，在构建共同价值观念的过程中发挥着重要作用。

特色文化资源的有序开发有助于提升当地民众的自信心和自豪感。在自由的市场竞争中，特色文化产业不仅为文化事业的发展带来了更宽广的空间，还有助于其他产业实现新一轮的革新。不同的民族将拥有不同的文化偏好，因此，其特色文化产品和服务也各不相同，只有消费需求一致时，共同的特色文化服务和产品才能被造就。边疆民族地区创造了大量的特色文化产品和服务，钟爱这类文化的消费者担负起了传播的重任，他们是真正认可特色文化的群体，在不断地交流沟通过程中，其文化的认同感与日俱增。当然，文化保护并不是一个简单的过程，需要经历长时期的考验，需要全体人民的共同付出，通过发展文化产业，广大人民也逐渐培养出了欣赏这种文化的意识倾向，从而激发起了文化保护的积极性和主动性。边疆民族在发展文化产业的同时也获得了巨大的经济利益，这也是他们重新审视特色文化价值和主动保护民族特色文化的关键。

在最自然的生产生活方式的影响下，广大西部地区的各少数民族群众形成了自己独有的服饰风格和歌舞体系，其中比较有名的当属《勐巴拉娜西》《丽水金沙》《云南映象》《印象·刘三姐》等作品，这些文化产品具有非常强的地方民族风格，既有现代舞的美感，又不失淳朴的韵味，这类文化产品推动了当地文化产业的发展，发掘出了民族特色文化的内在价值，增强了当地民众的自信心和自豪感，有利于促使他们更加积极主动地投入到保护特色文化的行动中。

第 2 章 西部地区旅游文化资源的保护与开发

自旅游业兴起，就与文化产生了不可分割的联系。文化通过旅游来传播，既是文化推广的一种重要途径，也是积累和发扬文化的保证。当前，中国旅游业快速发展在很大程度上得益于文化资源的不断丰富发展和持续创新，成我国经济增长的重要支柱。另外，文化资源的充分利用也进一步促进了对旅游需求的深度开发。近几年，文化旅游受到全球旅游市场的追捧，在国外，以文化为核心的旅游市场的增长速度非常迅猛，年增长率均在10%~20%之间，前景非常广阔；在国内，我国很多省份的旅游主管部门把文化旅游作为发展旅游市场的重点，不断出台和修订发展战略规划，深度发掘地方特色文化资源。

2.1 旅游文化资源内涵及开发模式

2.1.1 旅游文化资源内涵

关于旅游文化资源的定义，目前还没有一个统一的认识，它所包含的内容也非常丰富，1984 年，中国大百科全书出版社出版了《中国大百科全书·人文地理学》，该书详细地阐述了旅游文化的深刻含义，文化和旅游是息息相关的，旅游的本质就是一种与众不同的文化传播活动。无论是现代文化，还是原始文化，都是游客感兴趣的因素，游客在旅游过程中承担着传播自己国家文化和吸取游览地文化的重任，正是这种文化传播，才使得各个国家和地区的文化得到深度融合，实现了文化上的大同。在内容上，游客更加偏爱工艺作品，以及摄影、雕刻、绘画等项目，游客通常把电影、音乐、舞蹈、戏剧作为打发时光的节目，通过对传统故事、传说、神话的理解，通过意境优美的散文和诗词表现出来，赋予了旅游景物神秘的色彩。因此，基于本书的研究视角，旅游文化资源可以理解为：包括物质资源和人文动态的各种旅游活动的集合，它存在于人们的旅游活动中，是培育自身和改造自然的一个重要过程，体现了与众不同的社会关系、物质成果、行为模式和价值观念。可以从以下 3 个方面来研究分析旅游文化资源的内涵和特点：一是物质角度，既包括服务于旅游文化的各种酒店及交通工具等，又包括各项旅游设施、人文景观和自然景观；二是制度角度，也就是由国家主管部门和具有一定影响力的旅游企业制定的各项规章制度和法律法规等；三是精神角度，也就是在旅游过程中所展现的各种思维方式、价值观念和心理活动等，主要包括经营者的思想意识和思维观念等。

由于文化是一个非常复杂和丰富的概念，在当前产业结构不断调整和转型升级的时代背景下，各项宏观产业政策不断推陈出新，我国各区域在发展旅游业时不约而同地强调文化内涵，这也是我国当前旅游市场日渐火爆的重要原因。目前，学术界基本是以研究旅游文化资源的产品开发为主，倾向于实证研究分析及对策制定。在此基础上，可以把旅游文化资源进行不同的分类，比如，按照区域的不同可以分为村镇文化资源、城市文化资源和地区文化资源；按照种类不同可以分为饮食旅游文化资源和民俗旅游文化资源等。总体而言，学术界研究旅游文化资源的方向基本上集中在两类：一是研究某个地区旅游文化资源的类别，阐述其产品开发的实际状况，找出其中的缺陷并提出相应的改进策略和方案；二是从整体上研究某一个地区的文化旅游资源的开发模式。可以看出，这些研究有一个共同点，就是针对产品开发提出了更多的创新意见，但是，由于其意识相对浅薄，缺乏参与度，导致整体上的影响力不足，无法完全转化成为现实中的创新产品。

更重要的是，即使资源本身就具有高昂的价值，但是，如果没有科学合理地开发和利用，也不能创造出更多的价值，只有被市场所接受的旅游产品，才能将这些高价值资源转换为经济利益，进而在旅游市场竞争中取得胜利。那么怎样才能实现这一目标呢？需要完善和健全相应的体制机制，优化文化资源的有效配置，进一步增强特色文化旅游产品的核心竞争优势，才能创造更多的经济效益和社会效益。①

2.1.2 旅游文化资源的产品开发模式

根据国内外学者的相关研究成果，结合本书的研究视角，借鉴国内外对于旅游文化资源开发的成功经验，将其开发模式总结为以下几方面：

第一，特色旅游村寨模式。例如，游客可以自由地参与到九寨沟、宏村、西递等地当地人的游戏、劳作、生活、竞技、饮食、歌舞等活动中，可以身临其境地感受到地的文化气息和生活方式。这种模式多应用于乡村环境中，更多的是以田园风光和文化资源为基础的开发。其不足之处则体现为，由于要体现出每个地方的特色，不得不对其进行封闭式的保护，忽视了这些景点所处的整个社会环境改变，阻碍了各个村落的文化传播和融合，在一定程度上不利于村落的长远发展。

第二，节庆文化旅游模式。对于某些非物质旅游文化资源而言，想要展现出其独特的魅力，必须结合特定的载体，而节庆集会模式就是这样一种承载旅游文化资源的载体，它具有良好的转化能力，能使旅游资源创造出高价值，这种模式还在一定程度上提高了游客的参与度和观赏性。具体形式通常有两种：一是民俗风情文化节，例如，回族的开斋节、圣纪节、古尔邦节等，每到节日，很多游客都会慕名而来；二是各种文艺表演活动，例如，吴桥国际杂技文化节，能够为游客带来惊险刺激的感受，展现了我国的传统技

① 马锐. 对中国旅游文化资源开发的探讨［J］. 兰州学刊，2005（6）.

艺。

第三，特色文化博物馆模式。为了更好地向游客展示文化资源的内涵，可以通过成立博物馆来实现，这种模式更多地采用模型、实物、影像和文字，特色文化博物馆已经成为当前一种非常重要的旅游文化开发模式，在国内已经取得了很多成功经验。这种模式在体现歌舞、民间戏曲和文学上也更加得心应手。除此之外，生态博物馆等模式也是目前最风靡的表现形式之一。例如，以各种历史文献资料中的传说、故事、神话等为基础，所衍生出来的民族文化资源按照不同的时间段，持续地为游客展示当地的人文风貌，形成了民族文化旅游产品的独特魅力，提高市场价值和影响力。作为一种静态的保护措施，旅游文化博物馆也存在一些不足之处，它保护的对象一般都是物质形态的文化遗产，在保护非物质文化遗产方面就显得力不从心。

第四，文化主题公园模式。已倒闭和深圳中国民俗文化村就是主题公园模式的代表，这种模式把不同地域的旅游文化资源集中在一起，通常更适用于非物质旅游文化资源，因此，可以按照不同的故事制定不同的主题，从而推出更吸引人的旅游活动项目，例如，三国城、清明上河园、开封府等。由于旅游文化资源相对集中，游客可以以更少的时间获得更多的旅游文化，但这种模式依然有不容忽视的缺陷，如果在建设复制的过程中过于粗放，便可能无法准确地传递出原有的文化价值，从而使得旅游文化被人为扭曲。

第五，特色文化街区模式。以南京的“1912”街区和上海的新天地为例，其开发模式主要是对街区附近的建筑物及其文化内涵进行利用。其中，上海新天地更是荣膺了国家文化部授予的“国家文化产业基地”称号。目前，已经发展成为国际上颇具影响力的集娱乐、文化、商业和餐饮于一体的休闲文化景区，它的前身就是上海独特的石库门建筑旧区，在创新理念上，主要通过现代手法来达到保护历史文化建筑的目的。现在，石库门建筑外表经历了百年沧桑，也是外表依旧，但内部却发生翻天覆地的变化，这也是当代都市人对生活的创新需求，体现了整个城市的历史变迁和独特魅力，也就是我们常说的可识别性。南京“1912”街区齐聚了时尚风和民国风，既是现代消费需求的体现，也是历史变迁的见证，还是区域经济发展的导向。精巧古朴的建筑风格，红色和青灰色相间，体现了一个时代、一个地区特有的文化内涵，在旅游产品的研发和定价上，即使是溢价销售，也会得到大家的认可。当然，特色文化街区模式的发展模式本身也具有一定的局限性，它更适用于相对集中而且又有一定文化内涵的建筑街区。

第六，旅游文化附会模式。在特定功能的旅游设施上融入特定主题的民俗文化，这种模式的效果也不容小觑，以阳朔"印象·刘三姐"和苏州网师园夜游活动为例，广西桂林阳朔地区以"锦绣漓江·刘三姐歌圩"为主题的大型实景公园就是以当代高科技与传统文化和山水风景巧妙结合的成功案例，在世界范围内都颇负盛名，是我国精英艺术家的创作典范，把广西少数民族文化和漓江的山水风情体现得淋漓尽致。而苏州网师园不但在白天为游客提供服务，还推出了夜游的主题活动——古典夜园。园内的每一个厅堂都有各具特色的地方民俗文化表演，比如，昆曲、苏州评弹等，游客可以在夜晚感受苏州园林不一样的意境。自 2004 年国庆节后，我国旅游开发中的实景主题得到了中外游客和世界旅游组织专家的好评，2005 年 3 月，我国文化部还把这两个景点作为第一批中国文化产业的示范基地。这种新的旅游文化资源开发模式与民族文化旅游主题开发的 RMTP 理论基本框架不谋而合，逐渐形成了一套完善的开发体系，该体系主要建立在资源的基础上，通过设定相应的主题，根据市场变化的规律和需求，对产品尽心创新和改善。①

① 汤傅佳. 浅议旅游文化资源的产品开发模式［J］. 科技信息，2011（22）.

2.2 旅游文化资源保护性开发的基本策略

2.2.1 旅游文化资源开发面临的主要问题

随着经济的发展，人民生活水平的不断提高，文化旅游资源市场持续繁荣，不断展现出巨大的发展潜力，但在文化旅游资源开发过程中，逐步显现出一些矛盾和问题，需要在实践中改进。

第一，经营理念需要进一步开拓和创新。在学术界，关于如何开发、利用和保护旅游文化资源是一个长期以来争论不休的问题，主要形成了 3 个流派，即开发和保护同时进行、在保护的基础上进行开发、先开发利用完再保护。这 3 种理论就目前来看，没有哪一种是完全正确或者完全错误的，需要我们根据当地的实际情况，从最大限度地减少资源浪费的角度出发，科学合理地选择方案。但是，有些地方却没有深入地理解问题要害，出现了严重偏差，要么认为只要不开发就不会浪费资源，要么认为只要开发就会浪费资源，很显然，这两种观点都太过片面和绝对。虽然我们经常强调深入地开发利用旅游文化资源，但绝不是过度开发。比如，在楚文化发源地的屈原故里——历史文化名城湖北荆州西北部 20 千米处，这里有着具有重要历史意义和价值的八岭山古墓群，包括了 498 座大型封土堆古墓群和难以计数的无封土堆古墓，但是，由于该地区发展相对滞后，这些文物无法充分实现其文化价值。

第二，开发理念有待引导和激发。我国地大物博，拥有丰富的自然资源和旅游文化资源，但是，却缺乏相应的产品转化能力，导致在激烈的市场竞争中根本不占优势，旅游资源得不到有效地开发和深度地利用，在旅游界形成了一个怪圈——有了金饭碗，依然饿肚子。以甘肃省为例，该省的文化旅游资源不可谓不丰富，省内山川河岳不计其数，文物储藏量位居全国前茅，拥有两大全国文明的石窟，丝绸之路举世闻名，这里文化底蕴非常深厚，各民族文化不断汇集于此，现代文化、宗教文化、黄河文化、丝路文化、长城文化、彩陶文化、伏羲文化交相辉映，但是，开发和创新的力度不够，导致旅游业的发展落后于全国平均水平。

第三，保护理念需要持续塑造和加强。早些年，我国在开发旅游资源时没有制定科学的发展战略规划，没有形成强烈的环境保护意识，导致开发混乱，表面上火爆，实际上弊大于利，很多地方的环境和资源甚至遭受严重破坏，这个问题也得到了相关部门和各界人士的关注，并且制定了相应措施，但是，这些措施都显得过于急功近利。此外，我国在开发旅游景区时更多地以文化资源为核心，为了突出这种文化内涵，采用了大量人工措施，在景区内引入过多的现代化设施，城市化、商业化和人工化痕迹非常明显，对文物古迹的原生态造成了损害。在一些旅游高峰期，由于景区管理部门没有进行科学合理地规划，导致接待游客数量超出承载能力，对景区内的特色民居、历史遗迹和文物等造成了不同程度的损害。

第四，开发层次需要不断提升和创新。我国对旅游文化资源的开发脱离实际，没有以市场需求为导向，导致开发出的产品具有较强的同质性，不仅浪费了大量的财力、物力、人力和文化资源，还影响了游客的游览兴致。比如，我国在大力发展和探索旅游主题公园的时期，出现了一些不切实际盲目跟风的现象，主题不鲜明、题材不新颖、品位不够高等缺点都严重影响了主题公园的发展。1991 年 10 月，深圳首次建立起了“中国民俗文化村”，从那以后，全国掀起了“文化风情园”“民族村”“民俗村”的建设热潮，西部地区建立了大量的文化村，其中，许多文化村缺少特色民俗文化，而且在文化村的建设过程中大量使用现代化的工艺和材料，这不仅是虚假文化的体现，还对当地的人文历史造成了不良影响。

第五，业态理念有待进一步转变和完善。当前，西部部分省份开始修正自己的旅游发展规划，进一步明确了旅游产业的核心地位，通过把文化融入旅游产业，带动旅游的快速发展，这时期陆续提出了“佛教文化”“黄河文化”“长江文化”“长城文化”等。而且，在国际市场持续推动旅游文化宣传，这种强烈的文化氛围虽然能够刺激国内外游客探幽寻古的消费兴趣，但是，通过市场调研发现这种文化旅游宣传效果并不理想，甚至还比不上“太阳岛”“我们新疆好地方”等浅显直白的宣传术语。事实上，我们经常挂在口头上的文化，依然是老祖宗的东西，不仅时代久远，还脱离了实际生活，与现代旅游观念相去甚远。一味地夸大文化的功能，而不去建设基础设施，不能在物质上满足旅游者的差异化需求，旅游产品不可能获得更高的经济效益。

2.2.2 促进旅游文化资源保护性开发的策略

我国自从加入世界贸易组织（WTO）后，旅游市场也开始与国际接轨，因此，我国应该从大局上制定发展旅游产业的国际化战略。首先，根据实际情况，利用自身优势资源，以开发国内市场为主，再逐步进军国际市场。一步一个脚印，走好每一步，树立良好的旅游品牌形象，提高核心竞争力和资源转化能力，从而为我国的旅游产业走向世界奠定基础，创造巨大的经济价值，应该从以下几个方面着手。

第一，不断创新保护性开发模式。一个民族要想不断的突破自我，取得进步，就必须坚持创新发展，这也是一个国家内涵式发展的关键。旅游行业也应如此，依托于制度创新、理念创新和模式创新。它要求我们转变传统观念，形成“大产业”“大市场”“大旅游”的意识，提高全国人民发展旅游事业的参与度。人类经历了几千年的发展和历史变迁，才形成了现在丰富的文化瑰宝，所以，我们必须重视对旅游文化资源的保护，并且要付诸行动。只有实现了保护人类文化的目标，才能确保旅游业的长远发展，这需要我们从国民经济发展的高度考虑问题，树立全局观念和整体意识。因此，各级地方政府、企业机构、社会团体、经济组织都应该重视环境效益、经济效益和社会效益的平衡，在开展各种公众活动时，以旅游业为导向，以丰富旅游文化为中心，完善相应的工作机制。

第二，科学战略规划。在开发和利用旅游文化资源时，应该遵循“抢救第一，保护第一”的原则，坚持“强化管理、合理利用、科学保护”的方针政策，做到建设开发科学、有序、依法、合规、节约。无论在哪里开发旅游资源，都必须有章可循、有规可依。在制定各项规章制度时需要切合实际，充分征求各行业主管部门的专家意见，广泛听取社会公众的看法。一旦制度颁布执行，各级地方政府必须竭尽全力地维护制度的连续性和权威性。另外，还需要在执行过程中不断对制度进行修正和完善，每次修正时同样要认真听取专家的意见。积极寻求旅游文化资源的有效保护和合理开发的平衡点，做到既不过度，又足够充分。对于风景名胜资源、民俗文化资源和文物旅游资源的开发，不能只看眼前利益、急于求成，坚决避免盲目跟风和过度人工化带来的危害，尽量控制在自然景区的建设体量，防止对历史文物和古迹造成损伤，最大限度地还原景观的原生态面貌。

第三，正确处理旅游文化资源的有效保护和合理开发利用之间的关系。和其他行业类似，开发旅游文化资源也需要我们不断创新，走在时代前沿，既要考虑当前的市场经济环境，还需要对资源做科学合理的配置。要想促进文化事业的产业化发展，使旅游文化资源的社会教化功能得到充分发挥，树立全社会保护环境、保护资源的意识，就必须合理有效地开发和利用资源，而最好的保护办法也是如此。此外，只重视保护，而不加以利用，这种保护就显得多余，当然也不是可持续发展的应有之意。

第四，加强部门协作，齐抓共管。我国的管理体制相对复杂，因此，各个风景名胜区及文物管理部门必须和旅游主管单位保持联系，保证信息的无障碍传递，在工作上相互协调。旅游工作者还需要加强学习，多角度地掌握法律法规和科学文化知识，当然资源管理部门也应如此，深入研究当前市场经济形势下旅游文化产业发展的难点和重点。在日常工作中，两者需要提高沟通频率，充分发挥自身优势，在确保自身工作开展的同时，还应该尽最大努力协助对方。比如，在制定开发和保护旅游文化资源的相关战略时，就应该构建统一战线，通过加强监管，合作组织各项大型的宣传活动，在树立世界知名品牌形象的道路上砥砺前行。

第五，促进现代化旅游文化产业的发展，提升旅游产品的竞争力。文化产业主要包括文化娱乐业、影视业、音像制品业、新闻出版业、文化旅游业、传媒广告业、美容、时装、休闲、业务培训、文化信息、美术设计等。

发展文化产业既可以促进经济发展，又可以极大地提高当地的文化品位，是建设当地经济发展的重要内容。要发展旅游业，就必须将旅游与文化产业相结合，形成丰富多彩的各种旅游产品，不断开拓市场，参与国内国际市场竞争，追求经济和社会效益。

一方面，通过政策和资金扶持，为西部地区特色文化旅游产业奠定基础。总体而言，我国大部分文化旅游景区都存在基础设施薄弱的现象，配套设施一般也不够完善。主要体现在信息咨询、环境卫生和交通道路等方面。因此，我们可以为旅游文化景区配置其他的关联产业，构建一条生态产业链。除此以外，还需要继续推陈出新，创新更多的文化娱乐活动，深度发掘景区的历史文化。以河北永德新建的清乐宫为例，“清宫宴乐舞”等宫廷文艺表演一经推出就获得了游客的广泛认可。另外，旅游业尽管收入高，但是，高投入也是一般企业或者组织无法承受的，所以，可以积极地引导社会投资和外资的参与。从不同的渠道筹集资金，形成投资多元化、规划统一化的模式，在利益分配上也需要严格依照“谁投资，谁受益，多投资，多收益”的原则执行。此外，还需要政府出台相关的优惠政策，拓宽招商引资的范围，进一步丰富投资方式。

另一方面，充分体现民族特色和民族气派。21 世纪旅游市场的核心竞争因素就是特色，为了吸引更多的游客前来，需要培育更多的比较优势，出奇制胜，别人没有的，我们有；别人有的，我们更新颖。2004 年，我国逐渐放开了旅游业发展的限制，世界著名的五大旅行社都落户中国，与中国建立合资旅行社的更是不胜枚举。1 年后，我国旅游实现了完全开放，旅游市场竞争更加激烈。所以，特色旅游成在竞争中取胜的唯一途径。随着全球经济一体化的不断深入，世界人民形成了一个共同愿望，那就是走向世界、了解世界，现代旅游理念恰好符合这样一种价值取向。因此，在设计开发旅游产品时，更多地应该考虑参与度、娱乐性、舒适度、知识性等，这样，游客才能在愉悦的环境中潜移默化地了解并接受我国的文化、风俗和历史。

此外，提高特色文化旅游产业的系统管理水平和宏观管理能力。旅游业并不是一个独立的产业，它和很多产业都有着千丝万缕的联系。所以，在管理和建设过程中，应该突出重点，分清主次，确保传统文化不受侵蚀。需要通过开展更多的大型民间文化活动来发展民俗文化。广大西部地区聚集着数量众多的少数民族，每个民族都有自己独特的风俗和信仰，生活方式和礼仪习惯都各不相同，可以通过开展全国性或者国际性的大型文化活动来展现西部地区丰富多样的文化内涵。例如，著名的藏族香巴拉旅游节、回族花儿会等都是富有地方特色和民族特色的风情观赏及体验旅游资源，在这些特色文化资源产业化开发过程中，通过不断提高系统管理水平和宏观管理能力，加强公益性文化事业的建设，充分发挥其职能和作用，使其成为精神文明建设的重要基地。①

2.3 民俗旅游文化资源的保护与开发

民俗旅游是一种高层次的旅游方式，它更加注重旅游者精神上的享受，满足游客猎奇、求新、求异、求和的需求。当前，民俗旅游已经成为旅游市场中的一项重要旅游形式。据中国旅游市场一项调查显示，来华旅游的美国游客当中，约有 26% 的游客主要游览名胜古迹，而高达 56.7% 的游客则更希望体验中国人的生活方式和风土人情。② 因此，民俗风情旅游不仅能给地方政府带来巨大的财政收入，而且还是政府提高外资投资份额的重要手段。同时，也是向西方世界展示中国特色、中国发展的一项重要渠道。但是，当我们在全国范围大力发展民俗旅游，实现民俗旅游国际化、市场化的过程中，很多民俗旅游产品已经背离了其原生态文化特色的环境，甚至部分区域的民俗旅游文化资源开发不同程度地陷入仪式主义的误区。如果民俗旅游一旦失去自然、原生态的本质，转变为戏剧化、仪式化的场景，便会成为随意

① 马锐 . 对中国旅游文化资源开发的探讨［J］. 兰州学刊，2005（6）.

② 张金霞 . 美国游客来华旅游市场分析［J］. 江汉大学学报（自然科学版），2018（2）.

观赏和把玩的对象，而不是以一种自然的状态展现在人们面前，我们应该审视这样的民俗旅游是否还能向世人展示真正的民俗文化。民俗文化曾经被现代文化视为“原始”“落后”的代表，在当前中国文化情形下，民俗文化在大多数人看来还是古老天真、混沌蒙昧的，但是，我们不能否认民俗文化是当代中华民族文化体系的重要组成部分，我们应该将其纳入国家现代文化范畴内。在全球化背景下，我们需要通过发展市场化、全球化的民俗文化来给我们经济发展增添更多动力，但是，在利益博弈的过程中，民俗文化旅游发展也面临着来自资本方和权利方的挑战，在追求短期经济利益因素影响下发展的民俗文化旅游产业越来越多地展现出商业经济的特征，其作为独特的文化符号和价值符号所留下的历史承载意义逐渐被淡化。因此，当前民俗旅游已逐渐成为全球化背景下的一个表征，越来越多的人将其视为休闲娱乐、摆脱生活压力的一种消遣方式。同时，民俗风情旅游也成为发达地区人们纳入猎奇的方式，也成为西方人探索东方人生活方式的一种途径，随着地区之间人们生活差异的日益复杂化和扩大化，民俗旅游也成为地区之间文化想象的符号。

民俗文化旅游当前展现更多的是后现代文化特点，将传统的、蕴含着浓厚历史气息的民俗文化通过时间碎片、典型化、生活物化的形式，再结合话剧、建筑等方式展现给游客。这样虽然能够让游客短时间内感受到一个地区的民俗文化特点，但是，难免会出现千篇一律的问题，这是因为这种文化展现方式将历史和文化过于扁平化，游客缺乏探索更深层次的文化内涵。旅游部门当前不断强调，各地发展风俗文化旅游的意义和价值在于展现异域风情，让游客真实感受到当地生活的特点，同时是没有特殊加工的原汁原味的民俗文化，能够让旅游者对一次文化体验之旅充满无限遐想。但是，当前民俗文化旅游的策划、设计规划、投资建设、市场推销等一系列环节都表明，旅游部门向大众展现的是消费的文化产品。在文化再生产过程中，无论是主题乐园、博物馆，还是民俗生态园，都与市场需求相接轨，这样的旅游产品开发必然会很大程度上受到市场需求的影响，民俗文化在当下市场中面临着交换价值主宰着消费者对民俗文化的消费喜好。所以，无论是民俗文化村对民俗文化和民俗生活的展现有多么的到位和具体，甚至让游客真切感受到一种真实体验，从其作为一种文化产业再生产的新产物，它与许多蜂拥而至批量生产出的文化形式还是有很多、很大的区别，都是对当下文化情景的一次新的复制。民俗文化旅游当前在开发当中逐渐转变为一种仪式性的表演，缺少其本应具有的历史感和文化感，其丰富多彩的形式貌似展现了当地丰富的文化生活，但是，作为一种文化工业，正制约着文化的个性和创造性，是一种被市场所影响的大众文化。例如，民俗文化的主题公园试图通过宏大的背景和排场来展现不同文化的特点，而民俗博物馆则是将实际物品的仿真品摆放在屋中供人参观，它并不是实际存在的，真正的民俗文化的内涵是需要人投入情感去体验的。

人类追求自身尽善尽美的生存空间，是建立在与大自然和谐共存基础之上的，同时，更不能丢掉几千年文明的成果，破坏我们的文化生态环境。那些错落有致的村落布局，那些与人相依的服装饰品，那些曾在中国土地上运行了几千年的车轮等。中国人的衣、食、住、行、用直接体现了中国人的传统生活方式，这些宝贵的人文资源环境不能无休止地被丢弃和践踏。我们绝不能因要科学就忽视人文；不能要现代化就丢弃传统。传统优秀文化在当代是一种无形的资源和有形的文化资产，那些传统的手工技艺、审美情怀、营造法式、风水学说等，无不暗含了人与自然的关系，并终始关系着人与物、人与自然的和谐。我们认为，对文化生态的认识与保护，应借鉴国际社会对自然生态保护的经验，提倡可持续发展的战略，建立尊重文化的时代风尚，认识社会现代化建设与文化生态的关系。

如果没有意识到一个民族的文化是代表着一个民族的精神，那么弘扬中华民族文化将面临诸多困难。许多特色传统手工业有几千年历史，已经成为世界非物质文化遗产，但其是工业社会的前身，在信息社会当中也扮演着重要角色。21 世纪，世界经济一体化趋势逐渐深入，但文化却是各个民族个性化的展现。我国旅游产业当前正处于快速发展中，经过几十年的发展已经实现了巨大的飞跃，旅游产业已成为我国国民经济的重要支柱产业，我国也逐渐步入世界旅游强国之列。世界旅游组织新世纪展望报告中曾指出，未来几年时间里，全球旅游行业将会保持较快的发展速度，并对中国旅游行业抱有较大希望。这种旅游市场的预期收益会增加中国旅游的内外投入，由于中国拥有丰富的旅游资源和自然文化遗产，同时，具备文化的典型性和代表性，大量的民俗文化旅游产品不断推陈出新。

另外，当前的民俗文化旅游纪念品、民俗文化旅游设施等相关产业还处于发展的初期阶段，具有较大的发展空间。同时，广大西部地区的旅游产业发展水平与丰富的民俗文化旅游资源之间也存在矛盾，需要科学规划并继续深入发掘。需要政府部门、旅游部门、产业部门协调配合将资源有效整合配置。作为一项产业进行针对性、预测性、地域性和创造性的合理开发，不仅能够优化我国的旅游市场，丰富旅游内容，而且还能带动我国旅游经济的快速增长。尤其是西部少数民族地区旅游模式大多以自然观光为主，相对缺少人文内涵。要加大对西部人文旅游开发，让旅游者能够感受到当地自然和文化的美好，参与有代表性的工艺制作和审美活动，从而将特色文化旅游资源从而使特色文化旅游资源融入旅游开发当中。旅游开发当中。①

2.4 农村旅游文化资源的开发

人们为了更好地改善、提高和发挥旅游资源的效能，从而吸引更多的游客关注，在此过程中所进行的一系列建设和开拓等技术经济活动就称为开发，它通常贯穿于整个旅游业实践和旅游研究中。从这一点来看，开发重于过程，它是一种必要的手段，但是，利用却恰好相反，它更倾向于结果，是一种目的明确的投机行为，两者具有本质上的区别。

与其他方面的旅游资源相似，农村旅游资源也可以分为人文旅游资源和自然旅游资源两大类，作为旅游产品的重要组成部分，农村旅游产品需要不

① 朱勤．小议民俗旅游文化资源开发及保护［J］．科技经济市场，2007（4）．

断地完善、改进，通过持续地开发来提高吸引游客的能力。无论是何种旅游资源，人们在开发它的同时也赋予了其特有的生命力。随着时间的流逝，这种旅游资源的生命力总是会呈现出一定的变化规律。但是，人为开发的过程并不能对旅游资源的价值结构造成影响，只是在一定程度上对旅游资源的可进入性和可接近性进行调整。在实际操作过程中，由于缺乏旅游科学的意识和正确的思想价值观念，导致在农村旅游文化资源开发中出现了很多问题，既浪费了资源，又对环境造成了破坏，很多农村旅游文化资源丰富的区域出现了一批又一批毫无意义的景观建设。因此，可以从以下几个方面着手，保证农村旅游文化资源开发的科学性。

2.4.1 奠定农村旅游文化资源有序开发的思想基础

第一，奠定突出特色、保护特色的思想基础。独特性是农村旅游文化资源的重要特征，因此，开发过程也需要建立在这一原则上。为了更好地提高旅游资源的质量，必须保证其稀缺性，这也是吸引游客的重要前提。因此，当前开发农村旅游文化资源的关键就是突出其独特性，在实际操作过程中，可以重点考虑以下几个方面。

一是最大限度地还原旅游文化资源的本来面貌。不能在开发过程中进行大量翻新工作，完全地新建和过度装饰都会使旅游资源原来的独特魅力失去光彩。这不但不会提高旅游资源的吸引力，相反，还可能带来一系列的负面影响。尽量维护农村旅游文化资源的原始特征，深度发掘当地旅游资源的独特性，保证提高这些资源的竞争优势，即“开发他人所没有的，提高他人所拥有的”。在深圳，民俗村的发展就是一个成功的案例，该地区总共建立了民族景观 20 个，包括扬州五亭桥、浙江水乡石拱桥、独龙族藤桥和侗族的风雨桥和鼓楼，还可以观赏到西藏的大昭寺，在云南石林中穿梭，享受海南的椰林风情，动态旅游景观和固态旅游景观相得益彰，另外，每天还会举办具有民族特色的各种表演，比如，舞龙灯、耍狮子、跑旱船、踩高跷等，无论你来自哪里，都会在这里寻找到乐趣。

二是最大限度地展现当地文化内涵和特征。可以重点反映本地的休闲文化、服饰文化、饮食文化、语言特色、价值观念等民族文化。以东北岫岩为例，该地区以满族特色旅游为噱头，充分展现了满族人民的文化特征和内涵，游客可以身临其境地感受满族人的饮食、服饰等民族风情文化。可以说，旅游资源的独特性是集天时、地利、人和于一体的，是与生俱来的，因此，更好地展现自身的民族文化和地理文化就是展现自己最独特的一面，这也是树立别具一格的旅游形象的有效途径之一。作为东北最具特色的农村旅游地——丹东，推出了让人耳目一新的“龙泉山庄”旅游形式，这既符合东北的地方特色，也体现出东北淳朴、善良、豪放的民风，还可以在这里看到全国闻名的二人转表演。“龙泉山庄”还借助电视连续剧《刘老根》第二部景观拍摄地的东风，变得家喻户晓，很多游客都是慕名而来。

第二，奠定保护与开发相协调的思想基础。充分利用农村旅游文化资源需要开发的最终目的。然而，包括历史旅游资源和自然旅游资源在内的农村旅游资源大多都是非常脆弱的，在开发的过程中难免遭受毁灭性地破坏。只有事先采取有效的应急措施，才能最大限度地减轻或者消除这种负面影响。因此，在旅游资源开发过程中实施保护性措施，不仅要重视开发工程的建设阶段，最重要的是对于后期运行阶段的维护。在开发工程实施初期，需要对项目实施的可行性进行严格地评估，综合评价项目实施给环境、文化、社会和经济带来的一系列后果，确保项目实施不会给环境造成无法挽救的灾难，同时，还要最大限度地节约资源，提高资源的利用效率，消除由此带来的一系列社会矛盾，防止人文和历史文化出现颓败的状况。

严格规范和监管项目的建设，最大限度地保护当地的农村旅游资源的原生态性，保证资源价值结构的稳固性。一般情况下，投资都应该以包括住宿设施、通信设备和道路交通在内的附属设施为主，并且，在建设这类功能性基础设施时，也要注重环境的保护，维护农村旅游资源的生机与活力。就算是要建设景观，整体上也要和当地旅游资源的审美和价值相互协调。在我们看来，开发旅游资源需要重视保护，但这种保护也不是绝对的，其最终的目的还是开发，当然，这种开发是建立在保护的基础之上的。无论是历史文化资源，还是自然环境资源，都需要我们精心呵护，才能焕发出别致的生命力，这样的开发才有价值。因此，整个开发过程的关键就是该如何来开展开发工。总地来说，以保护旅游资源和人文环境为前提，实施深度开发，这才是农村旅游文化资源发挥效用的唯一方向。

第三，奠定经济、社会和环境共发展的思想基础。对农村旅游资源进行开发的最终体现是在旅游业的发展上，不但能带动当地的经济发展，提高人民的生活水平，还可以为当地居民提供一定的工作岗位，大大提高了就业率，社会效益可见一斑。因此，开发农村旅游资源需要满足当地社会经济发展的要求。当开发农村旅游资源获得的收益低于付出的成本时，这种开发将没有任何意义。另外，在进行开发之前，还需要对项目进行科学地评估，预测投资收益情况，再结合自身的经济实力，实事求是，有针对性地选择，找准重点，一步一个脚印，不能主次不分、先后不分，想要大范围地实施开发项目，这显然不太现实。另外，还需要对开发项目的投入产出进行准确研判，充分考虑项目投资的规模、项目建设的周期、项目的宣传和品牌效应等。既要追求高额利润，还不能破坏生态环境，更好地重视社会效益。一旦引发社会矛盾、破坏生态环境、浪费自然资源，都将给旅游业的发展带来致命打击。因此，我们在开发旅游资源时，应该把环境效益、社会效益和经济效益放在同等重要的位置，三管齐下，实现多赢。

第四，奠定宏观，把控全局的思想基础。根据不同的旅游目的，制定不同的战略规划。加快农村旅游资源的转变进程，丰富农村旅游产品，这就是农村旅游资源开发的最终目的，这也是推动农村经济实现跨越式发展的有效途径，同时，还能为社会创造不可估量的价值。关于农村旅游资源开发的战略规划，更重要的是强调自身特色，树立品牌效应，多点开花。

随着产业革命的推进和科学技术的进步，近代社会经济取得了突飞猛进的发展，城市化建设得如火如荼，人们争相涌入城市。经过一段时期后，人们迫于日益增大的生活压力，又急切地期盼一种返璞归真的生活，因此，只要有机会，都市人群基本上都会投入到大自然的怀抱中，在游山玩水中收获一份宁静致远，在崇山峻岭中感受山河壮美。因此，农村旅游最具吸引力的还是没有人为痕迹的自然美景。换句话说，要想最大限度地提高农村旅游资源的吸引力，就不能过度开发，否则就是对大自然的破坏。当然，在确保环境不会遭到破坏的前提下，还是可以进行合理开发的，因此，需要我们在开发过程中做好环境保护工作，实现资源的优化配置，最大限度地减少浪费。科学合理地开发旅游资源是一件造福千秋万代的大事，一旦开发过程出现问题，旅游资源的质量将会急剧下降，游客也会失去游览的兴致，由此造成的损失也是不可估量的。

2.4.2 推进农村旅游文化资源有序开发的实现路径

第一，注重品牌意识，加强品牌建设。开发农村旅游景区是一个长期过程，蕴含其中的文化品位也需要进一步地引导和提升，因此，整个开发工程都必须以树立文化理念为前提，只有景区的文化内涵足够丰富和吸引人，才能提高景区的质量。在实际开发过程中，还是出现了不少问题，比如，有些景区错误地设置了景观，导致无法正确全面展示历史文化内涵；有些景区开发盲目跟风，丝毫不注重保护生态环境。这些问题都会阻碍旅游市场的进一步发展。

提升农村旅游景区的文化品位，必须建立科学合理的旅游发展观，实现资源的循环利用，有效保护生态环境。作为农村旅游产业发展的根本，资源尤其是自然生态资源和历史文化资源，都是不可再生的，这种稀缺性决定了它的高价值。因此，科学合理地开发利用这些宝贵资源就是农村旅游景区最重要的文化内涵。在旅游高峰期，应该考虑景点的承载能力，不能毫无节制地吸引游客，这样只会给生态环境带来负担，资源也得不到有效利用；避免引进与景区发展定位不相符的经营性项目，使得旅游价值功能得不到发挥。

第二，立足生态，打造特色生态旅游文化模式。从 20 世纪 80 年代开始，旅游业飞速发展，在旅游界，人们普遍开始关注由此引发的一系列环境和社会问题，可以说，旅游发展很大程度上得益于社会的健康发展，人们开始有意识地通过保护环境和提高资源利用效率来发展旅游业，同时收获社会效益，“乡村生态旅游”正是在这种时代背景下诞生的。它强调旅游开发和社会经济利益的共同发展，这种全新的发展理念颠覆了传统的旅游结构，逐渐演变成一种新型的旅游形式，既重视文化的发展，又注重保护生态环境，更重要的是经济效益也有所保障。这是一种全新的可持续发展模式，是环境和旅游景区相互融合的极致体现，其现实意义和价值不可估量。

和国外的生态旅游一样，我国广大农村地区不断地开发这种专业化程度和产业化层次都相对较高的旅游模式。旅游形式更是千变万化，有温泉浴、垂钓、漂流、模拟采集药材、采集动植物标本、沙疗、森林浴、野外探险、登山等。在农村旅游地区，可持续发展的生态旅游模式是其最重要的文化特性，也是高生态旅游环境质量的体现，因此，需要对这些生态旅游产品进行科学设计，赋予它们更丰富的文化内涵，从而获得和普通旅游产品不一样的特质。为了进一步提升景区的吸引力，还需要深度挖掘当地的民族文化和民俗风情，并融入得天独厚的自然景观中，形成整体上的协同推进。

第三，积极探索保护、利用、开发之间的协调机制。转变传统的思想观念，树立保护生态环境的意识，这就是发挥生态旅游价值功能的关键。为了更好地保护生态环境和文化旅游资源，保证农村旅游文化资源的良性发展和长远发展，需要我们树立可持续发展观，充分利用各种历史文化资源和自然生态资源，提高资源利用效率，减少资源浪费，对于本就稀缺的资源，要减小开发力度，甚至是不开发，并且还要加强培育。另外，对野生动植物的保护也不容忽视，这也是确保生态旅游实现可持续发展的必由之路。因此，多样化的生物种类始终是生态系统完整的关键，也是生态旅游长远发展的重要前提。

第四，建立健全代际共享发展路径。作为生态旅游的管理者和开发者，必须清楚可持续发展的内涵，不能以损害后代人的利益来满足当代人的需求。生态旅游资源是非常宝贵的，而且不可再生，是全人类的共同财富，每个人都应该担负起保护责任。以代际共享观点来看，保护生态环境和开发利用生态资源具有同等重要的地位。因此，对当代人而言，必须努力为后代建设一个优越的发展环境，同时，还要为后代积累足够他们使用的旅游资源。

当代生态旅游的管理者和开发者要想为后代建立良好的生态环境，必须树立与他们唇亡齿寒的思想和代际共享的理念。①

对于西部地区丰富的农村旅游文化资源来说，单纯的保护不是目的，也不是可行的手段，重要的是在利用中达到保护的目的。据近些年来的农村旅游文化资源的开发实践证明，发展旅游是实现保护与发展共赢和资源优势转化的最佳途径。

2.5 典型案例分析：贵州省黔南州村寨旅游文化资源的保护性开发

2.5.1 黔南州地理区位与历史文化概况

2.5.1.1 独特的区位地理优势

黔南布依族苗族自治州位于贵州省中南部，地处云贵高原东南部向广西丘陵过渡的斜坡地带，地势西北高，东南低，平均海拔 997 米。山地高原为主，苗岭横贯。红水河、都柳江流经于此，多峰林、溶洞及伏流。拥有世界上同纬度仅有的保存完好的喀斯特森林地貌。②

全州辖 12 县市，面积 26197 平方千米，常住人口 324.22 万人，有汉、布依、苗、水、壮、侗、毛南、仡佬等 37 个民族。自治州成立于 1956 年 8 月 8 日，首府所在地为都匀市。州内交通路网发达，区位优势明显。

黔南州属典型的亚热带温暖温润的季风气候，冬无严寒，夏无酷暑，雨热同季。在 26197 平方千米的土地上，以山地、丘陵为主。自然资源丰裕充

① 卢长怀．我国农村旅游文化资源的开发与保护［J］．北方经贸，2006（12）．

② 李康林．西部地区利用少数民族传统体育旅游资源探究［J］．商业时代，2011（5）．

沛。其中，已发现树种 1860 多类，各类野生动物有 570 种（含亚种），矿产资源有 30 余种。全州河流众多，有中、小河流 117 条。

2.5.1.2 厚重的历史文化积淀

黔南州经过几千年历史长河的洗礼，各民族之间相互交融，形成了独特的生产生活方式，与当地自然条件紧密结合，积淀了深厚的物质文化和人文资源。

都匀于 1949 年 11 月成立人民政府，随即成立独山专区，并在都匀县城设立专员公署，专区共管辖民国时期的第二行政督察区的 12 个县，即都匀、独山、平塘、罗甸、三都、荔波、麻江、黎平、榕江、从江、丹寨，当时的瓮安、贵定、龙里、惠水和长顺等县隶属贵阳专区。①1956 年 8 月 8 日设立黔南布依族苗族自治州，自 1956—2003 年，又经历了 10 次行政区划调整，黔南州目前下辖 9 个县、1 个自治县、2 个县级市，97 个镇、7 个街道办事处、136 个乡（其中 12 个民族乡），197 个居委会，2599 个村委会。

2.5.2 黔南州村寨旅游文化资源保护利用的成功经验

2.5.2.1 传承有序的乡愁已成宝贵财富

历史的长河已将绿水青山之间的黔南州民族村寨润育成“艺术的海洋，养生的天堂”，独具特色的乡愁无疑已成为黔南州在新时代实现后发先登的战略支点和比较优势。

第一，村寨分布聚集度高，区域民族特色明显。在贵州省黔南州共有 36 个少数民族长期居住，其中布依族、苗族和水族 3 个民族的人口均在 20 万人以上；毛南族、侗族两个民族的人口超过 1 万人；彝族、瑶族、土家族、壮族 4 个民族的人口均超过 0.5 万人。黔南州东南部共分布有 12 个少数民族乡，属于少数民族聚集度相对高的区域。此外，黔南州民族村寨数量

---

① 蒋婵，曹裴琳 . 黔南的历史沿革［J］. 文史月刊，2012（7）.

多且集中分布，开发利用的基础条件比较优越，如贵定布依族音寨、坡脚苗寨、怎雷水寨、瑶麓瑶寨、好花红故乡（辉岩村）等。[①]不论是民居建筑还是民风民俗很具民族特色，具备打造全域共享民族特色村寨的独特优势。

第二，村寨文化资源丰富，特色节日氛围浓厚。黔南州民族特色村寨承载着大量的民俗文化和特有节日文化资源，黔南歌舞、斗牛赛马、吹芦笙、赛龙舟、玩龙灯、唱侗戏等无一不是村寨居民们对长期生产生活的凝练和写照，以布依族、苗族、瑶族、水族、毛南族等各少数民族风情文化为基本元素的特色村寨文化资源共同形成了黔南地区独具特色的民俗文化大观园。主要的民族节日芦笙会、爬坡节、姊妹节、“四月八”、吃新节、龙舟节、苗族的苗年，侗族的侗年、泥人节、“三月三”歌节、“二十坪”歌节，水族的端节，瑶族传统的“盘王节”等诸多节日庆典大大增强了少数民族特色村寨对乡愁的留守功能，也极大地展示了黔南州世居少数民族对大自然的崇拜敬畏和对美好生活的向往之情。

第三，民族工艺创意独特，潜在开发价值很高。黔南的民族工艺在宋代就作为贡品的苗族蜡染和侗族的侗锦以及苗族侗族的刺绣、民族服饰和首饰等制作工艺世代相传；黔南特色民居建筑由于其独特风格，在我国建筑史上也具有重要的地位。土家族的衙院庄园，苗、瑶、水、侗、畲等民族的干栏式吊脚楼，侗族的鼓楼、花桥等多种特色建筑均体现出较高的艺术价值和特殊的民族文化积淀，依然是民族特色村寨所承载主体。[②]这些特色村寨文化的经济属性，将是这片故土上百姓的新财富。

2.5.2.2 黔南州村寨旅游文化资源开发利用现状

黔南州历届党委政府对民族特色村寨、民族文化的保护与开发利用非常重视，已有相当数量的民族特色村寨具备对外接待游客的能力。

第一，特色村寨初具规模，接待能力不断形成。黔南州已开发的民族

① 罗艳．黔南发展民族村寨旅游的SWOT分析研究［J］．四川农业科技，2015（9）．
② 吴学成．黔东南民族村寨旅游模式探讨［J］．科协论坛，2012（3）．

特色村寨，初步形成了以民族文化观光、民族特色美食、健康养身和生态农业观赏的乡村旅游发展模式，全州具备接待能力的特色村寨有1680个。仅2016年，接待各类游客达396万人次，创旅游综合收入16.83亿元，吸纳就业人数15000余人。

第二，特色村寨保护有序，资源开发成绩显著。2017年3月，中华人民共和国国家民族事务委员会命名的第二批中国少数民族特色村寨中贵州省入选有151个村寨，占总数的21%，命名数量居全国之首。其中，黔南州又有11个村寨入选。近十年来，州、县（市）艺术团体和社会各界文艺工作者，创编各类民族歌舞、小品戏剧8000多个，创编黔南民歌近200首，获各级各类文化文艺奖500多个。其中，文学作品《山中的那个家园》获全国文学作品最高奖——骏马奖；《水寨除魔》获全国第四届曲艺比赛金奖——牡丹奖；《绕家呃嘣》获“多彩贵州”歌唱大赛金奖，实现了黔南州历史上获全国、全省金奖零的突破。独山花灯歌舞唱响世界音乐圣地——奥地利维也纳金色大厅，赢得了世界瞩目。打造具有黔南特色民族风情歌舞剧19台，创编了11支具有黔南独特元素的民族广场舞、民族健身舞、迎宾集体舞。全州各县（市）开展的“幸福进万家”等系列活动，参与群众达500多万人次。一些文化精品先后出省、出境、出国开展文化交流，进行招商引资宣传40多次，展演80多场。民族工艺品列入国家级非物质文化遗产名录11项、省级非物质文化遗产名录57项。

第三，分散开发利用较多，集约利用有待加强。在实地调查过程中发现，黔南州现有2599个行政村，具有人文自然个性特色的民族村寨达90%以上，可从不同特色文化视角进行整合，□□国家级、省级、州级和县级保护与开发利用的民族特色村寨有2340个左右，除已开发利用的1680个特色村寨之外，还有660个民族特色村寨处于资源闲置，连片集约化保护与开发利用模式有待加强。

第四，可持续赢利的较少，保护意识有所淡化。从对全州1680个各类民族特色村寨经营状况随机抽样统计分析的数据看，能可持续赢利的还不到60%。大量自然文化资源与人文资源缺乏整合，其经济属性未被激活，这一现象对近几年大量返乡的农民工保护传统特色村寨的意识影响非常大；课题组在实地调研后发现，拿着多年积蓄的返乡农民工改造居住环境，这本来是好事，由于受已开发的特色村寨不能持续赢利的影响，政府对特色村寨保护与开发利用全域刚性统筹规划又缺位，导致一些承载了几百年乡愁的特色村寨建筑毁于一旦；不少乡村打着打造特色村寨的名义，各自为政，大兴土木，使“特色村寨”同质化非常严重；与山水相融的自然文化与人文融合的特色村寨正在消失。民族特色村寨抢救性保护与全域性科学规划开发利用任务艰巨、时间紧迫。

2.5.3　黔南州村寨旅游文化资源保护与开发存在的主要问题

2.5.3.1　村寨文化保护与开发意义的认知有待提升

据对开发成熟的民族特色村寨中百姓的保护意义认知调研统计数据显示，有 40% 的百姓对民族特色村寨的经济价值、文化价值有一定的认知；有 58% 的百姓对民族特色村寨的经济价值、文化价值讲不清、道不明；但是，他们认为服从党委政府的安排、跟着大家走不会出现大的问题；只有 2% 的百姓认为民族特色村寨是他们祖辈为了生存与发展依靠历史文化和自然地域环境的结晶，有义务保护和传承，并赞同民族特色村寨的开发利用必须在保护的前提下进行。

据对未开发的民族特色村寨中百姓的保护意义调研统计数据显示。有 20% 的百姓对民族特色村寨的经济价值、文化价值有认知，但不全面；有 70% 的百姓对民族特色村寨的经济价值、文化价值不了解，他们认为家乡太落后，党委政府不会管得这么远，保护与开发只是说说而已不用当真；有 10% 的百姓认为民族特色村寨是他们祖辈留下来的遗产，应好好保护，但是，由于能力有限不知道如何保护与开发利用，等等。

通过以上调研统计分析的数据可以看出，提升百姓对民族特色村寨的保护和开发利用意识的工作还有待加强。

2.5.3.2 村寨文化的保护与开发缺乏刚性规划

大凡有价值的民族特色村寨，其共同点就在于人文文化与自然环境文化的融合。古老的民族特色村寨最吸引人的地方，不仅仅是村寨本身，而是村寨人文与自然环境文化的融合。村寨坐落在山水之间，人们生活在村寨中间，呼吸着这片天地之间的灵气，吃着田园间为人们提供绿色食材美味，倾听着民族同胞优雅曲调；无不让人心静、无不让人安逸、无不让人健康、无不让人长寿，不得不让人留下来共享。这才是民族特色村寨的本色和承载的价值。[①] 可是，能做到“不得不让人留下来共享”的特色村寨不是太多。

在田野调研工作中发现，一些打着打造民族特色村寨旗号，为了眼前利益、短期效应毁掉了民族特色村寨本色的不在少数。究其原因，主要是政府对民族特色村寨保护与开发利用的刚性规划缺失，导致各自为政、无序开发。这里提出的刚性规划，是指县以上政府对民族特色村寨的保护与开发利用的全域规划，而这一全域规划是由县以上人大常委会通过，省级人大常委会备案的规划。这样的规划才具备权威性、可持续性；对投资者和百姓才具有说服力、约束力。

2.5.3.3 村寨文化开发建设功能定位有待升级

已开发的民族特色村寨功能单一。调研发现，已开发的民族特色村寨绝大多数都是以观光旅游为主，功能结构单一，而吸引州外、省外游客的主要方式还停留在节庆活动，可持续常态化旅游目的地未形成，盈利空间有限；节庆活动项目较少、档次较低、类型单一，没有把共享生态康养、体验农耕、休闲养老、中小学生耕读等功能融于一体，让游客既是客人又是主人的开发体制机制尚未形成；大多数民族特色村寨主题不突出，品牌形象缺失，百姓参与的积极性不高。

---

① 李军，向轼，李军明．民族村寨文化振兴的三维视角：时间 · 空间 · 价值［J］．广西民族研究，2019（3）．

2.5.3.4 村寨传统特色文化元素面临衰退

黔南少数民族传统特色文化的总体情况呈现复兴、衰退和变异并存，少数民族有形文化、行为文化和精神文化的流失与衰退现象日趋严重。受市场经济和外来文化的冲击，很多具有悠久历史的传统文化正在走向消亡。一些民族传统技艺后继无人，许多珍贵的具有民族特色的实物和文物大量流失。[①]民族特色文化、民族特有工艺传承与发展后继乏力。民族村寨旅游与民族特色特有文化融合不紧密，民族文化如何传承与发展，民族文化如何与市场接轨，用比较优势助推乡村经济社会发展尚未形成共识。

2.5.3.5 村寨特色文化精品的培育顶层支撑不足

从黔南州目前的情况看，民族特色文化更多的是民间自娱自乐，近年来虽有进步，但总体来看还缺乏代表黔南州“艺术的海洋，养生的天堂”的特色民族文化精品。一是迄今没有一个代表黔南州特色民族文化在全国传得开、叫得响的精品力作，缺乏黔南州特色民族文化品牌；二是民族特色文化发展繁荣缺乏顶层规划，缺乏懂黔南、爱黔南、视黔南民族特色文化为生命的杰出人才；三是民族特色文化的传承呈分散零星状，未形成拳头，缺乏国家层面、省级层面的人力、财力和政策支撑。

2.5.3.6 村寨开发与传统民族文化融合度不够

已开发的民族特色村寨地域传统特色不突出，没有把传统民族人文文化和自然环境文化融入特色村寨中，绚丽多彩的传统民族文化、传统民俗风情得不到展示，厚重的传统民族人文历史、传统民族饮食文化挖掘，发掘传统民俗文化内涵，民族习俗活动与特色村寨的融合度、娱乐性，以及游客的参与度等做得都不够。传统特色村寨建筑风格，可视性传统民居建筑，传统旅

---

① 伍光恒．现代化进程中布依族文化的变化与保护传承——来自贵州省关岭县小盘江村的调查［J］．民族学刊，2018（5）．

游商品、传统民族手工艺品等未形成过目不忘的品牌；传统的商品街景、休闲街景、情侣街景未形成标识。

2.5.3.7 村寨拆旧建新对传统特色文化影响较大

近几年，外出务工人员大量返乡，利用多年的积蓄开始新建房屋，由于对传统特色老旧民宅价值认识不足，对一些集中传统老旧民宅拆旧建新的非常多，特别是很多未统一规划开发利用的传统特色村寨，到处是“残缺美”，这一现象在黔南州未统一规划开发利用的村寨很普遍；黔南州各级党委政府应引起高度重视，采取紧急措施对未统一规划开发利用的传统村寨加强保护。

2.5.4 黔南州村寨旅游文化资源保护与开发利用的对策建议

黔南州特色村寨旅游文化资源保护与开发利用存在的问题，在西部地区具有广泛的代表性。要解决这些问题，必须坚持以“创新、协调、绿色、开放、共享”的发展新理念为指导，探索新路径。

2.5.4.1 提升村寨旅游文化资源的保护性开发格局

基于农业供给侧结构性改革的国家方略，构建黔南州“民族特色共享村寨试验区”。传统的民族特色村寨保护与开发，只注重单一的观光旅游功能，而忽略了民族特色村寨对城市负荷超载的分担能力。比如，分流城市的养老、城市康养、城市中小学生耕读；同时，探索城市优质医疗、卫生、教育等资源向民族特色村寨分流的体制机制，用城乡共享机制激活民族特色村寨资源资本化，化解城市负荷超载的困境，探索民族特色村寨房屋使用权跨区域流通的体制机制，争取国家层面的认可与支持。

2.5.4.2 健全完善乡村现代化治理体系

推进乡村治理现代化的模式及手段创新，运用航空摄影实景三维斜飞数据采集技术等现代化手段，对黔南州全域传统民族文化村寨、地面附着物进行普查，建立乡村实景三维航影大数据；基于三维航空摄影实景大数据，编制《黔南州村寨文化资源旅游保护与开发利用总体规划》，探索多规合一的体制机制，为西部地区乡村治理现代化探索样本。①

2.5.4.3 构建村寨文化资源资本化金融服务平台

创新金融投资体制机制，放宽相关金融、保险机构经营准入，允许相关金融机构在黔南州乡村设立分支机构，开展经营业务。实行更加开放的金融政策，积极探索有利于传统特色村寨保护与开发的金融产品，增强金融服务功能。

2.5.4.4 加强乡村文化旅游人才储备

人才是旅游业的重要资源，鉴于乡村旅游从业人员和村寨居民文化素质的参差不齐，应该采取合理有效的措施提高管理和服务水平。加大力度培训文化旅游行业的行政管理人员，实施乡村文化旅游技能人才培训。大力推进文化旅游就业行动计划，结合农村劳动力转移就业培训，指导乡村文化旅游培养，从整体上提升乡村文化旅游从业人员技能素质和服务水平。建立一支实用的乡村文化旅游人才队伍，为推动全州乡村旅游特色化、规范化、标准化发展打下坚实的基础。从法律层面建立和健全规章制度，建立标准化、规范化和法制化的人口传统文化素质提升轨道。积极引进专业人才，普及民族文化知识，加强中小学民族文化教育，以发展乡村特色文化旅游为契机，将扶智与扶贫工作相结合。

2.5.4.5 加大特色村寨文化品牌建设力度

根据黔南州民族聚居性的特点，重点发展布依族、苗族、水族、瑶族、毛南族五大类民族村寨。深入挖掘民族文化的资源价值，发掘特色村寨文化

① 刘琴，周真刚．贵州民族村寨治理困境及法治转型［J］．黑龙江民族丛刊，2018（3）．

资源核心要素，依托音寨、水各、卡蒲、怎雷等特色村寨形成具有一定竞争优势的特色村寨品牌，以马尾绣、刺绣、牙舟陶、剪纸、蜡染等特色工艺为基础的特色旅游产品，以都匀毛尖、惠水牛肉干、三都九阡酒、独山三盐酸、福泉金谷福梨、盘江狗肉、荔波青梅酒等为代表的特色旅游食品。从地方手工艺品、特色民族纪念品、土特产和风味食品入手，持续完善特色村寨旅游产品产业链和产品的附加值。①

2.5.4.6 完善村寨文化旅游资源资产化经营监管体系

一方面，建立完善的村寨文化资源资产评估体系，形成科学合理地评估村寨文化资源资产的方法、原则，以及具体的指标体系，将村寨文化资源资产纳入量化管理体系；②另一方面，健全特色村寨文化资源产权服务和监管体系，从村寨文化资源的特殊产权属性入手，以降低保护性开发的交易成本和专业化损失为原则，合理界定地方政府、投资开发商、村寨居民、文化传承人等利益相关者之间的权益关系，约束利益博弈强势方的短期开发行为，形成注重保护与开发利用并重的长效机制。③

---

① 宋荣凯，张立辉，张友．贵州瑶族绕家支系传统社区自然生态及其文化述略［J］．西南民族大学学报（人文社科版），2016（7）．

② 唐剑，张明善．少数民族文化资源的产权界定与保护性开发——基于巴泽尔产权经济理论视角［J］．民族研究，2016（6）．

③ 张立辉，张友．贵州省黔南州传统民族特色村寨保护与开发利用研究［J］．民族学刊，2019（6）．

第3章 西部地区非物质文化遗产资源的保护与开发

3.1 非物质文化遗产资源的特征及其开发问题

非物质文化遗产保护工作面临着与文物保护同样的困境。单纯的保护工作需要大量的资金投入，但这种静态保护方式并不能有效展现非物质文化遗产所蕴含的经济社会价值，因此保护也失去了相当一部分意义。对于非物质文化遗产的保护工作，国内外学者一直以来都在研究如何既能够保证其文化的传承，又可以进行适当的商业开发和经营。合理地经营和开发不但可以为非物质文化遗产保护工作提供可持续的资金供给，同时也可以创造大量的就业岗位，带动地方经济的发展。但是，很多从事非物质文化遗产保护工作的人都不认可商业开发和经营的行为，并且近年来国内也确实出现了较多由于开发导致破坏的案例，更加剧了人们的担忧。

当前，非物质文化遗产资源的保护和传承工作面临的诸多困境不由得令人深思，难道非物质文化遗产只能被单纯保护而不该进行适度开发吗？在传承非物质文化遗产的前提下，能不能更好地开发它们的潜在价值，让那些创造和传承它们的人们，让保护和发展这些优质文化资源的后代们也受到相应的荫福？一系列问题一直困扰着许多参与到非物质文化遗产保护与开发工作中的人们。因此，有必要理解产业化开发和商业化经营的深层含义，分析两者之间的区别和联系。通常所说的产业化开发，是指对一种非物质文化遗产进行大规模的机械化开发和生产作业。而商业化经营更多是发现和开发一些与该非物质文化遗产相关的文化附属商品。这两种开发模式的区别主要集中在规模和力度上，对于非物质文化遗产保护传承的影响也不一样。

3.1.1 非物质文化遗产资源的特征

文化遗产分为物质文化遗产和非物质文化遗产两大类。物质文化遗产是指历史遗存下来的以文字为主的记载、文物、建筑群和遗址等有形的物质形式；非物质文化遗产是人类通过口传心授世代相传的无形的活态流变的文化遗产，是人类共同的宝贵财富，是世界各民族精神的凝聚和延续。目前，越来越多的人开始关注非物质文化遗产，关注各民族的精神家园。概括起来，非物质文化遗产的特点主要体现在以下几个方面：

第一，原真性。原真性的概念最早出现在1964年的《威尼斯宪章》中，此宪章正式确认和规定了原真性对现代遗产保护的意义。《世界遗产公约》规定，保持或保护遗产的原真性是遗产申报的必备条件之一。通俗地理解，非物质文化遗产的原真性就是原生态文化的体现，这种原生态文化主要通过时间和空间两个纬度来体现。非物质文化遗产在不同的时代进行流传和演变，在空间上与相近文化遗产进行不断地交往和渗透。同时，非物质文化遗产原真性的保持并不意味着以保守的姿态对待这些遗产，而是对这些遗产进行某种意义上的塑造，把一些新的文化或者精神含义重新赋予这些遗产形式，对这些形式进行全新地阐释。一方面，非物质文化遗产的可塑性表现在口头传说和表述及其语言、表演艺术、社会风俗、礼仪、节庆、传统工艺技能等遗产中，其文化内涵是通过人的活动来表现、传达给对象的，这一点与物质文化遗产明显不同；另一方面，还表现在传承、传播过程中的变异、创新。非物质文化遗产在传承的过程中，与各族群众的生产和生活方式紧密相联，对于上一代的技艺、方式可以凭着个人及集体的力量和智慧加以创新改造，进行再发展。因此，其文化内容都会反映出不同时代、不同地域的特征，具有一定的可塑性。

第二，活态性。活态性是指非物质文化遗产在本质上仍然能够参与到现在的生产与生活中，能够通过具体的工艺、过程表现特定地域的生存历史与心灵状态，传承特定民族（群体）特有的集体精神和心理，集中体现特定的知识、信仰与核心价值观。从发展的眼光来看，非物质文化遗产的活态性不但指它的传承，还包括它的变化，这也造就了它的活态性特征。因此，非物质文化遗产不是历史遗留下来的僵化的“文化化石”，而是文化的主体在与孕育文化的社会环境和自然环境相互作用的过程中产生，并在自然、社会、历史和人文环境的变化中创新，是具有延续性和变化性的活态存在物。

第三，传承性。传承性特征是由其本质所决定的。千百年来，中华儿女在长期的生产生活实践中，经过劳动人民的代际积累和改进并以师徒传承或团体传播的形式流传下来，逐渐形成如今的技能或习俗。非物质文化遗产大多没有具体的创造者，即使有，也是后人对前辈已有技艺或习俗的加工和创新。因此，非物质文化遗产具有被人类以集体、群体或个体方式一代接一代享用、继承或发展的性质，具有传承性的特征。

第四，民族性。我国民族众多，且大多有自己特定的生活和活动的地域，该地域独特的自然生态环境、文化传统、宗教信仰、生产生活水平，以及日常生活习惯、习俗都从各个方面决定了该民族的文化特征，同时，也决定了非物质文化遗产的区域性。

第五，口头性。长期以来，非物质文化的传承形式主要靠口传心授、言传身教，具有很强的口头性，而很少以书面形式流传下来。因此，口头性是非物质文化遗产区别于精英文化的一个突出特征。[①]

① 苑利，顾军.非物质文化遗产的产业化开发与商业化经营［J］.河南社会科学，2009（7）.

3.1.2 非物质文化遗产资源的市场化经营

我们当代的非物质文化遗产在过去其成型和发展过程中同样也经历过商业化过程，但由于各种文化本身的特点不同，其表现出来的商业化水平也不一样，这种差异有时表现得很突出。对于商业化开发来说，现有的非物质文化遗产可以大体上分为两类：一是较容易进行商业开发和进入市场的；二是进入市场困难、难以进行商业开发的。第一类的例子很多，如年画、传统曲艺、泥塑、刺绣，以及面塑、角雕、木雕等文化遗产，这些文化遗产一直以来都是积极参与和融入市场经济当中的，对这些文化遗产进行商业开发并没有多大程度上改变他们的存在形式，相反，本身就是促进其发展的主要方式。

很多人担忧，如果让非物质文化遗产参与到市场中来，就会造成非物质文化遗产完全被市场冲淡，直到最终完全消失。但从逻辑性来分析，如果对非物质文化遗产的不同种类和属性进行合理地界定并有序开发，这种情况是能够有效杜绝的。有一部分非物质文化遗产，像宗教仪式、神话故事等仪式性、生产知识性的内容始终或者基本上没有进入过市场，如果要让这些文化遗产进入市场，就会由于其不符合市场规律而难以发展，因而，对这类文化遗产的商业开发就必须要慎重。虽然在市场经济时代，任何的事物都可能变成抢手的商品，但此类文化遗产在找到成熟、合理的商业模式之前，贸然进入市场很容易造成发展的困境。在市场经济条件下，有些文化遗产经过开发商业化较好，带来了很高的经济收入，带动了人们开发处于准商业状态文化遗产的热情。如我们国家西南地区的少数民族聚居区，那些民族特色浓郁的民族节日、特色歌舞等本身不具备什么商业价值，但是由于旅游产业的开发和不断发展，歌舞表演也成为一种具有较高市场价值的商品。但也出现了一些极端现象，某些地区在发展类似的旅游项目时，民族歌舞已经背离了前期开发的初衷，过多过滥的表演不但没有带来期望的经济收入，反而恶化了文化遗产的发展环境。文化的传承是一脉相承的，在传承的同时也要商业回报，会促进传承的积极性和稳定性，让更多的人围绕着文化遗产来发展，使非物质文化遗产能够细水长流。同时一些较为严肃的祭祀活动，则应避免进行过度的商业开发。

通过以上分析可以看到，非物质文化遗产商业开发的可行性并不是以人的意志为转移的，与其自身的文化特点、传承规律，以及市场特性直接相关。我们要找到非物质文化遗产的发展规律，原来就与市场息息相关的还沿着市场的路走，原来完全与市场隔绝的就要避免过度商业开发。对于那些处于准商业发展的非物质文化遗产，则需要调整开发理念和优化开发模式，以推动其稳步持续发展。

3.1.3 非物质文化遗产资源的产业化开发

对于非物质文化遗产进行全面商业化开发，以及任由市场的无序介入的做法必然产生大量隐患，但非物质文化遗产中的一些文化元素、文化形象可以先期进行产业化开发和尝试。例如，那些历史悠久的叙事诗可以通过电影、电视剧的形式来进行传播；民间故事也可以通过多种形式登上舞台和电视屏幕，借用一些现代的手段和方法将传统的文化元素进行再创作，来制作一些让百姓更易接受的艺术品；或者借用一些民间故事来促进相关特色医药产品的研制和市场化开发等，这些都是行之有效的文化发展方式。对于非物质文化遗产来说，这样的商业开发更多是以某些元素为依托进行的异地开发，对于文化遗产本身的影响比较小，因而，对于其传承和发展的干扰也比较小，同时会让更多的人对这些内容背后的文化精髓感兴趣，带动非物质文化遗产的传播和发展。

必须认识到，在进行非物质文化遗产的产业化开发时，同样存在各种各样的问题。一方面，有的地区将一些借用非物质文化遗产元素创作的商品放大成为正统的非物质文化遗产，这显然是不一样的。这些商品只是涉及文化遗产的一些皮毛，更多的是一种衍生品，不具备非物质文化遗产的基本属性及相关信息表达。我们既不能像正统的文化遗产一样对其有过高的要求，也不能将其视为正统的文化遗产资源的代表；另一方面，在大规模生产的过程中，很多传统技艺的要求被淡化，使手工刺绣、手绘等传统技艺受到了很大的冲击，但相对于使用传统技艺生产的产品品质而言，这些规模化生产的产品在各个方面都有很大的差距。这些运用非物质文化遗产所包含的传统技艺所生产出来的各种各样的商品并不是我们要重点保护的内容，生产正统的传统技艺才是其核心灵魂。这就要求我们面对规模化的机械生产时，必须要有清醒的认知，用政策去引导，让那些坚守细节、传统技艺和原汁原味的传承者能够坚守文化遗产的特色，不被眼前的小利冲昏头脑，使自己淹没在工业化生产中。对于大众生产生活品来说，工业化生产提高了生产率、降低了生产成本；但对于文化的结晶来说，其作为一种艺术品，机械化更多的是一种过于简单的复制，并不利于文化遗产的传承。由此可知，开发商对于非物质文化遗产的商业开发，以及人们对于文化遗产的传承，是两条并行的道路，两者一旦因交叉而发生干扰，就会造成两者的发展都受到阻碍，并造成非物质文化遗产保护和传承的变味儿。

对于非物质文化遗产来说，将他们原汁原味地传承下去是每一名传承人的责任。产业化开发是商业开发者运用非物质文化遗产的一些元素、符号、形象等进行商业和市场领域的拓展开发，这两项工作应该是分别进行的，这样才能保证非物质文化遗产能够在其原生环境下继续得到传承和保护，同时，也为商业上的产业化开发提供良好的环境和外部条件。这时的产业化开发是一种异地处理，其发展和变化都不会影响非物质文化遗产的主体和基础。总而言之，两条路径分别发展，是隔绝产业化开发对非物质文化遗产不良影响的有效方法。

非物质文化遗产的开发与保护同步进行，主要体现在以下两个方面：一是将非物质文化遗产的商业开发和传承保护分开进行，使二者在不同的环境、不同的地点、不同的平台上由不同的人来进行，传承者负责进行原汁原味的传承，开发者则专门进行商业开发，这样一来，商业开发就不会影响文化遗产的传承环境。二是对文化遗产和开发对象在形式、材料上进行区分，明白二者的区别。这种区别主要是体量、材料上的区别，使机械化、规模化生产出来的产品与采用传统技艺生产出来的艺术品存在本质上的不同。简而言之，产业化商业开发的产品应该借用一些原遗产的符号、图案，将其用于生产带有这些元素的茶杯、钥匙扣、挂历、招贴画、挂件等系列文化商品上面，这些商品仅有这些文化元素在上面，通过他们可以把文化的形象传播出去，同时，又不会影响传统手工技艺。例如，民间文学的传承及保护，传承者把千古传承的故事原原本本地叙述出来，不需要考虑商业开发的可能性和需求，也不会为了商业价值的改变而对故事的内容进行变动。学术界一直以来都是非物质文化遗产保护的主体，学者在进行文化遗产的记录和整理时，最重要的原则就是符合原作精髓。如果传承者和学术记录者在记录传统的同时，还要兼顾商业开发的需要和考虑，就必然会在进行故事讲述和记录时增加一些能够提高商业开发价值的内容，这样记录和叙述的故事就变了味，故事本身也就没有了那种悠久的酝酿，便会失去魅力并逐渐被人们遗忘。因而，分别发展、分别实施对于非物质文化遗产的保护和商业开发来说具有重要意义。

3.2　非物质文化遗产资源开发的补偿机制

非物质文化遗产浓缩了民族特色的精华，是创造者集体智慧的结晶，是民族精神的一部分。不同的民族有不同的非物质文化遗产，保护非物质文化遗产就是保持文化多样性的必然要求。

少数民族在中华文化的发展过程中作为一支重要的队伍，也为非物质文化遗产贡献了诸多优秀的文化。但在信息高度流通的如今，所有的文化体系都受到了很大的冲击，无论民族还是地区都体验到了同一个世界的文化味道，非物质文化遗产同样受到了现代文明的影响。对于西部少数民族的文化而言，很多非物质文化遗产就是少数民族文化中最有特色的重要组成部分，是民族性格和生活的承载物，也是他们文化的核心。保护少数民族非物质文化遗产，就是在保护他们的传统、保护他们的历史和保护他们的基本权益。

尤其是少数民族非物质文化遗产开发补偿机制的构建对少数民族非物质文化遗产在开发利用过程中可能受到的损害能够进行有效地救济。

3.2.1 非物质文化遗产资源补偿的经验分析

国内学术界对于少数民族习惯权利的保护有较多研究和探讨。张文显教授认为，习惯权利是民众在生活过程中逐步形成并传承下去，存在于人民的生活、思想中的一种约定俗成的习惯，具有一定的群体性和重复性。[①] 在国家法中的法律权利与我们所说的习惯权利既有联系又有区别，而法律权利是指法人、自然人或者其他组织在民间规范或者民间习俗中可以自由进行某一种行为的资格和权利。相比之下，我们可以看出，张文显教授对于习惯权利的定义就是依据法律学上的权利定义得来的。

习惯权利相比于其他权利来说，其独有的特征主要体现在以下几方面：一是习惯权利是由民间规范得来的。我们称之为一种权利，是因为这是存在于人们生活、社会活动、集体运行基础上形成的一种具体的观念；二是习惯权利可以是成文或者不成文的存在形式；三是相对于其他权利，习惯权利是在社会生活过程中不断博弈得到的，或者是通过习惯行为和思想得到的，这一点与法律权利有很大区别，习惯权利是在长期的生活、社会活动过程中产生的；四是人们出于对社会、传统等规范产生保护习惯权利的动力和行为，这种行为是自觉的。相比于法定权利来说，习惯权利是一种存在于更深层的权利，接受度也更高，可以简单地看作习惯法赋予人们的权利就是习惯权利。

早在人类社会形成的初期，习惯权利便已存在，并一直延续至今。习惯权利在实际意义上的形式就是法定权利，通常都是先有习惯权利，其中的一部分发展成为一种直接的社会要求和规范，并逐步成为一种法定权利，即法定权利本身包含在习惯权利之中，是习惯权利的一种存在形式，而且习惯权

① 谢晖. 民间规范与习惯权利［J］. 现代法学，2005（2）.

利仍然在人类社会的发展历程中有一部分上升为法定权利。成为法定权利以后，习惯权利就会以法律条文或者规章的形式存在于各种文件中，被政府或者国家所认可。

对于少数民族的文化权利来说，由立法部门对其进行认可是有利于社会发展的，但仍然需要立法程序才能将文化权利升级为法定权利。对于少数民族的非物质文化遗产来说，其特征符合习惯权利的要素，这一点很容易理解。少数民族的非物质文化遗产本身就是少数民族的文化，而所有的文化都是几千年传承和发展下来的，自然满足民间规范和生活方式的要求。而对于少数民族而言，其文化权利实践于他们的社会生产、生活中，从而成为一种习惯权利。国外对此也有相关的立法。如菲律宾在 1997 年颁布了《土著人民权利法》，通过立法认可了他们国内的土著人民的习惯权利，这种权利包括土著人民的领土权、文化权和治理权，“天赋人权思想”是该法律制定的基础，也是土地权世袭的体现，规定了菲律宾国内的土著可以按照相关程序申请世袭他们祖先的土地。

除了他们长期固定用于耕作、居住的土地之外，在当时尚未被他们控制的，但他们用来进行生产和生活活动的河流、草原、森林，以及矿产资源等都纳入世袭土地权里。这项针对少数民族的立法并不只针对文化权利，他们对于习惯权利的认可值得我们思考。这些法律虽然看起来是针对一个国家内部的少数民族，但对于其他地区的多元文化下生活的人们来说依然适用。习惯权利作为一种权利，当其受到影响和干扰以后，需要有对应的补偿措施。中国有自己的国情和发展阶段，虽然国外的立法不能照搬，但这些立法的本质和内涵却是相通的。比如，对于少数民族来说，他们的生存和生活方式被承认，就意味着他们的相关活动都可以被视为一种习惯权利，如果其他人的活动影响了他们的权利活动，就必须通过法律、规范、制度的形式来对其进行补偿。

在文化事务方面，要做到少数民族非物质文化遗产保护与经济发展的平衡传统文化的消失可能令人百般怀念，古老的生活方式的放弃，导致人们极度的痛苦，产生深深的失落感。应该由少数民族来决定是否需要采取行动、采取什么行动来保存旧的生活方式，或许要为此付出巨大的经济代价，我们的答案是肯定的。如果少数民族决定要保存其生活方式的话，古老的生活方式是可以保存下来的，问题在于为这种保存而付出的代价与主流社会对保存对象和生活方式所赋予的价值，二者之间需保持平衡。[①]

现代化进程有可能影响当地少数民族的非物质文化遗产保护，使少数民族特有的非物质文化遗产面临消失的危险，我们目前所进行的水电开发就有可能影响少数民族的非物质文化遗产。洮砚石为例。洮砚石原产在甘肃省卓尼县洮砚乡九甸峡入口处的喇嘛崖两岸。洮砚的开采、加工、销售是洮砚乡周边居民长期的经济来源，洮砚开发解决了临潭、洮砚、卓尼3个县多个村寨的村民就业问题。但随着九甸峡水利枢纽工程的建设，喇嘛崖一带优质洮砚石材和历代名坑将在水库蓄水后被淹没，部分外迁居民也将直接失去这部分收入，因此，移民和居民对此都十分痛心。村民介绍，本地外出打工的人不多，许多人都在当地开采、搬运、加工、贩卖洮砚或其石料。现在移民迁到瓜州玉门关外，雕刻洮砚的工匠减少，这一中华瑰宝及相关的非物质文化也将绝迹。经相关部门统计，九甸峡库区依靠洮砚产业受益的居民有882户。据初步测算，这部分居民外迁后，平均每户每年损失8000元，882户移民一年的经济损失将达705.6万元。由于公共林地和洮砚石都是国有财产，所以，移民补偿不会包含这些内容，居民对此反映强烈。[②]

在经济话语、政治话语、文化话语的全方位语境中，文化话语的权力不应被抹杀，也无法抹杀。经济话语、政治话语取代不了文化话语，同样，文化话语更取代不了经济话语、政治话语。同时，《中华人民共和国民族区域自治法》第六十五条规定，国家采取措施，对输出自然资源的民族自治地方给予一定的利益补偿。因而，重要的是，如何在少数民族非物质文化遗产保

---

① ［印］阿马蒂亚·森著，任赜，于真译．以自由看待发展［M］．北京：中国人民大学出版社，2002.

② 中央民族大学西部发展研究中心编：《中国少数西部地区水电建设移民安置补偿补助体系研究报告》。

护与经济发展之间寻求一个恰当的平衡点？让我们放眼世界，观察一下其他国家是如何解决类似问题的，加拿大拉格兰地区具有解决类似问题的成功范例。

又如，1975 年，土著群体、魁北克省政府和联邦政府达成解决魁北克北部土地所有权问题的协议，此后，因纽特人获得了相应的经济补偿，并把该项补偿作为遗产基金创办了马奇维克公司。1993 年，马奇维克分司与鹰桥公司签署了谅解备忘录，以确保它们在该地区规划的采矿项目中的利益，包括因纽特人的优先就业、合同与利润分成，以及环境监测。鹰桥公司将在 18 年内向当地的因纽特人信托基金支付约 7000 万加元。采矿的禁区中包括考古遗址，公司的因纽特雇员在拉格兰矿场以外的狩猎权利得到了保障。① 可见，加拿大成功地解决了工程建设与因纽特人非物质文化遗产保护之间的冲突，使政府、公司、因纽特人之间形成了三赢局面。

以上事例说明，加拿大政府采取有力的措施保护土著人的非物质文化遗产，其核心是规定当地土著人的传统生活方式必须以恰当的方式加以保留，并在自然资源开发中获得相应的利益份额。修建天然气管道是解决能源问题并获取经济利益的有效途径，这些问题在当时看来都可以通过其他渠道得以解决。但是，当地土著人的狩猎文化由于依赖特定的环境，却是一旦破坏就无法恢复，因而，加拿大政府选择暂时中止开发计划。这就是在经济发展可能给传统文化带来毁灭性影响的时候，经济开发让位于传统文化，这同样是一种平衡。

在建设怒江水电站时，我们面临着与加拿大麦肯齐河谷开发相似的困境，这就要求我们必须谨慎行事。西部少数民族的文化权利保护不同于一般的权利保护工作，这涉及文化认同、民族尊严等内容，通常来说也涉及了更多的经济利益补偿。可以说，文化权利的保护常常牵涉经济利益，但两者并

① 联合国开发计划署 .2004 年人类发展报告——当今多样化世界中的文化自由［M］. 北京：中国财政经济出版社，2004.

不是等同的。《世界水坝委员会公民指南》(以下简称《指南》)提出，在建设水坝时，由于周边的少数民族聚居地区多为政治和经济的非中心区域，其文化权利、生活和生存的需求得不到充分满足，而且部分群众由于自身意识的淡薄或者人口数量的相对较少也会出现权利博弈能力不足的情况，但水坝修建后带来的负面影响会直接影响他们，甚至威胁到他们的生存，而水坝建设的益处他们通常是享受不到的。该《指南》认为，对于水坝建设的利益相关者或者说受影响者，他们都应该知悉水坝建设的相关信息，并在完全知情的基础上可以对水坝建设提出同意或反对意见，并有权利通过协商来获得补偿或者其他的利益分享措施。在国内的自然资源开发来说，该《指南》并不是强制执行和遵守的，但《指南》是由世界水坝委员会提出的一份指导性意见，需要引起各方的足够重视。

3.2.2 非物质文化遗产资源开发补偿的具体措施

第一，非物质文化遗产资源利益配置问题的法律体系。早在1709年英国颁布的《安娜女王法》中就提出了利益补偿论的相关概念，指出一个作品的创作者在进行创作的过程中所有投资行为都要自行承担其带来的风险，这对于他们来说存在一定的风险，因而，应该授予他们其创作作品的一段时期的独占权，即给予他们一定的补偿条件，让他们能够通过各种方式获得回报和收回投资。作为一种利益补偿的方式之一，利益分享也常用于少数民族非物质文化遗产的保护上。随着项目的开发、建设，很多少数民族离开了他们生活的土地，或者他们生活的环境遭到了破坏，他们的非物质文化遗产必然也会受到牵涉。在此条件下，就应该对少数民族进行补偿。1992年，联合国环境规划署在当年颁布的《生物多样性公约》中要求在进行资源开发利用时，所有的参与者都必须通过适当的措施建立起公正、合理的制度环境，让所有的相关方都能够在资源利用开发中分享到其经济利益和补偿条件。对于提供生物资源的国家，则规定要获取基因资源时必须要有相关部门的同意，主要是资源提供国的同意，并明确相关利益的分配问题。

这些规定的公布和施行得到了世界范围内的认同，并直接影响了各缔约国专利法的制定工作。到了 2002 年，《关于遗传资源的获取及公平和公正分享因利用该资源而产生的利益之波恩准则》颁布，针对基因资源的利用和开发工作，制定了知情权、利益分享原则等相关的原则和基本范围，要求在使用传统知识时，使用者必须要得到该知识拥有者或持有者的同意并知悉，并可以收取该知识运用所产生收益的一部分。以上工作对于文化保护工作来说有很高的参考价值，生物资源的利益补偿原则也可以借用到文化资源领域中，也就是说，对于少数民族的非物质文化遗产来说，在进行商业开发时也必须要获得这些少数民族的同意和知情，并依照合理的规则进行利益分配。

一直以来，很多针对少数民族的非物质文化遗产的商业化开发工作，比如，改编、收集等很容易被认为是原始创作工作，使得这些非物质文化遗产的持有者们并没有获得应有的收益。在权利意识和文化发展的今天，越来越多的人认识到我们在开发和利用少数民族非物质文化遗产时应该保障这些少数民族群体的权益和利益，同时，需要有相关的法制建设做保障，在保护的同时也促进和支持少数民族非物质文化遗产的传承和发展。

利益平衡的问题不只是人、权利和资源的相互关系问题，更可以扩展到群体、社会和资源的关系和矛盾，对于公众和社会来说，他们提供了这些资源的同时，也在利用这些资源，关键是要在形成和利用这些资源的同时保障各方的利益，尤其是资源持有者的利益，就是那些经过了上千年的传承，形成于原生态的悠久文化传承者。基于这些考虑，在《中华人民共和国少数民族基本文化权利保障法》的制定过程中，对于少数民族传统文化的保护和文化资源的有序利用和利益分配一直都是重点考虑的内容。国家享有文化资源的主权，同样也享受文化资源的开发权。

在这样的制度框架下，在国内进行少数民族文化资源的商业开发工作时，必须要首先得到政府的允许和批准，对于那些片面认识少数民族文化资源的文化开发项目必须要及时发现，按照相关的程序对其进行甄别再决定批准与否。国际组织在国内开展公益项目时涉及少数民族传统文化内容的，也需要得到政府的审批，或有政府文化部门工作人员的参与，帮助与地方协调的同时便于对相关工作进行监督。

第二，非物质文化遗产资源开发补偿的操作体系。国内对于少数民族在资源上的补救主要包括建立相关的环境维护和恢复基金、提供矿产资源补偿费等生态和资源的保护工作，但对其在文化领域的资源维护和补偿、文化权利维护的工作并没有成型。对于利益分享机制，国外目前主要有契约和立法两种机制，其中，契约机制是指文化资源和权利的各参与方通过制定契约来明确各方的权利和义务，并制定相关的行为准则和规范；而立法机制就是将相关工作都纳入国际法的框架之下，由国际法来指导相关的利益分配机制。

后者指以契约的形式确定利益分享之方案，在契约中规定当事人的权利和义务，旨在通过相关主体的意思来自治实现利益分享的目的。无论采取哪种实现机制，在对少数民族文化权利进行利益补偿时应根据个案的具体情况，综合考虑不同方案的优势，在与当地受影响群体进行充分协商的基础上，进行恰当的制度设计。原因在于两个方面：一是我们必须尊重民族自治地方对本地区发展方式的选择权和参与权。《在种族或民族、宗教和语言上属于少数群体的人的权利宣言》中规定，少数人有权有效地参与文化、宗教、社会、经济事务及公共生活。在不与国家法律相违背的情况下，少数人有权、有效参与全国及地区层面内有关少数人及其居住地的决策。这是国际社会的共识，也代表了少数人权利保护的发展趋势，中国政府非常重视该宣言。毫无疑问，中国的少数民族也不例外，也应享有对自身事务尤其是本地区发展方式的选择权和参与权。因而，我们只能建议一些可供选择的补偿方案，具体措施应由少数民族自己做出决定。

二是目前的利益补偿主要有股份补偿和金钱补偿两种形式。考虑到中国的实际情况，广大西部地区的基层群众文化水平和管理能力相对较低，如果全面地采用股份制，他们很难真正地行使他们的股东权。现代股份公司的运作总是伴随一定经营风险，由于主客观方面条件的限制，股份制的补偿方式不一定适合西部民族地区的情况。因此，采用金钱补偿的方式可能更合适，在这方面，《生物多样性公约》的具体制度设计可以提供较好的参考和指导。[①]

3.3 非物质文化遗产资源保护性开发的数字化技术

进入信息化时代以后，数字信息技术快速发展，在其他领域高歌猛进的同时，对于文化领域也带来了翻天覆地的变化，文化遗产保护工作借助信息技术的发展和支撑也有了很多新的思路和方法。对于数字化的物质文化遗产保护工作，世界范围内都有较为成熟和系统的工作经验和方法；而对于非物质遗产的数字化保护工作，一直以来存在重视程序不足、难度高等问题，造成了很多国家，包括中国在内都仍处于探索起步阶段。非物质文化遗产中很多内容都是无形的，靠口口相传或者言传身教等方式来进行传承和传播，存在较为突出的传承性、生态性、变异性等特点，在保护上有很大的难度。非物质文化遗产使用数字化技术来进行保护和传承，具有明显的优势，需要进一步深入研究和发展。

3.3.1 数字化技术的必要性及重要性

对于非物质文化遗产来说，常用的数字化手段有对现有的非物质文化遗产进行提取、采集、转换、复原、再现等实现数据的采集、储存、展示等，用数字化显示手段及更加现代的方式保存非物质文化遗产，从而实现更好地传承、记录和传播。丰富的数字化技术和手段，为非物质文化遗产的保护工作提供了无限可能。

① 周真刚．少数民族非物质文化遗产开发的补偿机制研究［J］．广西民族大学学报（哲学社会科学版），2013（5）．

过去，国内在进行非物质文化遗产的保护工作中，主要通过采访、拍照、收集物品和记录等方式来进行保护，使得大批的珍贵文化遗产得到了保护，但这种文字、录像、录音和摄影的方式存在失真、老化，以及书籍易生霉等问题，造成所保存的非物质文化遗产在长期的保护过程中出现了信息失真和损失，长期的保存和利用效果不佳。而新一代的数字化技术则提供了更多、更高新科技的数据采集和记录、保存手段，如数字摄影、立体三维扫描、图文扫描、运作捕捉、全息摄影等，更加安全、更加有效的储存技术同步出现，如数据库、硬盘阵列等储存方式，以及网络平台的存在使得新的保护手段不但保证了非物质文化遗产数字化资源的保护质量，也用各种通信和存储协议保证了其保护内容的安全性和稳定性。例如，音乐、手稿、影像、照片等非物质文化遗产都可以通过这些数字化手段进行更为精确的采集和保护，同时，也可以方便地进行编辑和格式转换，还可以运用多种数据库软件来进行管理，使大批量的文化遗产资源能够方便地进行检索、整理和分类，提高了保护工作的效率和质量。

从国内的情况来看，对于那些较为珍贵甚至是濒危的非物质文化遗产，运用新型的数字化技术进行抢救性采集、记录、储存和建档，并运用数据库软件进行管理，这已经逐步成为我们的主要工作方式。但是，数字化技术存在先天的缺陷，使得非物质文化遗产的空间特性无法全面展示，各组成部分和元素之间的相互空间、时间和逻辑上的关系无法有效地表达出来，非物质文化遗产的整体性很难通过数字化手段来进行展示和保存。对于舞蹈这一文化形式来说，传统的记录方法多是通过图片、文字或者视频来进行记录，但舞蹈表演的连贯性，以及动作的准确性和协调性不能通过这些介质来完整表现，通过多个角度录制视频也只是通过多个二维图像的变化来模拟三维动作，这些资料和数据虽然也可以进行复制和剪辑，但数据的内容并没有多大的编辑空间，可重复使用率不高。如果要重现这些内容，只靠视频资料也是不够的，还是需要请舞蹈演员来学习和模拟，想要用于动画、影视剧的创作难度很大。通常如果要修改其中一些内容，比如动作，就要找舞蹈演员来重新演绎，工作量、工作成本和工作难度都很大。而现代数字化技术可以利用全息摄影、立体扫描等手段把这些非物质文化遗产进行更好地采集和记录，且数字化技术手段可以很方便地进行后期的编辑操作，提高保护方式保真性的同时，也可以提高数据的重用性，更加持久、安全地保存这些非物质文化遗产。

运用数字化技术手段来进行数据操作实现再现和复原技术，使得我们可以在现有的非物质文化遗产的基础上实现更好地传承。由于时代的变化，很多非物质文化遗产中包含的生产、生活方式由于环境条件、气候等的变化已经很难再现，而再现这些传统的生产、生活方式则是与我们向往更好生活的历史推动力相矛盾，这一点是造成非物质文化遗产无法自然发展和传承的重要原因之一，也使我们面对着非物质文化遗产保护的困境。而运用虚拟现实技术、图像数字处理技术、计算机图形学等技术手段，可以用更先进的复原技术和设备，在完成非物质文化遗产的数字化转换后，制作相对应的虚拟产品，让更多的人可以在完全沉浸式的虚拟环境中去感受非物质文化遗产所对应的外部条件，去感受这些文化遗产产生、形成和发展的各个时期。通过场景、现象、事件、过程，运用三维动画、视频和图片、音频等来尽可能地复原历史，并通过三维建模、人机交互、动作交互和识别等技术，实现文化遗产中场景的快速建立，使更多濒临消失或者已经消失的场景能够在虚拟世界里再现，且这种再现针对的人群是无限的，让更多的人能够通过体验这些虚拟世界来认识和了解这些非物质文化遗产。另外，网络技术和网络平台的发达，使得这些数据都可以通过互联网或者网络设备转移到网络平台上，把我们的民族文化和传统艺术展示给更多的人，让他们在了解我们文化的同时，能够唤起他们对传统文化的兴趣，同时激发这些民族文化的生命力。以南通板鹞风筝为例，每一个风筝都凝聚了包括书、画、扎、雕、绣等多种技艺，哨口的雕刻工艺更堪称一绝。这些哨口有着不同的材料、形状和大小，进风口的宽度、长度、角度和位置不同，意味着千变万化的音质、音量和音调，再把这些哨口进行有机地组合，就可以在空中演奏出美妙动人的音乐。而哨口的形状、大小，以及其进风口的宽度、角度等参数都可以在计算机中进行建模和仿真，从而建立起一套成熟的建模方法和程序，使虚拟的哨口与实际哨口更加接近，调整使哨口的音调、音质和音量更接近实际。通过数字化编程，可以向人们展示哨口是如何一步步地制作出来的，让人们了解到哨口的制作工艺和程序。此外，南通板鹞风筝上的绘画也有很多的文化内涵可以挖掘，这些精美的画面通常由民间故事发展而来，是过去的人们表达理想、愿望的方式之一。数字化开发工作可以对现有的绘画进行整理和采集，依据其内容和画面风格进行分类，建立起不同元素的模块库，根据不同的需求和风格要求，用现代的设计方式来创作南通鹞风筝，促进其未来的发展和传承。

过去，非物质文化遗产的传播和信息共享一直都存在很大的困难，而数字化技术的应用则极大程度地改变了这一局面。尤其是虚拟现实技术的运用，能够将图像、文字、视频、音频等各种多媒体手段结合起来，使优秀的非物质文化遗产可以在网络平台上用平面、立体或者全景的形式进行展示，使展示的效果更加直观、立体。目前，运用数字化技术来进行非物质文化遗产的展示工作主要有以下几种形式：一是运用三维建模和渲染技术，结合动画、场景生成等技术，将非物质文化遗产中所对应的环境条件、气候条件及生产、生活方式、消费形式、传播等形式，在软件或者网络平台上进行重现；二是建立新型博物馆，这也是当前的重点发展方向之一，即运用知识建模、数字摄影、多媒体技术将非物质文化遗产相关的图像、文字、声音、知识等内容通过集成、组合等形式展示出来；三是结合网络技术的数字博物馆，即将新型数字博物馆的内容和场景运用互联网、有线电视等数据端口放到平台上，使得这个博物馆可以在更容易被大众接受和获取的平台上进行全天候展示，大大降低公众接触非物质文化遗产的难度和门槛，让更多的人了解非物质文化遗产，使相关的资源能够实现高度共享。相对于传统的博物馆，数字博物馆不再是实物的静态展示，也不是一些固定的图片、视频、音频的现场展示和播放，所有的内容在数字博物馆里都是动态的。比如，可以更好地将非物质文化遗产相关的一些民间工艺是如何形成、发展和逐步演变的历史更好地表现出来。另外，还可以将前期针对一些民间艺人进行的采访、记录的档案、传播方式的记录以及原材料的制作和选取、所对应的生活形式和生活状态等内容通过文化和艺术的全过程内容都用数字化的方式进行数据转换后保存起来，通过合理的组合和编辑、处理，录入到数据库中。所有非物质文化遗产的内容在数字博物馆里都是以动态的形式进行展现的，使得人们能够通过这些动态的发展和变化，更深入地理解这些文化和艺术的内涵和底蕴，领会艺术和文化的精髓。如国内著名的传统印染工艺蓝印花布，其以代表性的蓝白之美而闻名于世，通过极具特色的手纺、手织、手染等工艺，这些民间蓝印花布样式纯真而充满和谐气息。用户在网络平台上进入数字博物馆以后，只需要通过鼠标的点击，就可以看到从最初的兰草的种植，到颜料的制作，再到花版的雕刻、面料染色和晾晒的动态演示。这种零距离的文化了解方式，能够吸引更多的人零门槛地去接触和认识我们的非物质文化遗产。

虚拟现实技术的发展使得数字化非物质文化遗产工作出现了更大的开发空间和可能性。新技术的出现带领我们进入了一个新的历史发展时期，在原有的非物质文化遗产保护方式和措施的基础上，我们应该开放思想，不断拓宽思路。非物质文化遗产所蕴含的丰富文化内涵是其价值所在，通过对这些文化内涵进行分解和细化，可以得到多种文化因子，而通过对这些文化因子再进行加工、生产、运输、流通和销售，就使这些充满民族特色、地方特色和文化及时代特色的文化产品进入社会，并最终走到人们的生活中。相对于其他的保护方式，这种生产性保护是目前看来最为有力的创造力和延续性的保护方式。通过虚拟现实技术，非物质文化遗产的保护方式得以再度拓宽，通过产业化经营，使非物质文化遗产可以转变为经济效益更高的文化生产力，同时，也能够调动全社会重视非物质文化遗产的保护工作。

运用虚拟现实的数字化非物质文化遗产在重建过程中，应用于其中的人机交互技术是这些技术的关键，而这些技术应用所依赖的硬件设备和软件则是实现这些技术并最终产业化的基本条件。随着相关技术的不断发展和进步，各种高性能的硬件设备不断被制造出来进入市场，使得数字化非物质文化遗产的工作难度进一步降低，工作效率则大大提高。相对于其他的保护方式，数字化非物质文化遗产保护工作的最大优势在于除了各项信息可以通过各种方式保存以外，并不需要对这些非物质文化遗产的原物和原貌进行改动，就可以对这些记录下来的数据和信息进行数字处理、生产和传播，使非物质文化遗产的经济和文化价值有效发挥出来。通过产业化经营和开发工作，可以延伸现有的非物质文化遗产产业链，提高文化产业的文化含量，真正促进文化产业的发展。另外，非物质文化遗产的产业化发展，也会推动相关民族文化、服饰文化、民间技艺、民间音乐和舞蹈、民间文学、饮食文化的传播和推广，提高民族文化的价值。①

3.3.2 非物质文化遗产资源保护性开发的数字化途径

虽然现有数字化非物质文化遗产保护工作已经取得了较大的进展，但仍存在很大的发展空间。在非物质文化遗产的传承、保护等方面，数字化技术必将发挥更大的作用。由于非物质文化遗产本身具有一定的动态性、历史性和传承性、整体性，文化本身还与其他各种条件有各种各样的联系，单纯的数字化并不能表现出这种文化空间的内涵和特性。从这一层面上看，我们需要重新审视和评价我们的非物质文化遗产资源，重新认识它们的价值和相互关联。这种再认识主要由可视化和知识表达、知识工程和语法粒度等角度展开的一种立体性知识结构和分类体系；同时，对于非物质文化遗产的数据采集工作应建立起一套基本的体系、标准和规范；建立和明确非物质文化遗产的保护和传承程序。后续需要进一步研究行为交互技术、情景建模技术、动作绑定技术、知识可视化技术和网络技术，通过这些技术的有机结合，建立起一整套的非物质文化遗产数字化数据采集、保护、传承技术系统和平台，使相关工作的开展更加有序、高效，逐步建立起覆盖多种类型非物质文化遗

① 黄永林，谈国新．中国非物质文化遗产数字化保护与开发研究［J］．华中师范大学学报（人文社会科学版），2012（3）．

产的数字化技术体系，推动上下流文化产业链的发展，使国内文化产业的文化含量、技术含量有序提高。具体反映在以下几个方面：

第一，基于类别标准完善非物质文化遗产资源数字体系。国内的非物质文化遗产既有各种各样的民俗文化，如各地区和各民族的风土人情、宗教节日活动、传统礼仪；也有千古流传的民间文学，如各种民间传说、谚语、民谣、故事、寓言、史诗等；还有各种与表演相关的艺术形式，如民间和民族舞蹈、音乐、杂技、戏曲和各种民间工艺，如糖人、刺绣、面人、蜡染、编纺等。这些非物质文化遗产种类和形式很多，有自己的特点，对其进行数字化时，除了要遵循一些基本的原则和方法以外，还需要针对这些文化遗产的不同特点采用不同的方法和措施。由于非物质文化遗产本身的动态性、整体性和传统性，需要对这些非物质文化遗产的复杂性、系统性和内隐性进行细致而深入地研究，从历史学、社会学、人类学、民俗学、心理学等多个学科入手多角度、层面地对各种因素进行分解，并提取出有效的文化因素；对于非物质文化遗产的历史发展、表现形式、地域特征等运用5w法（when、what、why、who、where）来进行研究和分类，再运用语法粒度的方法对各元素间的相互关系进行研究，逐步建立起非物质文化遗产的类型结构分类体系，通过学科分类、信息化存储来不断完善和丰富非物质文化遗产的素材、符号数据库。

第二，基于技术标准完善非物质文化遗产资源数据采集体系。在建立非物质文化遗产资源数据库的过程中，国内不同地方、不同文化领域的相关工作存在标准不统一、原则不统一、操作不规范的情况。根据信息技术目前的发展水平和发展趋势，非物质文化遗产的资源数据库建设工作应该与国家数字化图书馆和文化资源信息共享工作相统一，建立起非物质文化遗产的文化资源采集、描述、组织、处理和检索、保存等工作的整套技术标准和作业管理规范，根据国内非物质文化遗产资源的特点，提高相关标准和规范的科学性、实用性。通过资源分发和管理技术来实现非物质文化资源的整合，实现资源采集、呈现、描述、整理、检索、注册、发布等工作规范。这些工作的规范性和标准性对于非物质文化遗产的文化资源利用工作有着重要作用，尤其是对于相关工作的长期开展和类似工作的有序性有直接影响，可以避免一些数据采集、处理工作的反复，提高工作效率。

第三，基于体验标准完善非物质文化遗产资源可视化操作体系。相对于物质文化遗产的可视化技术来说，用于非物质文化遗产的可视化技术有很大的不同。在物质文化遗产保护工作中，各种图片、动画、视频文件被大量使用。而在非物质文化遗产的可视化技术中，则需要大量运用各种知识可视化技术，而这部分技术的应用还比较少，相关的研究也并不成熟，但相对于其他的保护手段来说，知识可视化技术是目前来看最为有效的手段。对于非物质文化遗产的可视化技术来说，从技术结构上可以将其分为知识描述层、知识应用层、知识源层、可视化表达层，常见的知识源有民间技艺、民俗活动、戏剧、民间舞蹈、各种史料文档等，不同的知识源其语义的异构性很强，按照描述层的文化空间类别，可以将这些知识源分为时间类、原因含义类、地域类、表现形式类等。根据不同知识的特点不同，所属类别不同，在进行表达时要选择不同的模型类别，便于进行知识的快速采集、学习和共享。用户本身所处的文化背景和知识构成不同，可以在知识层的不同类别中选择最容易接受的表达方式来进行知识学习等工作。用户在学习这些知识资源的同时，还可以进行文化资源空间知识的交流和补充，从而不断完善系统信息和丰富自己的类型信息，更新系统的文化空间知识，使其不断创新和发展，实现文化空间知识源的补充和维护。

第四，基于运用标准健全非物质文化遗产技术创新体系。非物质文化遗产是经过几千年发展逐步形成的一系列与地区、民族生活直接相关的特色文化资源，它直接与人民群众的生产、生活活动内容和习惯相关，是各种传统文化资源和文化空间知识的集成。非物质文化遗产的文化空间具有整体性、动态性和传承性，只单纯通过各种视频、图像、文字资源、声音、画面、动作等形式，并不能完全反映出各种资源间的相互关系。因而，如果只是进行数字化存储，很难把这些文化资源的文化空间表现出来，而文化空间直接影响了这些文化资源的生存环境和生存关系，必须加入更多的技术手段对非物质文化遗产进行保护，建立起国家级的保护工作标准和规范，提高管理水平，建立起一整套的传承技术体系。其中，技术体系主要包括多种数据和信息采集技术、资源管理技术、资源服务技术、行为控制技术、场景建模技术、虚拟现实技术、虚拟人机交互技术、可视化技术、自动控制技术等。及4个方面：

一是完善非物质文化遗产的数字化保护标准。非物质文化遗产的类别不同，选择适合的数字化方法来进行数据采集，比如，对于舞蹈运作，就可以运作捕捉技术，将运作的三维数据录入计算机中，并在计算机中完整测量运作的演进过程，建立三维运作过程；对于文物对象，通过三维扫描技术将其完整的结构扫描到计算机中，同时，根据其特点选择最可靠、最准确的建模方式；针对物体的不同纹理，采用一体化建模技术，把对象的纹理也尽可能地用数字化技术还原出来。

二是完善非物质文化遗产的管理与服务标准。针对非物质文化遗产保护和传承过程中对于资源管理、知识存储、信息描述、资源索引及检索、资源发布等工作的需要，综合运用分布式数据库技术、数字化技术、数据大批量存储技术、模糊检索技术等一一予以实现。

三是完善非物质文化遗产情景建模与行为控制标准。为了快速建立起非物质文化遗产的三维场景、不同角色及其对应的动作模型，需要将动作绑定技术、角色真实生成技术、实时复合对象控制技术、快速场景生成技术等进行协调、综合起来应用。

四是完善资源可视化技术标准。随着数字化技术的发展，运用虚拟现实技术、三维模型技术、动作捕捉技术、知识可视化技术、语义web技术等可以更方便地实现非物质文化遗产知识的可视化。通过语义理解、基于知识点的语义查询、知识库完善、知识共享等功能来提高可视化技术的效率。比如，非物质文化遗产的文化空间表达，可以使用基于本体的概念参考模型CIDOC CRM技术来实现。

第五，基于平台标准完善非物质文化遗产多媒体传播体系。现有的非物质文化遗产进行产品的数字化开发时，仍存在一些较为关键的技术难题，比如，建立起三维的文化场景后，如何使角色在场景中的互动更加真实、自然。这些没有得到很好地解决，随着资源库技术的发展，未来可以尝试通过文化元素与地形精确建模相结合的方式来实现。另外，为了提高场景中角色的真实感和动态自然感，将人脸真实呈现技术引入进来，并将人脸的动作录入到动作数据库中，使角色的动作能够快速生成。最后，可以将行为资源、知识资源建模技术和交互技术结合起来，提高可视化技术的效率，并在多种交互平台上进行发布，促进非物质文化遗产的传播。

第六，基于整体性标准完善非物质文化遗产数字化传承渠道。相对于物质文化遗产，非物质文化遗产是一种经过数千年的生活和文化活动逐步形成的，经过各族人民的世代传承，与人民生活、文化和文化空间相关的一种传统文化形式，其保存具有自己的特色。由于国家层面上尚没有一个较为正式的非物质文化遗产保护与传承的规范和标准，国内的非物质文化遗产由于其独特性，在传承和保护方面一直存在这样和那样的问题，相关工作的开展难度较大，研究传承和保护非物质文化遗产的技术体系有重要价值。这里所说的技术体系，一般来说，包括非物质文化遗产的数字化技术、资源入库技术、情景构建技术、资源管理技术、非物质文化遗产可视化技术、传播技术、服务技术等。在这些技术中，还可以进行细分，如数字化技术就包括图像、音频、视频的采集、制作、处理技术；资源入库技术包括资源的数据转化、元数据标准、存储规范、版权保护技术等；情景构建技术主要包括场景生成技术、动作生成技术、角色生成技术、复合对象控制技术等；资源管理技术包括资源发布、管理、检索、注册等技术；可视化技术则包括虚拟现实技术、三维动画技术、知识可视化技术、语义 web 技术等。通过这些技术的协调和综合利用，逐步建立起一套完整的非物质文化遗产技术体系，使非物质文化遗产能够得到更加完整的保护和传承。

3.3.3 非物质文化遗产资源数字化保护面临的问题及对策

虚拟现实技术的发展，进一步推动了数字化技术的高度，使得 21 世纪真正发展成为“虚拟时代”。在这些高科技技术手段的帮助下，非物质文化遗产的开发和保护工作手段更加丰富，工作效率也大大提高，更多的科技手段运用成为可能。但在数字化技术的应用上，还存在一些问题，主要体现在以下几方面：

第一，合理权衡现代数字技术与特色文化生态的关系。虽然运用数字化技术可以实现更高精度和效率的非物质文化遗产复原、虚拟、保护、重建，但对于数字化技术的过度依赖造成了文化资源的高度数据化，这对于文化的多样性可能会产生不利的影响，文化存在的生态环境无法得到有效保护，同样会造成文化生态失衡。这就要求我们在进行相关工作时，必须要有一个基本的原则和人文掌控。要从以往的过分侧重“静态遗产”保护工作逐步转向“动静结合”，重视文化资源的动态保护和活态遗产的保护工作。非物质文化遗产发展到如今仍在不断变化、进化和更新，不能将之视为在当前阶段完全不变的文化形式。另外，数字化技术除了对数字化的侧重以外，还要重视非物质文化遗产的“物质性”，将其物质性的文化要素也纳入保护的范围中来，重视非物质文化遗产在“非物质性”和“物质性”上的结合，实现两者的统一、协调发展，认识两者的统一性、整体性。此外，重视非物质文化遗产的文化生态保护工作，使其能够在原生的生态环境下传承和保护，保存其生命力并持续发展。总体来看，数字化技术只是一种手段和途径，重点还是非物质文化遗产本身，要保护好其文化的多样性、动态性，保护其文化生态的完整。

第二，现代数字技术跨行业应用的体制与机制问题。相比于我们常见的文化表现形式有所不同，非物质文化遗产通过数字化技术在虚拟空间里表现和展示文化，这是一种跨学科、跨时空的信息表达方式，结合了自然科学、社会科学、工程技术等多种学科的技术和知识。比如，在提取和加工非物质文化遗产时，需要人类学、影视学、传播学、民族学、社会学等多个领域的专家和学者共同工作。非物质文化遗产研究的对象、技术特点，以及涉及的领域较为复杂，决定了这些工作的综合性和系统性。数字化技术在非物质文化遗产保护和传承领域的应用中，必须要整合多学科知识，通过跨学科的工作与创新，破除学科隔阂，建立一个综合性、系统性的交叉学科领域，通过跨行业合作和研究，逐步建立起一套适合国内非物质文化遗产数字化开发、保护和传承、传播工作的工作体系。

第三，弥补专业化复合型人才的缺口。数字化技术本质上说是一项信息化技术，从业者都是IT领域专业技术人员，而非物质文化遗产本身则属于文化领域，对非物质文化遗产进行数字化保护和开发工作对于技术性要求很高，而且是一项系统性的持久工作，对于参与相关工作的人员有较高的综合性素质要求。由于IT领域专业人员的特长主要集中在数字化技术上，很容易导致其在文化素养和深层文化内涵的理解上存在不足，这一点是当前工作的主要难题。由此可以看出，数字化非物质文化遗产保护和开发工作重点是人才队伍的建设与培养。除了基本的科学素养以外，这项工作还需要培养起更高的跨学科能力，需要我们通过严格训练来使工作人员逐步具备相关的能力。与高校和科研院所的合作是加强人才队伍建设的有效手段之一，把信息、人文、民族、工程等各学科的资源融合起来，将非物质文化遗产保护工作与专业人才队伍建设结合起来，培养复合型人才，将信息化与文化产业发展结合起来。同时，还要建立起配套的激励、评价、使用、服务机制，不断完善人才建设制度体系，实现文化、技术、管理综合水平提升的人才队伍建设工作。

第四，加强信息产业与文化产业的融合发展。信息产业的发展对各个行业都产生剧烈的冲击，对于文化产业来说，这也是一次持久的改革。信息技术的应用，使得文化产业的发展改变了原有样貌，文化产品的开发、生产、传播方式也随之而改变，文化产品在开发和设计过程中，由于信息技术的引入，原创性更容易实现，产品的生命力、竞争力得到了增强。但存在同样的问题，文化仍是核心，而信息技术只是手段。重点工作仍然是文化的内容建设，通过数字化实现方式，可以提高文化内容的共享性，为其商业发展提供更广阔的平台和机会。国内的信息产业发展很快，在非物质文化遗产保护和开发上进行应用有很大的空间和潜力，有助于我们提高文化产业与信息产业和传媒产业的融合与共同发展。作为高科技产业与高文化价值的结合点，非物质文化遗产的数字化应用能够在原有保护的基础上丰富保护的方式和途径，同时，突出文化的资源性，强调知识产权和资本性，使文化优势逐步转变为经济优势，提高其社会性和经济性，推动区域发展。①

3.4 非物质文化遗产资源的旅游体验与保护性开发

随着国内旅游行业近几十年的发展，单纯的观光风景游已经无法进一步增长和发掘其增长潜力，文化体验游才是地方旅游深度和长期发展的方向，国内很多旅游目的地在文化旅游方面的尝试也证明了这一方向的正确性。本节研究非物质文化遗产如何与旅游结合起来，发展保护性旅游，从而提升旅游体验。

3.4.1 旅游体验的内涵

进入21世纪以后，传统经济的增长速度开始下降，体验经济的发展使得经济重获增长动力。相对于传统经济来说，体验经济可以让消费者获得参与感，他们不再是产品和服务的单一接收者，他们可以通过参与到服务和产品的生产过程中获得更独特的体验。对于旅游体验来说，国内学术界已有大量的研究。如谢彦君教授（2010）认为，旅游本质上就是一种体验，尤其是当旅游者离开自己长期生活和居住的地方，来到另一个地方时，每一次与外界的接触和互动都是一次体验，这种体验使他们不断地获得新的知识和。新的感受，从而获得身心的愉悦，达到旅游的目的。也就是说，旅游就是让旅游者与相对外部世界获得联系和沟通，实现心理状态改变的一种行为过程。对于旅游者自身来说，是内在的心理活动；而对于旅游客体来说，则是对其

① 黄永林，谈国新．中国非物质文化遗产数字化保护与开发研究［J］．华中师范大学学报（人文社会科学版），2012（3）．

外表和内涵的认识、理解和沟通的过程与结果，体验旅游相对于传统旅游更强调这种参与感。旅游体验是与这种参与感深度和强度不同而不同的，旅游体验感越深，旅游的组织实际上越难实现。

3.4.2 旅游体验与非物质文化遗产保护性开发的关系

相对于传统旅游来说，体验游的主要区别在于个体的参与性，如果以非物质文化遗产为旅游的主题，则会通过不同文化的交流、社会的变化和经济的传输来影响旅游目的地的发展。而非物质文化旅游资源的开发、运用水平不同，旅游者获得的心灵体验不同，愉悦感也不同，这决定了旅游体验满意度的高低，两者的关系表现在以下两个方向：

第一，非物质文化遗产是开展旅游体验的重要资源和内容。旅游活动的核心是旅游的资源，常规意义上的旅游资源可以分为人文旅游资源和自然旅游资源。非物质文化遗产作为人文旅游资源中的一种，是区域文化、民族文化的重要体现。但在传统旅游资源的开发中，人们更加重视物质文化资源的开发，加上长期以来人们的观念固化，非物质文化遗产一直没有被作为旅游资源进行常规开发。随着旅游同质化问题越来越突出，非物质文化遗产作为一种重要而有效的异质化旅游资源，其重要性逐步得到了人们的认识。如河北吴桥县的杂技一直以来都是国内杂技艺术的著名发源地，吴桥杂技在国内外都有很高的声誉，在世界上被称为“杂技艺术的摇篮”。吴桥还在1954年被周恩来总理提名为“杂技之乡”，吴桥杂技也于2006年顺利入选第一批国家级非物质文化遗产。[①] 吴桥县较早地认识到杂技艺术作为一种文化资源的价值，吴桥县与中国香港的文化开发方合作，建设了吴桥杂技大世界旅游景区，并于1993年建成开放。该景区包括民俗风情园、杂技博物馆、滑稽动物园、小泰山、江湖文化城、马戏游乐园、魔术迷幻宫、红牡丹剧场等共8

① 王红宝，谷立霞.基于旅游体验的非物质文化遗产保护性旅游开发研究［J］.广西社会科学，2010（11）.

个主要景点，总占地 617 亩[①]，逐步开发出表演、比赛、交流、娱乐、餐饮等一系列的旅游功能，在展示吴桥杂技和民俗文化的同时，还逐步提高游客参与体验的内容与深度，使得旅游事业得到持续健康发展。

保护和传承非物质文化遗产工作采用发展体验旅游是一种有效的方式。很多非物质文化遗产由于其形成和发展的环境、时代条件逐步消失而失去了生存的土壤，很多文化内容由于功能已被替代或者失去作用而被搁置，或者被各种各样的其他文化冲击而被取代并逐步消亡。而新时期文化旅游、遗产旅游的发展，则为非物质文化遗产提供了一个重建其生态的机会，很多传统的文化得到了重新的重视，由于其在文化旅游中的价值而重新回到了人们的视野中。如云南丽江市在发展旅游的过程中，依托纳西族民族文化发展起来的纳西族民族音乐、舞蹈和东巴文化都得到了难得的发展机会，更多的资源投入其中，也使得这些文化能够更好地传承和存在下去。发展非物质文化遗产旅游还可以帮助人们去认识传统文化，认识这些非物质文化遗产。随着近十年世界级非物质文化遗产的申报工作逐步得到地方和社会的认可，更多人认识到非物质文化遗产不只是一张地方的文化名片，也是发展旅游的支柱资源。通过发展非物质文化遗产旅游可以促进人们更多地了解地方文化和传统文化，也为地方经济的发展提供了源源不断的动力。再回过头来，从这些经济收入中提取一部分反哺非物质文化遗产的保护工作，对于改善和解决非物质文化遗产保护过程中存在资金不足的问题起着积极推动作用。

3.4.3 非物质文化遗产旅游体验与保护性开发策略

第一，理顺非物质文化遗产开发和保护的辩证关系。发展以非物质文化遗产为主题的体验式旅游是为了更好地保护和发展非物质文化遗产，不能本末倒置。非物质文化遗产是一个地区的人们在长期的生活、生产过程中形成

① 1 亩＝666.66 平方米。

的一种生活和生产方式、文化活动、民间风俗，是一种动态、具有生命力的文化资源。这些文化活动存在于特定的时代和社会条件下的，具有较高的社会、历史、人文、科研、经济和文化价值。如只是单纯进行静态保护，只会不断削弱其生命力，并最终造成非物质文化遗产的生存环境完全消失，而非物质文化遗产也会最终消亡。所以，利用非物质文化遗产的价值发展体验式旅游，不但可以维持其生命力，也可以更好地保护和传承。但我们必须意识到，开发是以保护为前提的，过度开发、忽视保护必然会造成非物质文化资源的破坏。国内很多地方在申报非物质文化遗产时，普遍存在过度开发、重复申报、重开发轻保护、重开发轻管理的情况。一些地区的非物质文化遗产超负荷开发严重，过度的商业化、人工化使得很多的民俗艺术不但变了味，而且其本身也受到了很大的破坏。要把握非物质文化遗产开发和保护的“度”，使两者达到动态平衡。两者存在一种辩证关系，即保护才能进行开发，而开发是为了更好地保护，两者是相互促进的，核心围绕着非物质文化遗产的文化价值。

第二，发展以非物质文化遗产为核心主题的体验旅游。国内旅游产业经过几十年的发展，同质化严重，游客们越来越趋向于寻找那些异质化强、有文化底蕴、有情感内涵的旅游主题和目的地。旅游相关基础设施水平的不断发展，也使得采用自助游的散客越来越多，他们通过自由安排旅游的时间和路线，最大程度地满足自己对旅游的个人喜好和情感需求。而体验旅游作为一种完全能够满足这种需求的旅游方式，要从以下几方面来开展工作：

一是关注游客的情感需求及个人倾向。发展以非物质文化遗产为主题的旅游项目，首先，满足游客的需求，针对目标游客的情感特点和个人需要，进行旅游项目的开发。游客有着不同的文化背景，有来自着不同地域的生活习惯和文化习俗，有自己的职业和教育背景，不同的年龄追求的旅游内容也不一样，再结合他们的性格、爱好，对于旅游内容的需要丰富多彩。在开发旅游项目时，要认识和重视这些个性化的旅游需求，满足游客的不同需要，让他们体验到在其他旅游项目中不曾体验的情感满足和愉悦体验，使他们通过旅游能够完全释放掉旅游出发前所希望排除掉的工作和生活压力、负面情绪。这些需求的满足在本质上说，都是人性化旅游项目的表现。一项优秀的旅游项目，应该把自己的文化内涵和氛围表现出来，让游客了解和感受到文化环境，同时获得不同于他人的旅游体验。

二是保持非物质文化遗产的本身特色。几十年的旅游经历使人们已经厌倦了各种包装和过度商业开发的旅游项目和内容，人们开始追求古朴、本真的旅游体验，而且这种体验的强烈程度往往和他们的消费投入是正相关的。很多人旅游的初始动力就是为了去感受不一样的文化，体验不一样的生活通过改变自己的生活环境，融入不一样的文化氛围，了解那些未曾认识的文化传统来获得情感上的满足和愉悦。这种对旅游期望的满足，也是发展旅游的基本标准之一。对于非物质文化遗产来说，在保护的基础上，进行适当开发，需要保持其原真性，实现其文化的吸引力和魅力，是获得持久客源的根本原因。非物质文化遗产的原真性常常代表这种文化的稀缺性和价值水平，原真性越高，旅游收益相应也更持久。

三是重视和以活态性为优势发展非物质文化遗产体验旅游。随着国内旅游市场几十年的发展，单纯的风景游，尤其是那些路线固定、内容重复的走马观花式旅游越来越不受欢迎，那些以探索、参与为活动内容的旅游项目逐步开始火热起来。对于旅游体验来说，就是开始更倾向于主动化、情感化及个性化和人文化。非物质文化遗产并非静态的，它是具有生命力和延续性的文化内容。相比于其他的文化类别，非物质文化遗产有突出的地域性和民族性，通常体现了一个民族在生产、生活方式，而且与人息息相关，通过身口相传来延续，是一种具有生命力的活态文化。这种活态文化的特性，为提升旅游体验提供了天然条件。

另外，对于非物质文化遗产的活态性旅游开发，主要是从两个方面进行：一是发展原生态式民族旅游村。非物质文化遗产普遍具有一定的地域性、民族性，其形成、发展于一定的地区，与该地区的地域特色有直接关系，离开了这个地区，不要说传承和发展，生存都失去了意义。发展生态旅游是旅游行业未来的发展方向，除了一些原生的自然生态环境以外，文化生态系统也是发展生态旅游的重点领域。对于那些非物质文化遗产资源丰富的地区，常常也是原生态环境的区域，在这些地区利用现有的资源和有特色的民族传统文化和村寨，很适合建设原生态式民族旅游村，这些原住居民还可以作为旅游村的工作人员，这样既可以保护当地的自然环境、文化环境不受经济发展的破坏，还可以发挥和发展当地的文化生态环境，尊重和维护他们的生活习惯、民情风俗。对于旅游者来说，则能够体验到原汁原味的民族特色生活，以及各种非物质文化遗产资源。在提高旅游满意度的同时，也可以促进地方经济的发展，提高本地居民的生活水平。二是发展节会式活动。这里所说的活动通常包括了节庆和集会两种：节庆通常是一些地方性、民族性的特色节日活动，在每年的固定时间进行，有较为正式的活动内容和形式，是该地区和民族传统文化的集中体现。如很多地方都会在春节前后办花灯、表演花灯戏，端午节前后，则是南方各地赛龙舟的集中时间段。这些活动可以进行适当的开发和加工，提高游客的参与度，让更多人能够参与进来，在体验中去获得自己想要的旅游感受。集会式活动与节庆不同，举办的时间并不固定，地方的人们会举办各种活动来表达自己对于亲人们的感情，这种活动相对于旅游者的生活和成长环境都有很大的差异，也是发展体验式旅游的重要方式。

我们国家拥有丰富的非物质文化遗产资源，这是各地的群众和少数民族在几千年的生产、生活过程中逐步形成的，是中华文化的重要组成和直接体现。单纯的保护需要资金的持续支持，而通过发展体验式旅游来进行保护性开发，可以一方面利用非物质文化遗产的旅游价值，另一方面为地方提供持续的经济收入，使地方经济发展的同时为非物质文化遗产的保护提供支撑，是非物质文化遗产保护的一种有效方式。[①]

① 王红宝，谷立霞．基于旅游体验的非物质文化遗产保护性旅游开发研究［J］．广西社会科学，2010（11）．

3.5 典型案例分析：甘洛县彝族手工刺绣的旅游商品化发展

依托非物质文化资源发展旅游业已成为西部民族地区发展经济、增加就业和扩大消费市场的有效手段，也是提高当地人民生活水平的重要支撑产业。在旅游消费的过程中，旅游商品是游客获得旅游纪念意义的重要媒介与旅游经历的物化，随着我国旅游业发展水平的不断提高，具有地域特色的旅游商品需求在不断增加。由于西部民族地区旅游业起步较晚，旅游经济发展还有巨大发展空间，特别是旅游商品一直都处于相对滞后的发展状态，个性化地方特色的旅游商品市场潜力较大，尤其是我国西南少数民族地区的地方特色旅游商品更具广阔的市场空间和开发价值。手工刺绣是彝族同胞中一项传承久远、技艺精湛、实用性较高的民族传统手工艺。近年来，四川省凉山州甘洛县充分挖掘彝族文化资源优势，推动彝族手工刺绣产业快速发展，以手工刺绣为主打工艺的服装、背包、童帽、壁画、背带、挎包、钱包、香包等富有彝族特色的手工艺品走进市场、走进旅游景区、走进世界各地的消费者心中，成为甘洛旅游产业新发展的鲜明品牌和重要载体。

3.5.1 甘洛县彝族手工刺绣的工艺特色

凉山州的彝族手工刺绣品种类型根据地方不同而呈现出不同样式，在性别、年龄、颜色等特征上，款式和图案及刺绣的技艺特色都各不相同。同时彝族手工刺绣背后所蕴含的传统文化在彝族服饰中是重要的载体也是不可或缺的重要组成部分。甘洛县彝族手工刺绣技艺因具有地方特色的研发、创作、商品艺术造型设计、商品的定型生产等，在2011年被评为四川省省级非物质文化遗产。将甘洛县特色技艺的彝族手工刺绣作为旅游纪念品进行开发，投入旅游消费市场参与竞争，具有较强的竞争优势。

第一，性别差异特征。男子手工刺绣服饰：男子上衣右边开襟、紧身，袖口、领口、襟边都绣有蓝色或绿色等庄严的花边，一般为黑色丝绸布。裤子分为下摆、裤筒、裤脚3个部分，一般为蓝色丝绸布。此外，彝族青年男子大多数会扎英雄结，扎得细长且挺拔，表示英勇魁梧的男子气概，而中老年男子则扎得粗长悬挂于一边，代表着成熟威严的气质。[①]

女子手工刺绣服饰：妇女上衣右边开襟、紧身，袖口、领口、襟边等的刺绣颜色依年龄而定，中老年人一般以绿色、蓝色、黑色和白色布为主，一般不绣花纹，只有简单花边，代表着庄重。年轻一般选用红色、黄色、橙色和粉色等形成强烈对比的色彩来修饰衣服的花边和图案，代表着青春活力、积极热情的生活态度。对裙子而言，妇女裙子多为百褶长裙，用宽窄不一样的布镶嵌连结而成。孩童衣裙主要是以红色和白色为主。青年女子主要是以蓝色、红色、绿色相间为主，中老年主要是以黑色、蓝色、绿色和藏青色相间为主。此外，女子脖子上佩戴金、银、珠宝和玉器等进行点缀装饰。

第二，服装刺绣技法特色。中老年女套装分两个部分，为长袖和无袖马褂。长袖为蓝色纯棉布衣，马褂则是黑色纯棉布衣，素色纹样做刺绣装饰，格调以素静为主，图案以各自喜好为主，一般以绿色、青色、蓝色和黑色为主，增加亮度的话只能增加粉绿、粉青、粉兰的图案，不可增加红、黄等火热的图案，以表庄严清秀之美感。青年女装分两个部分，衣身以橘色丝绸，衣袖为蓝色丝绸，彩色纹样做刺绣装饰，一般用彩色精绣各种纹样图案（花鸟、草虫），以表彝族妇女心灵手巧的智慧，讲究精细、美观、协调，给人一种艳丽多彩的美感。童年、青年男装，为黑色丝绸，彩色纹样做刺绣装饰，纹样图案和刺绣手艺与青年女装一致。童年女装分两个部分，衣身以橘色丝绸，衣袖为蓝色丝绸，彩色纹样做刺绣装饰。以上所有制作的刺绣手法均包括贴花、盘花、挑花、锁边绣等。

第三，头饰刺绣技法特色。女青年、女中老年头帕一般分12层，面上

① 杨晶．凉山彝族服饰审美文化研究［D］．四川师范大学，2015.

1层为全刺绣装饰，面下11层都是黑色纯棉，而甘洛县彝族刺绣童帽（男女），以黑色纯棉为底，一个贴花刺绣图案，三个用毛线编扎的发辫装饰，图案构思以动物、植物、天象为主，寓意吉祥。构图方式以二方连续纹样和单独纹样为主、毛线绑扎为辅。三者刺绣手法均包括贴花、盘花、挑花、锁边绣等。

第四，传统马褂、烟包、挎包、钱包刺绣技法特色。彝族女青年、中年、老年马褂，马褂一般以黑色纯棉布衣、蓝色纯棉布衣、红色纯棉布衣打底，辅以素色、彩色等纹样刺绣装饰，刺绣手法包括贴花、盘花、挑花、锁边绣等。中老年马褂以素静为主，图案以各自喜好为主，一般以绿、青、蓝和黑色为主，增加亮度也只能增加粉绿、粉青、粉兰，决不能增加红、黄等火热的图案，这样以表庄严清秀之美感。青年马褂一般用彩色精绣各种纹样图案（花鸟、草虫），以表彝族妇女心灵手巧的智慧，讲究精细、美观、协调给人一种艳丽多彩的美感。①

彝族挎包、彝族传统烟包（青年、中老年女）、钱包，图案均主要以方形、三角形、半圆形、圆形、弧形等几何图形和动物、植物、天象为主来构思，寓意吉祥。构图方式以四方、二方连续纹样和单独纹样为主、毛线绑扎为辅。② 刺绣手法为贴花、挑花、锁边绣等。老年人以蓝色素静为主，中年以绿色为主，青年以彩色为主，以丝绸为底，制作精致，材料价值高，其功能过去是装银子等贵重物品，现在可以装手机、钥匙等小件物品。其中彝族挎包、彝族钱包，分为十字绣和彝族刺绣。

第五，传统彝族服装与新式彝族服装的区别。为适应潮流、追寻时代的脚步，也是为了及时反映出彝族社会的进步、文化底蕴的丰富，新式彝族服

---

① 沈良杰.彝族服饰市场现状与发展探讨［J］.西昌学院学报，2005（04）.

② 叶莉撰.彝族服饰审美意识研究［D］.贵州大学，2008.

饰在传统彝族服饰基础上增添了一些元素。如表 3–1 所示，在结构上新式彝族服装增添了下摆部分，颜色更加丰富，搭配更加合理，也反映彝区群众对美好生活的向往。

表 3–1 甘洛县传统彝族服装与新式彝族服装的区别

类 别	结 构	刺绣手法	颜 色
传统服装	衣身、衣袖	贴花、盘花、挑花、锁边	青、深蓝、深绿和黑等暗色为主
新式服装	衣身、衣袖、下摆	贴花、盘花、挑花、锁边	玫红、浅蓝、浅绿等亮色为主

资料来源：作者根据实地调研资料整理。

3.5.2 甘洛县彝族手工刺绣的综合价值

第一，收藏价值。彝族手工刺绣在源头丝线生产上有其独特性，即自己养蚕，整个过程不需要后期染色工序，丝线的颜色以需要什么颜色喂什么颜色的食物来形成。这保在一定程度上证了制作手工刺绣作品原料的生态性（绿色性），有利于延长手工刺绣作品保存时间，让其变成稀有产品之一。同时，经过手工刺绣后的彝族服饰，很难被再次改造，更具有收藏价值。此外，甘洛县的彝族手工刺绣还没被普遍认识，存在的潜在升值空间。

第二，文化价值。一个民族的文化是通过符号宣扬的，在经济快速发展的今天，民族手工艺的发展在逐渐被忽视，因此，加大对彝族手工刺绣的投入力度，重视彝族手工刺绣的保护性开发，有利于提高文化自信度，同时，也强化彝族人民自觉传承本民族文化的意愿。彝族手工刺绣作为彝族历史上重要的传承纽带，以符号和样式的表现形式，反映出彝族人的生产生活方式和文化文明的创造过程，为研究彝族文化的历史进程和文明脉络提供了原始素材。彝族手工刺绣是“生存”彝族文化的基础，也是表现彝族生活习俗文化的基础，它是彝族人民对美好生活的精神寄托，向往着对未来美好生活的追求意义。在打造和宣传彝族手工刺绣产品时，其背后所蕴含的民族历史文化也将随之被大众所认识，这既突出地域特色的形，又显现出注重与区域特色文化魂的融合，达到弘扬彝族悠久历史文化价值的目的，这对彝族，对当地政府，对旅游相关的开发者和经营者都具有深远的意义。

第三，经济价值。彝族手工刺绣者源于乡镇，而彝族手工刺绣旅游商品化，可为彝族农村妇女提供就业平台，可以拓宽部分农村妇女的收入来源，从而增加整个家庭的经济收入。甘洛县属于贫困县，彝族手工刺绣旅游商品化发展，有利于激发彝区人们对致富的想法，加快脱贫步伐，改善彝区人们的生活条件。同时，因第三产业的发展将在未来经济发展中占据重要地位，甘洛县可依托彝族手工刺绣旅游商品化来提高第三产业在甘洛县整体产业结构中的比重，到达优化产业发展结构，从而促进甘洛的经济协调发展。

第四，社会价值。彝族手工刺绣旅游商品化，让闲置农村劳动力得到合理利用。一方面，让部分农村妇女回归家乡务工，减少了留守儿童和留守老人的社会现象，在获得经济收入的同时也做到了传承和发扬民族文化的意义，这有利于农村妇女实现自我价值，为社会的和谐发展做出贡献。另一方面，可吸引外来人才建设当地，有利于实现甘洛县向全面发展靠近。此外，彝族手工刺绣的旅游商品化，为彝族手工刺绣和旅游相关经营者提供就业创业等发展机会，可提高甘洛县就业率，更有助于甘洛县的经济向可持续协调方面发展。最后，甘洛是个彝、藏、汉等多民族聚居地，旅游业的发展将拓宽甘洛人民的视野，加强民族团结。

3.5.3 甘洛县彝族手工刺绣的开发现状

西昌市及附近各县全年接待旅游游客数量逐年稳步攀升，大多数的游客都会被当地少数民族绚丽多彩的民族服饰所吸引，并购买各种彝族的绣品、漆器或银器等留作纪念。在调查甘洛县经营店铺时间情况发现，甘洛县售卖彝族手工刺绣的所有店铺中，长时间经营的店铺占多数，刺绣从业人员收入也相对稳定，具体情况如下。

第一，手工刺绣与非手工刺绣的市场销售情况对比。在实地调研过程中，50% 的受访者认为甘洛县目前的彝族手工刺绣开发的情况比较好，发展彝族手工刺绣的旅游商品化有较好的市场开发基础。同时，调研数据统计显示，甘洛县彝绣服饰店铺 2019 年出售的手工服饰件数比非手工服饰的数量少，且出售服饰件数不够均匀。如图 3–1 所示。

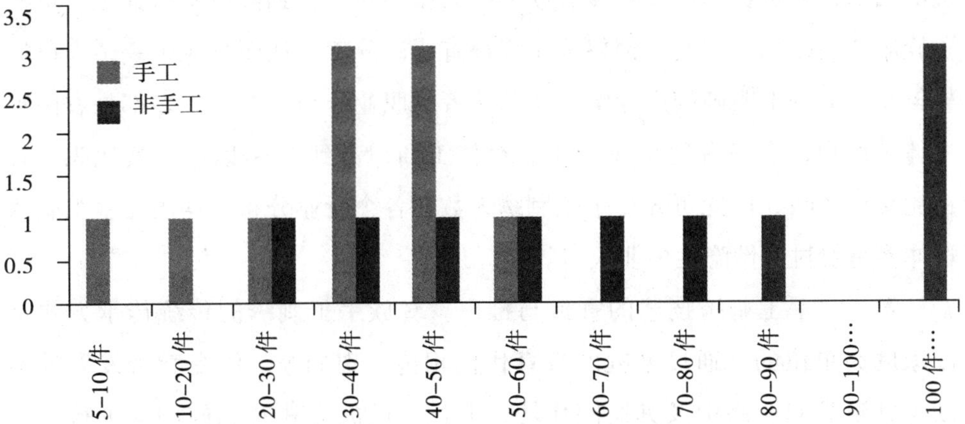

图 3–1　2019 年出售手工与非手工服饰件数对比图

资料来源：作者根据实地调研数据整理计算绘制所得。

甘洛县彝绣服饰店铺销售不平衡主要受到多种因素影响：一是有些店铺的手工刺绣品较好，手工刺绣销售量就相应提高；二是有些店铺因受开店时间短的影响，缺乏刺绣者提供手工刺绣品，导致手工刺绣品比非手工的销售量低；三是有些经营店铺开店时间长，则手工和非手工的刺绣品都占有一定的比重，该店铺的手工和非手工的刺绣品的品相较好，易销售。但总体而言，手工比非手工出售量要低，这意味着现今机械化的彝族刺绣品产量正在增多，从事手工刺绣的人逐步在减少，手工刺绣者经济收入受到了影响，机械化的服饰品正逐步占领大部分的市场份额。从价格方面看，非手工刺绣因机械化、产量大、时间少、人工成本低，具有价格优势。从做工方面看，手工刺绣虽然耗时长，但精巧、耐存，具备较高的艺术价值和收藏价值。

第二，从业人员分布情况。在甘洛县，传统彝族手工刺绣技法特殊，耗费时间较长。随着现代科技的发展，机器化的制作方式已经在普遍运作，使得传统彝族手工刺绣品的消费市场在不断缩小，从事手工刺绣妇女越来越少。目前，只有少部分女性在刺绣，而这少部分人形成了组织鲜明、分工明确的团队，从负责培训及宣传彝族手工刺绣的活动，到县里租店铺专门负责彝族服装的收购、转卖、销售等流程都有明确分工，从而形成了一条人口规模较小，但分工明确的产业链。从刺绣者的职业分布来看，大多都是农民和个体工商户，农民占到 57% 以上，个体工商户占到 22% 以上，其他职业者占比接近 20%，由此可知，手工刺绣人数在各个行业分布不均衡，手工刺绣群体多是农村女性隐性失业人口。

第三，手工刺绣技艺的宣传与推广。彝族手工刺绣的传统传承方式是以家庭为单位的，通过家庭的教育代代相传。现如今，深受教育发展的推动，甘洛县职业高中及其民间作坊，通过不同的方式对彝族妇女进行传授刺绣技艺。当地政府高度重视彝族刺绣产业发展，把彝族刺绣产业列入特色产业发展规划中，积极引导农民调整产业结构，发展民族特色产业，走创新发展道路。2006 年，创办了由甘洛县工商联组织的“甘洛县彝族妇女刺绣协会”，协会是民间性、经济性的社会团体，主要负责彝族手工刺绣品的设计、开发和研究；彝族传统文化的传播；组织村民（彝族妇女）做手工特色刺绣产品；举办展销、讲座、培训会等方式，提高彝族刺绣品的技术水平；负责彝族刺绣品的生产、销售，向县内、州内、省内、全国和国外销售；协会积极加强与外界的联系，吸引外来技术、资金来甘洛投资建厂；协会负责设计项目向政府及国外有关基金会申请资金，把刺绣品发展作为彝族千万家户致富的路子。2013 年 1 月 14 日，由北京纺织之光科技教育基金会向县职业技术学校捐赠了 21 万元，用于纺织彝族手工刺绣产业，县职业技术学校举办了第一期彝族刺绣培训技艺班。同年 10 月 30 日，由凉山州总工会、甘洛县总工会和甘洛县职业技术学校联合举办的为期 1

个月的彝族刺绣技艺培训班，正式对会彝族手工刺绣及对彝族手工刺绣感兴趣的彝族妇女进行开班授课。

3.5.4 甘洛县彝族手工刺绣旅游商品化发展面临的问题

第一，基础设施建设相对滞后。公共基础服务设施建设是经济发展的奠基石，但甘洛县的公共基础服务设施建设相对薄弱。甘洛的交通设施只有铁路、公路，不通高速和飞机，交通基础设施相对落后，产品远销在交通选择上少之又少，导致甘洛县的产品远销就受到了限制，阻碍甘洛县彝族手工刺绣旅游商品化“形的创新”。受交通因素影响，邮电发展同处于相对落后的位置，尤其是乡村地区的邮电基础服务设施相比城镇落后很多。除乡镇上，村里基本上没有建设邮电服务站点，对现代快捷便利生活方式的引入存在一定阻力，不利于乡村经济发展，不利于缩小城乡差距，更不利于改善农村消费环境，刺激农民消费。

医疗方面，缺乏资金、技术和人才，对医疗卫生服务行业的投入力度不足，医疗风险高，尤其是需要动手术和长期住院治疗时，大部分人选择就医地点都是外地，如石棉（主要出于对医疗卫生环境的考虑）、西昌（主要出于对价格因素的考虑）、成都（主要出于对医疗技术水平的考虑），造成无法吸引手工刺绣和旅游方面管理开发人才，阻碍彝族手工刺绣旅游商品化的发展。商业服务方面，目前甘洛的法律事务所仅有一家，对个人、企业、政府在商业上的需求得不到保障。

第二，手工技艺人才不断流失。调查发现：刺绣者的年龄在30～40岁的超过了35%，40～50岁及其以上的超过了25%，占比合计接近70%，表明刺绣者老龄化问题越来越严重。年龄结构中20岁及以下的刺绣者占比15%左右，表明了以后会彝族手工刺绣技艺的人将越来越少，甚至会陷入濒危的境地。在西昌和甘洛的销售市场中每套成人彝族手工刺绣女装售价1500～2500元，成人男装售价800～1500元。对于消费者来说，并不是大部分游客都会购买彝族手工刺绣品，尤其是衣服服装类，再加上因价格过高会失去部分消费者。对于彝族手工刺绣者来说，市面上被广大消费者认可的蜀绣和苏绣及机器化刺绣占领了刺绣消费市场的重要地位，刺绣作品上所花时间与获得收入不成正比。从刺绣者月收入情况来看，2000元以上只占了近5%，表明刺绣所带来的经济收入无法完全支撑整个家庭的经济支出。以上各方面影响了彝族手工刺绣者从事手工制作的决策，造成了彝族手工刺绣者数量的不断流失，失去了部分彝族手工刺绣技艺人才。

第三，专业全能彝绣人才缺失。问卷调查发现，彝绣人群中基本都只会其中一种或者两种，刺绣手汉很少有人会绣掌握所有的刺绣法。调查对象中会绣彝族衣服的人占50.88%，会绣包类挂饰和头帕类的分别只占26.32和22.81%，说明了会绣彝族衣服的手工技艺者居多，会彝族绣头帕和包类挂饰的人数居少，很少有人会绣全套品种的彝族手工刺绣。

从刺绣品种构成分析这种格局，主要原因是完成一件彝绣过程复杂精细、耗时长。以绣头帕为例，整个过程包括选料—煮面粉—烘干—选择花色—刺绣—洗涤—裁剪边缘等，绣一个头帕，需要1周左右，在绣头帕之前，她们还要花工夫儿在煮白面浆糊涂在布料上，使得布料变硬，不易变形，便于更快速、精准地刺绣，期间还要烘干、绣花边、载边缘，等等。而彝族服饰的袖子、裙子、马甲、衣服等都要进行刺绣，这将要花1个月左右，因此多数人选择只学一样或者两样。大多数的人会选择只给孩子绣一两件马甲，服饰的其他部分就会用非手工绣品代替，人力、物力、精力的大量投入导致很难培养一些全能彝族手工刺绣技艺人才。

第四，旅游产品推广渠道不畅。旅游产品推广渠道不畅，阻碍了甘洛县彝族手工刺绣旅游商品化“形的创新”。一方面，因地理位置因素，甘洛地处偏远山区，交通不便，这限制彝族手工刺绣作品的远销；另一方面，除凉山州以外的其他地区对彝族及其彝族文化的认知不够全面，造成对彝族地区的一系列产品的接受度都不高，也就导致彝族手工刺绣作品向外推广的渠道面变窄。此外，彝族手工刺绣作品面对的消费群体大多是本民族群众，向外推广彝族手工刺绣的范围自然缩小，所面对的消费群体也随之减少，也就形成目前彝族手工刺绣作品无法向更宽广的海外市场销售。正因如此也就造成了目前彝族手工刺绣作品无法畅通、快速地走向海外市场。

3.5.5 促进彝族手工刺绣旅游商品化发展的对策建议

第一，健全彝族手工刺绣保护性开发的政策体系。因彝族手工刺绣产品旅游商品化的发展要以保护与传承、创新与维护并重前行，以彝族文化为主要核心发展方向，政策参与其中，着重进一步提高彝族手工刺绣商品的艺术价值、收藏价值，焕发新的生命力。传统刺绣文化与手工工艺进行保护性的传承和发展，需要政府统筹规划、出台政策来反哺或保护彝族刺绣手工艺生产者在社会中应得的利益，促使刺绣手工艺者和经营销售者更集中、高效地制作传统手工刺绣。政府可从彝族传承本民族手工刺绣大群体的保护与开发、共创发展平台、培训刺绣技法、扩大市场份额、拓宽销售渠道等方面提出对彝族手工刺绣产品旅游商品化发展的具体对策。

第二，加强与知名旅游企业的深度合作及交流。在资金方面，实行优势互补，加强深入的合作与交流。对于知名旅游企业，实现利润收入，宣传企业文化，为企业形象加分，创造无形文化价值。带动当地经济收入，强化彝族刺绣文化与知名旅游企业的深度融合，表明彝族地区旅游发展到了高级发展阶段，其为重要标志，是民族文化和谐发展和彝族人民消费观念不断更新的具体表现。

在宣传合作的方面，利用捆绑宣传，达到双赢效果。利用知名旅游企业的优势宣传彝族手工刺绣文化及商品，让游客在心理上更容易接受少数民族产品，转变游客对彝族手工刺绣商品的消费观念，增强游客对彝族手工刺绣商品认可度，提高彝族手工刺绣商品的消费者数量，提升游客在彝族手工刺绣商品上的消费金额，吸引更多外来游客，制造本地经济收入不断提高和企业文化得到宣传与创收的双赢局面。

在生产经营方面，通过与知名企业合作，让企业代理销售，利用企业销售网和广阔的人脉，加之与外商企业的合作机会，提高经营收入。彝族手工刺绣商品经营者可选用多种销售方式，如门市销售、节日展览销售、网络销售等。

第三，推动产业链的持续完善发展并完善市场开发。彝族刺绣产业要上规模、上档次，需要政府积极引导，有效整合资源，多向彝族刺绣产业发展方面倾斜，鼓励更多社会资本投入到彝族刺绣产业建设和彝族刺绣产业发展中来。从宏观层面，要促进产业的协调发展，形成以农业为基础、高新技术产业为支撑、旅游等服务行业全面协调发展的产业结构。从微观层面，可在甘洛打造彝族手工刺绣一条街、彝族手工刺绣文化展览馆、彝族手工刺绣村等，进一步将现有的门市统一规划、合理分布、整合发展，完善旅游市场的开发程度，让彝族手工刺绣产品能够很快地投入市场，为旅游市场的开发提供充足的物资条件，保证旅游市场开发的充分性。通过产业链的不断完善延伸，使少数民族特色技艺文化产品具有促进其相关产品所在地的各个旅游项目的可持续开发。

第四，扶持彝族特色手工技艺人才的培养及发展。响应国家政策的号召，大力扶持彝族特色手工技艺人才，提高福利待遇、完善基本医疗卫生、优化教育环境等基础服务设施的建设，重点加强双语教育，提高刺绣者汉语水平。引进外来人才为本地的彝族特色手工技艺人才注入新鲜血液，同时也加强民族和谐与团结的理论发展。邀请专家学者、其著名设计师开展讲座及其培训课程，形成长期交流与合作，并定期回归交流，确保现有人才相关知识不断与时俱进，同时进一步完善对手艺及其旅游知识的相关扶持。政府大力吸引外来企业进行合作，为特色手工技艺人才提供更大平台，提供外出交流学习机会，提升和完善自我。

第五，加大彝族手工类旅游产品的宣传推广力度。完善对品牌宣传的工作机制，政府与相关品牌宣传者自身应具备良好的宣传意识，对彝区的手工刺绣旅游品牌宣传氛围形成一种自主的效应，根据不同时期的发展形式，适时调整品牌宣传机制。组建针对省外及国外的专业宣传团队。从新媒体网络、到各类报刊、再到实地会展及主题活动等各种形式多样的宣传形式下，加强对内和对外的联系，并逐步完善各项宣传工作的进度，从而进一步加大对品牌的宣传推广力度。加快对商品品牌的建设步伐，实行统一的协调发展规划，以经营细致的管理基础，形成文化传承、健康发展、爱心公益等品牌形象的可持续发展建设，丰富彝族手工刺绣的旅游商品品牌的独特文化内涵，增强彝族文化的传播力和认知度，进一步提升其在行业领域的综合竞争力。

第4章 西部地区原生态文化资源的保护与开发

4.1 原生态文化资源的内涵、价值及时代意义

4.1.1 原生态文化资源的基本内涵

在文化产业快速发展的今天，人们常用原生态文化一词体现自己发掘的文化艺术形式或旅游文化的原创性和独特性，以吸引受众或游客的关注。时下原生态文化已成为商家开发产品、艺术家寻求艺术创新、媒体争相炒作的焦点。尤其是云南以《云南映象》的成功运作为突破口，以云南原生态文化为标志，在全国乃至世界掀起了一股原生态文化的热潮。那么，1究竟什么才是原生态文化，它与学术界的严格界定有何区别，我们应以什么态度来对待此现象，原生态文化应如何保护与开发等一系列问题，值得学术界认真探讨。

关于文化的界定，历史上没有给我们留下一个普遍的一致的定义。许多研究者认为，文化有两个层面的语境蕴义：一是概念的文化，即理论界对文化的理解和界定；二是现实的文化，即文化在制度化实体和社会实践中的体现和意义。原生态文化是文化这一大概念下的一种基本形态，因此，它也必然带有文化两个层面的特性，即学术界对原生态文化的界定，以及社会实践中人们对它的通俗解释。

原生态文化从人类学的角度讲，是指某一民族或族群在历史上形成的文化的原初状态，或指那些在现代才突然被外界所知的某种文化形态，包括思想、社会习俗、文化产品、有形成果等。然而，在当今社会中，即便是十分封闭的地区，实际上也难以找到这种原生态文化，无论是多么封闭的地区，都已或多或少地受到现代生活的影响。因此，学术界一般认为，真正的“原生态”文化是不存在的。有的专家认为，我们目前存在的包括中西部地区的原生态文化，“也仅是较少受到现代文明冲击的该民族或族群的次生态”传统文化，因此提出“用‘原生态’文化的概念来界定那些保留着较多传统的文化似乎不大妥当”。[①]

在大众文化社会中，普通大众并不完全遵从学术界对原生态文化界定的异议。在当代社会生活中，“原生态歌舞”“原生态旅游”，甚至“原生态食物”等用词比比皆是。原生态文化一词成为“较少被现代文明冲击或保持着较多原始生活习俗或民风”的代名词，在现实充满竞争的社会文化语境下，原生态文化如一股清新的风，给人们心中注入一股清流。的确，当人们享受现代文明成果的同时，也日益受到现代文明给人们带来的负面因素的侵扰，渴望回到大自然或原始质朴的生活方式中放松自己，于是，“原生态”文化便有了其滋生的土壤。当人们享受着“久在樊篱中，今得归自然”的快感时，原生态文化以其质朴、净化人们心灵的魅力登上舞台，展现于旅游胜地、作家的笔端，以一种不争的事实显示其魅力所在。[②]

原生态文化，作为一种学术性的概念，从理论的角度指“某一民族或族群在历史上形成的文化的原初状态，或指那些在现代才突然被外界所知的某种文化形态”。从这一概念的文化入手去诠释原生态文化这一概念，然而要从理论上严格地界定原生态文化是不可行的，也是不存在的。但从现实的文化概念去把握，即文化在制度化实体和社会实践中的体现和意义的角度讲，

① 石奕龙．浅谈民族传统文化保护的若干问题［J］．中央民族大学学报（哲学社会科学版），2005（1）．

② 张云平．原生态文化的界定及其保护［J］．云南民族大学学报（哲学社会科学版），2006（7）．

原生态文化一词则具有文化在实践应用中的模糊性。它意指“在现当代社会文化语境下，较少被现代文明冲击或保持着较多原始生活习俗或民风的文化形态”。[①] 如云南文山地区的坝美村，因村子周围都被高山阻隔，只有穿山的暗河和陡峭的山路可以通到村外，造成了村人与外界的隔离，这里至今仍保持着一些原始初民的生活方式、风俗习惯，甚至思想观念等。

原生态文化在生活实践中拓宽了其文化内涵，更多的外延上与“原创文化”的定义等同，如“云南文化现象”中的原生态文化一词便是有强烈的“原创文化”的色彩。无论是《云南映象》，还是《丽水金沙》，乃至《香格里拉》《茶马古道》《花腰放歌》等，云南推出了一部部“原生态”的文艺作品，这些作品蕴含了云南神奇而独特、质朴而粗犷的民族气息，同时又深深扎根于美丽的红土高原这一方沃土。在本土化上大做文章，突出了少数民族文化的原汁原味，让人们在光与影的舞台视觉艺术的强烈冲击下，留下对神奇红土地的美好向往。原生态文化成为“云南文化现象”的最大特色，无论其定义是否科学或者是否准确，但“原生态”已成为“云南文化现象”的品牌，征服了成千上万的海内外观众和游客，这已是一个不争的事实。

学术界应以一种宽容的态度对待原生态文化，况且从学术理论上看，对原生态文化的实践层面的解释，也符合文化人类学中文化的两个层面语境的理论诠释。因此，我们应以原生态文化大概念的观点，包容原生态文化概念的模糊性，承认原生态文化存在的现实合理性和通俗性。无论是次生态，还是次次生态，甚至是艺术化了的次生态，与其“犹抱琵琶半遮面”似的半遮半掩、对其回避，还不如承认原生态文化有其存在的现实合理内核，对其进行合理引导，加以妥善保护与开发，这才是唯物主义者应有的态度。[②]

---

① 石奕龙．浅谈民族传统文化保护的若干问题［J］．中央民族大学学报（哲学社会科学版），2005（1）．

② 张云平．原生态文化的界定及其保护［J］．云南民族大学学报（哲学社会科学版），2006（7）．

4.1.2 原生态文化资源的价值特征分析

人们在原生态文化的研究中发现特定形态下的原生态文化价值是存在着一定差异的，这个差异也引起了人们的关注。原生态文化和自然界的生态现象一样，都是在自然的生态环境中演变形成的文化。历经时光的变迁、岁月的洗礼，当今社会中存在的原生态文化样式也在逐渐消失。故而，对于原生态文化的保护也迫在眉睫。合理地梳理判定原生态文化所具有的价值形态和价值特征，有助于对其进行有效地保护与开发。

4.1.2.1 关于原生态文化资源的形式及作用

原生态文化以各种各样的样式呈现出来，说明是客观存在的，原生态样式是环境和文化之间相互影响之下产生的一种生存和发展的状态。原生态和自然的生态情况不一样，自然生态需要以自然环境为基础，而原生态同时存在于社会环境和自然环境中。人们在历史长河当中，很长一段时间都忽略了原生态文化的存在和价值，历史进程催促着人们尽快地去改变落后的状态，人们在被推着向前赶路的历程中，并没有意识到原生态文化的逐渐消失，原生态文化的消散也严重影响了人们对于远古历史的记忆，以及对于未来世界的探索。随着生产力的发展和社会的进步，社会各界逐步认识到世界的发展和人类自身的发展都是离不开原生态文化的，而原生态文化消失的脚步却没有停下来，因此，对于原生态文化的保护和研究就显得非常紧迫。为了更加有效地保护原生态文化，最关键也是首要任务需要对于各式各样的原生态文化样式的价值进行区别，要清楚地认识到并非所有原生态文化的价值都是一样重要的，只有区分出哪些原生态文化样式的价值含量高，才能进行一个先后重点保护和研究的顺序，以最大化的程度来保护原生态文化。

原生态文化一般对于现阶段的社会发展不产生直接的作用，原生态文化的地位和作用一般表现为以下几个方面：一是原生态文化被人们所认知，将对研究和解析人类远古时代曾经经历过一些怎么样的生活情景等带来帮助，人们可以通过这些文化历程的轨迹寻找人类文化发展的基本规律；二是原生态文化能够表现出人类远古时期所经历的一些痕迹，这些都是人类文化的远古记忆，现代社会可以通过对原生态文化的认知找到人类不同部群、不同生活中无意识留下的文化特性；三是原生态文化有各种各样的形式，也有许多不同的元素，这些都可以融入现代社会中，为现代人们开展新的文化活动和创造新的产品提供很好的帮助，进一步丰富现代的文化建设；四是人们也可将原生态文化进行一定开发和利用，使其能够具有一定的商业价值。

确定原生态文化样式的价值对于当代社会具有十分重要的意义。首先，可以从众多文化形态中找到一些具有重要意义和特色的文化遗迹，从而为社会进步及未来的文化发展奠定坚实基础。其次，确定认识到原生态文化样式的价值也能够帮助人们重视与保护一些具有代表意义的文化遗迹，使得这些遗存能够得到更加科学地保护和研究。随着社会的不断发展，许多原生态文化产业发生着日新月异的变化，有的变得更加具有价值，有的却随着人类现代化生活方式而变得无影无踪。许多原生态文化的演变和人类都是息息相关的，挖掘发现人类未关注的原生态文化也是十分困难的。特别是在现代文化比较发达的区域，更加难以找到原生态文化的遗存。同时，一些原生态文化可能存在的区域，由于各式各样的文化形态同时并在，这些文化形态相互融合、相互交织，也给人们确定分辨其价值带来了较多困难。

原生态文化的基本价值需要其具有原始形态的体现，虽然许多文化和艺术的样式都可以在原生态文化中找到其多样性体现或者基因传承的标本，但是，原生态文化体现出来的应该是一种特定群落原文化的样子。而一些经过人为改造加工有着明显形式演变和内涵的文化或者样式，都不能被称为原生态文化。事实上，人们对于原生态文化的界定只是一种相对的衡量。最纯正的原生态文化似乎是不存在于世上的。许多原生态文化的品种，不管再原始、再纯正，也会受到时光的洗礼，会受到各式各样文化或多或少的影响，然而，在主客观因素的影响之下，即使是最为典型纯正的原生态文化也会出现不同程度的改变。因此，现在人们对于原生态文化的认定，大多是指在历史发展长河中改变较少，没有明显人为地加工和改造，基本上保持了原本状态的文化样式。

确定原生态文化的价值具有一定的困难，最主要的是人们在确认原生态文化价值的过程中会受到各种因素的制约。一是人们对于原生态了解的匮乏，导致有的文化样式可能会被误判，或者人们认为某种文化形态没有太大价值，但是往往通过更加深入地研究和探索会逐渐发现其重要性。二是原生态文化中文化的含量有多少，原生态文化之所以被称为文化，是因为其有一定含量的人为因素在内，其表现出了人类早期发展的文化形态。一些文化含量较高的形态较为容易被人们发现，而一些表面看起来文化含量不高的形态就很容易被人们忽略掉的，但是，这样表面看起来文化含量不高的形态并不代表没有价值。三是原生态文化与一些特定的时代也有关系。在一定时代的原生态文化样态，通常由于其可能发生文化上的变化而使其价值也随之变化。每一个时代都有其独特的代表意义，也就会产生独特的文化成果。同时，每个时代都出现一些具有原生态文化意义的产品发生变化的现象，这些变化会使原生态文化成为一个更加丰富的艺术样式。因此，在不同的时代，一些原生态文化会被这个时代同化，同时，也会有部分原生态文化被保留。从而，如何辨别界定这一系列文化现象也是一个较困难的工作。四是原生态文化和其所在的社会环境也是息息相关的。原生态文化存在于不同的环境中，所体现出来的文化现象与文化价值是不同的，也存在着一定的变数，原生态文化现象有时候和特定的环境是密不可分的，例如，一些社会的需求会使得其原本的文化形态得到一定的改造，成为更加完善的文化样式，有的则会被岁月掩盖，又或许会以另外一种形式留在民间，这样，部分原生态文化的价值可能会发生新的转变，会重新承载新的文化价值，而另一些没有获得价值提升的原生态文化也将会在民间继续存在，传承、保留着最初的原生态样式和价值。

4.1.2.2　关于原生态文化资源价值的界定

在复杂的现实社会中，合理地界定原生态文化样态的基本价值首先应当制定一个能够让大家都基本认可的原则，同时以这一基本原则为基础，确定界定原生态文化样态基本价值的一系列标准。但这个标准只是相对合理，可能并不是特别全面，人们还需要不断地进行研究论证，争取能够找到一个更加完美、更能得到认可的标准。总体而言，当前对原生态文化资源价值界定主要有以下几方面标准：

第一，该文化遗存中蕴含表现的独特性。各个民族的原生态文化蕴含着十分丰富的内容，文化活动及文化意义在日常之中也表现得十分广泛，其中，最为突出的表现为生活的习惯，在日常生活习惯当中通常也具有十分丰富的文化特点，这些正是藏身于日常生活习惯中的文化要素。这些原生态的特色就是具有厚重的历史积淀，这样的文化样态集合了多种元素为一体，具有丰富性、独特性和唯一性。民族之中一些无意识的文化表现更是比比皆是，其展现于生活生产的方方面面。例如，生活的习俗、生产的方式、伦理的规范、人际的礼仪，以及道德的约束等方面。这些文化表现有时候表现得很鲜明，有时候表现得又很隐晦，但是，其一直是存在于民族之中每个成员的社会生活当中，在社会生活中规范制约着每一个社会成员的生活方式，所以，具有突出文化内涵的文化遗存就可以认定该文化遗存的价值存在。

第二，对特别的审美展示出的丰富性。在民族文化中不能少了审美的文化元素，往往此类元素在原生态样式中都有着十分丰富的体现。审美的文化元素可以和其他文化的元素一同发展，可以从一个整体分化成不同的个体，成为一个特别的文化样态，其在民族社会的生活中有着十分重要的特点，甚至引领着该民族社会文化的发展进程。其最为突出的表现是在审美文化当中的艺术活动及艺术产品，这些艺术活动和艺术产品往往带有浓郁的民族地域特色，是人们在生产生活当中体现出来的，其与人们的生活密不可分。审美文化元素的丰富程度标志着该民族文化样式的基本状况，如果审美文化样式经过了人为地加工而得到了提升，成为民间的艺术，那么作为人类可以加工和制作的样式，就可以称之为原生态艺术。对于原生态艺术，人们可以是出自生存生活的本能需要而去创造的具有一定审美的形式，这样的形式被人们称之为艺术。这样的艺术不是在人们理性审美的前提下创造制作出来的，因此，可以归属于原生态艺术。如果是经过较多的人为加工，那么原生态的内涵就改变了，就变成了人们创造的艺术。

第三，对该民族现今社会生活中的有机性。原生态文化的价值应该与当代人们生活的社会发展息息相关，人们对于生活和理性的追求也需要从传统的原生态文化当中汲取一定的营养。文化需要传承，本民族的文化更是连接着本民族人民的情感，从本民族的文化当中汲取营养对于民族人民的思维方式和民族心理、民族情感都有着重要的效应。各个民族的文化均是世代传承的，本民族潜意识当中的熏染和影响是不可磨灭的，也是不会中止的。经历过漫长的文化传承时光，许多文化元素会经历发展和改变，但其中最为基本的元素还是会潜藏在该民族的每个成员的精神中，成为一个无意识的存在，就这么世世代代地传承下去。因此，这些有着民族文化基因的元素，是该民族连接和构建民族精神的基础。

第四，原始宗教和原始族群生态环境的契合性。原生态文化中存在着原始宗教的元素，原始宗教成分也是判断其文化价值的一个重要标准。原始宗教和原始巫术有着密切的关系，是原始部落人对于人们自身和自然的一个认识，其中，蕴含着人们的精神和情感，反映了那个时期人们的认知能力和思维方式。最为特别的是原始巫术和一些宗教活动中具有强烈形式表现的因素，往往和当时社会人们的生产生活等方面有着密切的关联，是该民族原始文化的一种体现。各个民族的原始宗教不仅表现着该部族的文化，还为本民族文化的发展凝聚了巨大的精神资源，甚至成为该民族的精神传承和文化繁衍的重要特征。人们在各个时期当中的重要活动都体现着该精神内涵，无论是形式还是样式，都与原始宗教息息相关。故而，研究探索原生态文化样态中的宗教意识和其表现形式，同样是判定其价值的基本方式和标准。

4.1.2.3 关于原生态文化资源的价值特征

了解认知原生态文化的价值需要清晰地整理作为文化形态的原生态文化和其他文化的关系。通过对原生态文化和其他相关文化的梳理，不仅能够厘清各种文化样态之间的界限，还可以认识到他们之间的联系和区别，这样，原生态文化的基本价值就能在各种文化样态之间得到比较，从而使得原生态文化的基本价值得以凸显。

第一，原生态文化资源与民间文化资源的价值差异。要准确地识别原生态文化的价值，就应当明确原生态文化和民间文化之间的区别和差异，通过比较分析法，才能对原生态文化价值的理解更为深刻。在实践当中，经常有人错将民间文化认定为原生态文化，特别是一些经过加工的创新性文化现象，由于从表层来看，也具有较高的文化价值，因而，经常有人错误地将这种民间文化认作原生态文化。尽管原生态文化和民间文化之间都具有一定的文化价值，但是，二者具有显著区别，其中，最重要的区别之一在于，原生态文化的艺术价值是融入人们的日常生产和生活中，是情感的自然流露和智慧的结晶，而非经过人们后天加工而形成的。

原生态文化的文化价值高低的评判标准和民间文化及民间艺术的判定标准也存在差异，原生态文化的价值有时需要经过时间的沉淀而逐渐显现，有时通过外在的艺术形式就可以呈现，有时又是二者兼用具有一定的融合性，二者之间紧密联系、相互结合。具体而言，两者的区别主要体现在以下几个方面：一是原生态文化通常保留原有的形式，且该形式具有传统的时代特色，而民间文化则是经过了较大的加工或者改造；二是民间文化通常是人们的精神追求的一种艺术提升，展示着人们的审美意愿，而原生态文化则是和原住民的生产生活息息相关，相互融合在一起；三是民间文化通常是人类对某种生活愿望或者精神需求的再加工，具有显著的人类后期制作性和提升性，而原生态文化则更加侧重其自然生成性；四是通常各个时代的民间文化都具有该时代的特色，而原生态文化则具有以往的时代特色。通常而言，当某种文化发展到一定阶段便不再继续发展，而是在一个阶段范围内以较为固定的形态传承，最终会演变成原生态文化。

实际上，部分原生态文化是民间文化的雏形，有的原生态文化经过人们的加工和处理就具有新的文化样式，部分体现为民间文化。然而，这种文化形式就不能再以看待和评价原生态文化价值和意义的形式予以认知和评价，而应当以更高层次的眼光加以对待和研究，而那些未经加工仍然保留原始姓氏的原生态文化反而可能具有更为长远的价值和意义。所以，应当准确认知和识别原生态文化和民间文化的区别和联系。原生态文化和其他文化形式相同，都是一定的经济社会发展的产物，都体现为人类文化的重要组成部分。从实践来看，一般经过提炼和加工的民间文化的审美价值基本都会优于原生态文化，但是从文化价值的层面来看，民间文化的文化价值未必就高于原生态文化。相较于民间文化而言，原生态文化对于开发的要求更高，任何轻率的不遵循原生态文化规律的开发都可能给原生态文化的生存与发展带来严重损害。

第二，原生态文化资源与民俗文化资源的价值差异。民俗文化和原生态文化紧密相连，但二者并非等同关系，仍然具有一定的差异性。一方面，民俗文化通常与审美化生活存在一定的联系，但是，却又并不集中体现于审美化生活中；另一方面，民俗文化则和原生态文化也具有重要的传承关系，可以说，民俗文化是原生态文化发展到一定阶段的一种提升和飞跃，因而，在民俗文化中常常能够看到原生态文化要素的缩影。民俗文化通常和当代文化相联，充当着原生态文化和当代文化之间沟通的中介和桥梁。

文化的发展离不开一定的经济社会发展的大背景，原生态文化虽然是在固有的较为封闭的经济环境之下形成的，但是，随着经济社会的发展，原生态文化的经济基础也必然受到冲击，原生态文化价值也会随之而发生改变。部分原生态文化在现代文明的冲击下已经逐渐显现颓势，有的原生态文化逐渐演变成其他文化形态，有的原生态文化则随着当代社会一些负面思想的影响而逐渐失去了其原有的价值。所以，原生态文化从理论和实践来看，的确具有活态生存的可能，但同时也要面临着巨大的考验和困难。特别是随着现代文明的发展和冲击，原生态文化的生存与发展面临各种困难和挑战，如何保障原生态文化的原有形式，让原住民长期生活在原生态中而不受外界的干扰和影响，这类问题亟待解决。因此，尽管原生态文化的保护和民俗文化的保护工作之间是水乳交融的关系，但也应当准确识别二者的联系和区别，在保护策略和方式上提升针对性和可操作性。

第三，原生态文化资源与宗教文化资源的价值差异。宗教的形成是在生产力发展水平有限的情况下，人们出于对自然的恐惧，在自然科学知识十分匮乏，人类认识世界和改造世界的能力非常孱弱的这样一种社会大背景之下形成的，其在诞生初期和原始巫术活动有关，是原始巫术逐渐走向仪式化和体系化的产物。原生态文化和原始宗教二者之间是相互交融的关系，原生态文化可以部分包含原始宗教，可以将原始宗教视为原生态文化的重要组成部分，究其原因在于，原始宗教是原住民的一种精神风貌和社会追求的缩影。然而，从狭义层面而言，原始宗教和原始文化也存在一定的差异，原始宗教相较于原始文化而言，是在更为早期的原始文化的基础上逐渐发展和提炼而形成的一种文化样态，因而，从该层面而言，二者还存在较大差异。原生态文化不仅包括原始宗教文化所体现的原住民的精神追求和价值取向，而且所有人类生存生活相关的一切现象都包含在原生态文化当中，从内涵的范围来看，二者的差异性也较大。[①]

4.1.3 原生态文化资源保护利用的时代意义

从本质上来看，原生态文化概念的演绎过程实际上是在“现代化”及“全球化”的概念发展和演绎过程中诞生的。原生态文化从实质上来看，就是如何将传统运用于现代生活中，因此，应当以发展的眼光来看待原生态文化的保护工作，原生态文化的保护和传承工作实质上就是对原生态文化的创造性运用，是将传统文化运用于现代生活的创造性应用，而非实证主义所展现和强调原汁原味的静态保护。准确而言，原生态文化的保护和传承工作实质上就是使传统文化为现代生活所创造性运用的过程。

4.1.3.1 原生态文化保护利用有助于中国文化的传承发展

当代中国经济、政治飞速发展，精神文化建设工作也在稳步推进，文化和前二者共同构成了社会发展的三重维度。三者之间是相辅相成的，其中，经济是政治和文化发展的基础，而政治则是经济基础的集中体现，文化则是

① 田川流．论原生态文化的价值及其判定标准［J］．东岳论丛，2011（4）．

对经济、政治发展的另一个维度的集中反映。当前，国际经济形势变幻莫测，国家之间的竞争日趋白热化。而在这样的竞争关系中，也可以看到其中所蕴含的规律，即文化常常能够起到左右历史发展的关键作用，文化逐渐成为影响和决定一国经济社会能否又快又好建设的关键。具体而言，文化产业的兴起和发展是未来经济发展的大势所趋，是第一产业、第二产业经济逐渐陷入瓶颈的必然趋势，文化的发展能够提升国家软实力，最终实现综合国力的增长。因此，文化的发展既是国家发展的重要途径和方式，也是国家经济社会发展的重要标志。所以，我国应当将文化发展作为国家战略予以部署实施。

当代中国发展必然在实践上处理文化传统问题，原生态民族文化既涉及过去，又与现代有着不可分割的关系。原生态民族文化作为一种被构造的传统，在现代社会生活中发挥着重要的作用。作为一种传统的原生态文化，源于过去，但是活在现代，构成现代开拓和成长的因素，是现代发展的一种资源。进入21世纪，全球经济一体化的大趋势已使民族文化赖以形成的相对封闭的环境和条件发生了前所未有的改变，中国文化传统不是孤悬于历史时空之外的独立体。当代中国的发展必然在实践上处理文化传统问题，解决该问题的核心在于对文化传统的创造性运用。例如，贵州省计划从2014年起，用5年时间，以“原生态文化为根，进一步发挥‘多彩贵州’主题文化活动整合资源、彰显特色的优势，精心谋划开展‘多彩贵州’大型国际原生态文化活动，打造国际品牌，推出一大批优秀艺术作品、文化产品、文化人才和理论成果，推动贵州原生态文化走向全国、走向世界”。贵州有着独特的高原山地地貌，现有48个少数民族。其中，有17个世居少数民族，包括苗族、侗族、布依族、瑶族、土家族、壮族、满族等，人口数量超过1300万，约占全省人数的36%。根据第三次全国文物普查结果，贵州新发现超过10000处文物古迹和新型文化遗产。贵州目前已有4项最新世界文化遗产预备项目，拥有39处全国重点文物保护单位，342处省级文物保护单位。省、市、县三级文物保护体系趋于完备，建立了非物质文化遗产五级名录的保护体系；60多家博物馆、纪念馆免费开放，民间、乡村博物馆如星星之火燎原开来，文物扩展至文化遗产的宽度，正在实践着传统文化的保护、传承和创意。①

4.1.3.2 原生态文化保护利用有助于发掘传统文化的现代意义

原生态文化的概念自提出以来，相关学者就始终关注和重视传统文化的现代命运，学者们对于原生态文化当中包含传统文化的实际已经达成共识。而随着原生态文化课题的兴起，社会各界却悲喜交加，既为传统文化瑰宝的魅力所折服，也悲哀于部分传统文化已经要用“流失”与“断层”来概括。紧随其后的是对于如何保护和传承原生态文化的激烈讨论，学者们在实践当中从原生态文化形式探索的角度出发，探索如何加强对传统文化的保护和传承工作，将当代中国原生态文化资源保护利用的模式概括为以下几种类型：

第一，文化生态博物馆模式。1995 年，挪威专家来我国进行具体指导，在贵州省正式建立梭戛苗族生态博物馆，这是中国第一座生态博物馆。之后，我国又建立了多个生态博物馆，如镇山布依族生态博物馆、黔东南州的堂安侗族生态博物馆、地扪侗族生态博物馆和隆里汉族屯堡生态博物馆，等等。

第二，民族文化生态村模式。2000 年，云南省的《云南民族文化大省建设纲要》提出：“充分发挥云南历史悠久、民族文化多样、生物资源多样的特色优势，走文化、生态、经济协调发展的道路……科学规划，突出特色，合理布局，分阶段建设富有特色的各类文化区……建设遍布全省的各种‘民族文化生态村’。”随后开始实施，民族文化生态村模式起于云南，随后在全国展开。

第三，文化生态保护区模式。2006 年，《国家“十一五”时期文化发展规划纲要》提出加强文化遗产保护，确定在“十一五”期间建立 10 个国家级文化生态保护区。随后，从 2007 年设立闽南文化生态保护实验区起至

① 贵州省百科信息网．贵州省少数民族概况［EB/OL］.2015.4.26.http: //gz.zwbk.org / MylemmaShow.aspx?lid=2540.

2012 年，共设立了 12 个，包括闽南文化生态保护实验区、徽州文化生态保护实验区、青海热贡文化生态保护实验区、四川羌族文化生态实验区、广东梅州客家文化生态实验区、湖南湘西土家族苗族文化生态实验区、浙江象山海洋渔文化生态保护实验区、晋中文化生态保护实验区、潍水文化生态保护实验区、迪庆民族文化生态保护实验区、大理白族文化生态保护实验区、陕北文化生态保护实验区。[①] 上述关于原生态文化的探讨和实践，其本质就是对传统文化在当代命运的深度关注。

原生态文化当中所蕴含的传统文化具有现实重构的活力因子，能够与现代结合实现传统文化的重构。实践也逐渐证明，原生态文化的传承和发展中有许多因子和现代化及全球化之间有着相互契合的方面。例如，文化保护的产业化、文化的生产模式的多样性。随着社会发展更加开放，对于多元文化的接受程度更高，原生态文化的生存空间也变得更大。社会格局逐渐多元化，兼容性日渐显现。相较于主流文化而言，原生态文化的文化结构更加松散、可塑性更强，传统文化重构的可能性也更高。总而言之，多元文化的社会发展格局为原生态文化的生存、传承与重构提供了基础和前提。

原生态文化通常是在较为封闭的自给自足的经济模式下形成的，具有独特的意愿。随着经济社会的发展，原生态文化资源的可塑性逐渐显现，主要原因在于作为传统文化范畴内的一种文化形式，较少受到近现代主流文化的影响，文化结构更为原始，内涵更为独立和特别，自身具有显著的特点，这也使得其相较于其他文化形式更具有经济开发价值，重构的可能性更大。例如，苗族的银产业已经逐渐实现产业化经营，其产品已出口非洲等地区，这种民族特色产业不仅可以为苗族人民创收，还可以为其传统文化的传承和重构提供经济基础。我国大部分少数民族都以能歌善舞著称，如傣族的孔雀舞享誉全球，这是傣族人民宝贵的精神文化财富。除此以外，我国当地少数民族原生态的具有特色的寺庙建筑、宗教文化等形式，其具有独特的内涵和形

① 张呈鸿 . 十二个国家级文化生态保护实验区："活文物"看个够［EB/OL］.2015.4.28. http: //baike.baidu.com/link?url.

式，也是吸引游客的利器。因此，可以说，若能够将上述文化资源在保护和传承的基础上正确开发和深入挖掘，势必能够带动当地的整体经济发展，促进西部民族地区经济创收的同时，为保护和传承民族文化夯实经济基础。

国家社会文化的评价体系对于原生态文化的重视程度日益增强。原生态文化所指，虽然一直存在争论并从未中断过，原生态表达了传统的特定文化类型，已经被国家关注。中央电视台在第十二届青年歌手电视大奖赛时，把“原生态民歌”作为一种演唱方法单列入比赛。经过中央电视台这一运作、展示和传播，这一举措实际上释放出这样一个信号：原生态文化已经被纳入国家社会文化的评价体系中，而这也更加带动、促进政府和民间对于原生态文化的关注。此后，我国各种民族民间的艺术形式在社会文化生活中得到重视和凸现，许多传统的艺术被冠以“原生态”之名推崇，甚至包括日常餐饮、日用品等。

原生态文化把传统文化融入当代生产生活的实践中，并重构性地展示出原生态文化的时代意蕴，在本质上，是原生态文化主体以自己的文化资源的重构来参与现代进程的重要形式。“‘原生态文化’活动与‘非物质文化’保护等其他文化实践策略的区别在于，它是面对市场的文化重构生产。关于这一点，无论是出现在媒体上的各种原生态歌曲的演唱活动，还是如舞蹈家杨丽萍在其力作中展示的‘原生态舞’表演，以及少数西部地区以旅游开发出场而命名的各种‘原生态活动’，它们在表层看是文化艺术现象，但实质上却是包含以经济为目的的文化再生产”。①

原生态文化实践与文化遗产保护的路径截然不同。原生态文化实践不能将文化视为一个静态实体去进行保护，它必须与市场接轨，才能创造原生态文化实现继续存在和发展的可能性。在实践层面上，原生态文化是指一种文化实践行为，而不是指一种客体对象。原生态文化概念源于文化实践活动，多出现在少数民族对自己传统文化的现代重构中，它是以文化为资源的经济再生产形式，体现以文化传统的内容并通过旅游等形式来实现“差异性体验

① 刘宗碧．论文化遗产保护与原生态文化实践的交叉与区别［J］．东南文化，2014（5）．

的跨文化消费”。“跨文化的消费”的起点在于“差异性体验”。“差异性”源于不同的传统，“原生性”的追求在于确认“传统”，从而显现“差异性”，进而构建其“跨文化体验的消费”条件。原生态文化实践的形式就是对之进行当代生产的重构，是属于现代的，是一种文化创造活动。例如，贵州省从江县小黄村，其旅游开发过程中的侗族大歌表演包含商品化过程，最初是创立侗族大歌品牌，然后推出文艺演出，接着是旅游开发使整个侗族村寨商品化。目前，地方政府将村寨作为资源进行打造，进行大力度的文化旅游开发，这完全是一种商品化行为。该村文化的商品化增强了其原生态文化的生命力，同时，这种商品化的实现也对传统文化的传承起到了推动作用。“无论多少文化学者把这些文化消费项目批评为‘伪民俗’，但它以这种形态的前进是不可阻挡的，其实质在于文化不能由文化来保持自身，文化归结为人的实践发展来理解，它就是人的实践发展的一种形式而已。”①

原生态文化实践立足传统文化的发展，一个不可否认的事实是：近年来，以原生态文化命名的文化产业经过良好的创意和包装之后而获得良好的经济效益和社会效益，然而，双效益的取得无不以传统文化资源为根基和平台。例如，西江千户苗寨景区是目前中国乃至全世界最大的苗族聚居村寨，是领略和认识苗族传统文化的露天博物馆。该景区自 2009 年以来，西江游客量每年以 35% 的速度增长。2013 年，购票进入西江景区的游客达 150 万人次，仅门票年收入就高达上亿元人民币。西江景区的火爆程度并非偶然，关键原因在于它有别于其他景区观山望水的单一旅游模式。通过对当地苗族文化传统的深度挖掘，增加了苗族风俗的体验项目。该区域在旅游开发前，西江从事银饰、农家乐等经营的仅有几十户，而今已扩展至 500 多户。2013 年，西江群众人均年收入达到 7000 多元，其中 70% 直接或间接来自旅游收入。西江每年景区门票收入的 18% 返补给群众，2013 年，西江每户群众平

① 刘宗碧．原生态文化研究的方法及其反思［J］．昆明理工大学学报：哲学社会科学版，2012（1）．

均分到了10000余元，当地百姓对景区及自身文化传统的保护更加自觉了。[①]多种类似的事实表明，传统文化资源就是我们进行原生态文化实践的源头活水。因此，原生态文化实践是立足于传统文化发展为起点和落脚点的。

原生态文化实践对“现代”及“西方”因素从来不是说一概否决的态度。通常而言，“现代性”对于我国而言是一个舶来品，是西方经济社会发展而诞生出来的概念，借助于强大的现代科技等物质手段逐渐融入非西方民族的深层文化结构中。所以，对于中国人而言，“现代性”是“西方”因素，并不是从我国传统文化中逐渐衍生发展而来，其更多的是一个舶来品，需要我们通过现代化手段逐渐内化为我们深层文化结构当中。然而，这种内化过程是一个艰难而又漫长的过程。需要我们不断发展第二产业，逐渐将机器、工业等物质力量渗透到我们生活当中，在此经济基础上逐渐将现代和西方因素纳入我们深层文化结构中。

现代性是随着经济发展特别是商品经济发展而逐渐和其他相关制度文化配套而形成的整体。换言之，离开了物质经济基础，这种具有高度整合性的制度文化就无法再正常运转下去。而如何将现代性运用到中国，融入与我国丰富的传统文化当中成为时代主题。唯有如此，现代性才能真正地融入我国传统文化的深层次结构中，对于我国传统文化而言才是具有可行性和生命力的。也就是说，原生态文化实践的价值在于如何整合和内化成现代性的我国传统文化的深层次结构中。

当前，随着国际经济形式的发展，现代性的扩展已经成为时代主旋律，是大势所趋。包含原生态文化在内的传统文化在当前发展趋势之下，整合和容纳现代性是时代赋予的使命。近代以来，中国对现代性的追求有目共睹，取得了举世瞩目的成绩。与此同时，现代性也作为一强有力的物质力量倒逼中国不断发展经济和改造物质技术。我国在近几年随着经济社会的发展，在

① 饶思锐.我省文化产业正迎来黄金发展期——制度设计为文化产业发展持续加力［EB/OL］.2015.5.1.http: //roll.sohu.com/20130111/n363177678.shtml.

将现代性融入原生态文化中取得了较为欣慰的成绩，如黔东南州凯里市大型舞台剧《银绣》的展演，就充分借助和依靠了灯光、数字技术等科技。原生态文化和现代性相互融合、相互影响，达到了不一样的效果。

因此，原生态文化并非是止步不前的，而是"活的文化"，是现代文化结构中所不可分割的一部分。原生态文化是不断发展和实践的，而非静态的。原生态文化的开发和保护是对传统文化资源的"再生产"，是对传统文化资源的开发利用的创新，具有较高的经济价值和文化价值。①

4.1.3.3 原生态文化保护利用有助于传统文化的创新发展

原生态文化实践是发生在中国的事情，是中国自有的文化概念。它预示了中国文化理论的创新，尤其在世界文化保护和传承的理论上能形成新的阐述，因此，具有特别的文化实践意义。

对原生态文化内涵的理解必须要从中国文化实践出发。在实践中，有部分人难以理解为什么中国是原生态文化的诞生地，甚至认为这种属于文化假象，并不具有实际意义。上述论断产生的原因可能在于这部分人对于原生态文化内涵的理解不深刻，实质上，原生态文化并非假象，反而是对社会本质的一种反映，具有深刻的文化价值和社会价值。

从原生态文化的内涵和价值的角度看，原生态文化是对中国社会发展本质的某个层面的反映。自鸦片战争以后，中国被迫打开了闭关锁国的大门，历过了 100 多年的磨难，中国正处于现代化的转变进程中，或者说是中国当前正在进行的文化建设和传承具有现代化特征。近代以来，中国始终在接受和发展现代化。历经了 100 多年的融合，我国传统文化的深层次结构已经逐渐接纳和融入现代化，可以说，这一阶段的中国文化建设和发展具有较为明显的现代化特性，这也属于现代化进程的"后期现象"，是传统文化逐渐接

① 刘宗碧，唐晓梅. 原生态文化实践的文化传承意蕴［J］. 昆明理工大学学报（社会科学版），2015（8）.

纳和融入现代化的一种特殊反映。原生态文化实质上就是现代化融入传统文化的一个“试验品”，现代化的核心就是生产方式的转变，体现在经济上的是工业化、城镇化及民主化等。原生态文化项目的开发就是现代化进入文化领域的一种实验结果。

对于中国文化建设而言，原生态文化具有一种实验性和开拓性的特征，其重要意义不言而喻。概括而言，当代中国文化建设主要包括两个方面：一方面，是要促进中华民族的伟大复兴，实现对传统文化的保护、传承和再创新，使得中国的文化能够走在时代前列，为世界文化的发展贡献出应有的力量；另一方面，是要实现文化的传承，中国作为传统文化大国，传统文化对于中华民族的发展意义非凡，是为中华民族的复兴提供强大的精神支撑。上述两个方面之间是相辅相成的关系。中国人就对于如何促进中国传统文化的现代化发展，以现代化手段促进对中国传统文化保护工作更上台阶进行了大量的探索和实践，也取得了较为不俗的成绩。近代以来，先有洋务运动的“师夷长技以制夷”，后又有戊戌变法力图从政治制度上变革我国政治制度，尽管失败了，但在中国历史上留下了浓墨重彩的一笔。五四运动则将马克思主义引入中国，从观念上彻底地改变了中国，使得中国逐渐开始了现代化进程。

现代汉语是历经了较长的语言变革才逐渐演化而来，现代汉语的诞生和发展是现代化的结果，也是我国传统文化进一步现代的前提，之所以说现代汉语是中国传统文化现代化的前提在于语言是文化的载体，唯有语言的改革成功才能为文化的整体发展和融合保驾护航，才能真正为传统文化的现代化提供媒介。所以，汉语的发展和现代化演变具有显著的标志性。然而，语言的变迁所蕴含的现代化，包含和体现着技术的应用与发展，这也足以说明现代化进程是艰辛的，最终能否成功需要依赖于创造性支撑。原生态文化作为传统文化资源，在很多方面需要加以重构，才能得以真正实现和提升文化价值和经济价值。而重构的过程则需要先进理念及技术支撑，通过重构为传统文化注入新的活力，这也是现代化进展的应有之意。

所谓原生态文化的产业化，其以民族民间文化为客体，包括物质、观念及技术等多层次的改造和创造。因而，对于原生态文化的重构并非机械地、简单地复制，而是需要有丰富的科学理论和技术作为支撑，甚至可以说需要一次技术革命，才能真正意义上实现原生态文化的产业化进程。原生态文化的重构从本质上而言是对中国传统文化保护和传承工作的探索和创新，对中国未来的文化建设和相关传统文化的保护和传承工作而言都具有非凡的意义，因此，需要予以特别关注，加强支持。

随着我国在国际舞台的影响力与日俱增，对传统文化的保护和开发利用也将成为其他发展中国家借鉴的范本，中国原生态文化实践的背景体现为中国是一个外发性次生型现代化国家，现代化进程充满了历史艰巨性。与此同时，中国传统文化的现代化进程又呈现出后期现象的特点，具有显著的发展中国家的文化特性，由于发展中国家文化通常面临西方文化的强势压力，因而，在发展中国家中，“全盘西化”的倾向就特别容易形成，导致传统民族文化被破坏，甚至部分国家的传统民族文化面临断层的境地。然而，若发展中国家对“西化”和“现代化”一律说不，固守传统文化不动摇，就会使得传统文化与时代发展步伐不协调，而这也会导致传统文化因和时代脱轨而逐渐走向衰落。传统文化固然需要保护和传承，应当且可以用文化遗产的方式予以保护，但是，在关注传统文化历史价值而采用“静态”方法保护的同时，更应当进行“动态”的传承和开发，在保护和传承的基础上实现创造性地开发，提升传统文化的现代价值和经济价值。原生态文化实践是对传统资源的开发和重构，是将现代性和传统文化相融合的一次有益探索，原生态文化的产业化探索已经取得了初步成效，文化逐步融入生活。所以，我国对原生态文化的实践探索不仅对于本民族、本国的传统文化保护模式具有积极意义，而且对于其他发展中国家和民族而言也具有非常重大的借鉴意义。

4.2 原生态文化资源保护性开发面临的问题及对策

4.2.1 原生态文化资源保护性开发面临的问题

随着经济社会发展进程的不断加快，我国原生态文化现象已经逐步融入学术研究、经济开发等请多领域，我国原生态文化实践已经逐步开拓了属于自己的市场，其市场经济价值和市场潜力可期。然而，原生态文化项目所依托的资源是传统的，开放原生态项目的技术则受到当地的经济社会发展水平所限，这也为原生态文化项目的开发和利用造成了一定的障碍。

4.2.1.1 原生态文化在商业化开发过程中面临的问题

原生态文化实践是民族文化主体在面对现代化转型的关键时期为保护和开发传统文化资源而进行的一次有益探索，是对传统文化资源的再生产，该再生产具有双重目标：一是要为传统文化项目的传承和发展探索出一条具有中国特色适应中国国情的道路；二是传统文化的传承和保护的背景是我国社会主义现代化进程。第一个目标关注的就是文化本身，若从价值的二元性来看，其关注和追求的是文化的使用价值，即文化多蕴含的、能够带给人们的娱乐、健康和享受等方面的价值；而第二个目标则属于经济范畴，在关注使用价值的基础上，为满足人们的精神文化需求而进行的产业化经营，其目的更多的是在于对资源的开发、利用、再生产。这一层次的目标已经将文化项目作为经济资源予以看待，其更为关注的是该文化项目资源的交换价值。通常而言，根据商品经济的基本原理，商品是由价值和使用价值两个因素组成的，价值依托于商品自身的使用价值，有人认为在原生态文化产业化实践中，对原生态文化的保护和开发是兼容的，二者之间不存在矛盾，然而，这一观点是有误的。商品的使用价值和价值不能同时为同一所有者拥有，而是需要通过让渡的方式实现，换言之，使用价值和价值二者不可兼得。尽管原生态文化项目具有产品的性质，但同时它也具有商品的属性，也就是说，商品的使用价值和价值二者不可为同一所有人持有，而需要通过让渡的方式实现交换这一理念，同样适用于原生态文化项目中。

从经济学的层面来分析，价值和使用价值是商品两个最基本的构成要素，从要素内容的完备性来分析，上述两个要素共同构成了商品的全部内涵，但是，在实践中，二者确是呈现出对立统一的关系，二者相互排斥却共同以商品作为存在物。商品的两大要素在交换过程中，所呈现的方式是通过出让其中一方来实现对另一方的拥有，否则，商品经济就难以为继。原生态文化的诞生与发展都是以商品经济作为大背景，而在该大背景下，原生态文化产业化方式的诞生和传承显然深受该经济形态的影响，内部也自然而然包含了该种矛盾，而正是使用价值和价值之间这种辩证统一的关系，使得原生态文化呈现出张力的同时又具有特殊属性，这也是当代原生态文化传承和利用需要遵循的特殊规律，在遵循相关经济规律的基础上，实现对原生态文化的合理开发和科学利用。

从本质上而言，原生态文化活动的文化使用价值和商业价值的分割和张力并非体现在商品本身所承载的价值和使用价值的不能同时兼有性，更多的则体现为原生态文化产品既是商品生产又是产品生产所具有的矛盾。根据经济学的原理，在市场经济中，商品的使用价值和价值是不能共存的，是通过商品使用者和出让者之间的交换流通来实现价值和使用价值的互换。然而，原生态文化项目和普通的商品存在较大的差别，其使用价值与价值被外在地分割为不同主体拥有，特别是使用价值，具有一定的公共属性，原生态文化项目既是商品生产也是产品生产，这两种生产形态并存就会导致文化资源价值的边界扩展并引起一定矛盾。

例如，20 世纪 70 年代末，贵州省黔东南州侗族地区和全国其他地区一起共同步入市场化和工业化发展进程中，对外开放水平不断得以提升，渠道不断得以拓展。此外，地区党政部门着力发展第三产业，充分利用当地民族特色，将发展文化和旅游业作为主导产业。基于上述背景，如何保护和发展民族文化，成为当地政府、开发商及当地百姓的主要任务，充分开发当地特色旅游资源，不仅能够切实为当地百姓增收，还可以为传统文化的保护和利用夯实经济基础。

黔东南州作为我国少数民族集聚地，民族村寨较多，黎平县的肇兴侗寨和雷山县的西江苗寨都属于承载保护和传承民族文化及促进当地社会发展的双重任务。具体而言，这类民族承载既需要传承侗族文化，也需要为开发当地民族文化旅游保驾护航。前者只需要在原有的基础上继续保持，而后者则需要根据市场的实际需求开发和打造侗族地区民族文化。从商品经济的角度来分析，文化项目的市场开发既需要注重对使用价值的保护和生产，也需要注重对交换价值的开发和实现，这也是文化项目本身所具有的特定内涵和意义，也是文化项目顺应现代市场经济发展趋势的必由之路。然而，文化项目本身就具有和文化商业开发相互独立的经济价值，其构成政府责任和一定的社会目标，文化项目和普通的商品经济项目之间存在差异，不能完全采用商业形式，而需要充分尊重文化项目保护和传承的特殊性。所以，从该层面而言，以传承和保护为目标的文化保护工作和以实现并增加交换价值为目标的开发工作，在原生态文化实践中必然存在差异。

此外，上述两种职能也需要由两类不同主体承担完成。对于原生态文化本身的持续性的保护仍然由原住民作为责任承担主体，而相应的原生态文化项目的开发及打造等职能则由当地政府或者通过招商引资而来的开发商予以完成。换言之，在原生态文化项目的建设和开发过程中，文化的传播及文化的生产是由两类完全不同的主体所实现的，这两种主体具有两个相互区分的人格身份。一方面，原生态文化项目的保护和传承从商品经济的角度来看就是使用价值生产的过程，原住民是负责原生态文化项目使用价值生产的主要责任承担者；另一方面，地方政府或者是开发商则负责对原生态文化项目的开发和打造，承担了价值生产的职能。这两个主体在原生态文化项目中扮演着两个完全不同的角色，原生态文化项目使用价值的生产者处于被动地位，在原生态文化项目的价值生产中属于资源配置要素，而原生态文化项目的价值开发者则处于主动地位，在原生态文化项目的价值生产中属于控制要素。政府或者开发商作为原生态文化项目价值的开发者，将民族村寨及其附属资源加以开发利用，根据当地实际，制定并实施规划，可以出台行政规划禁止当地居民建设砖房，保留当地的生产生活方式，这些原生态的生产生活方式则作为使用价值呈现。在对民族村寨及附属资源的开发和利用过程中，当地原住民实际上也扮演着两重角色：一是他们是自己文化的创造者、传承者和使用者，从该层面而言，其具有文化自由，能够自由表达自我文化立场，而且当地文化也随着当地原住民的实践发展而改变，对于现代文化的逐渐吸收和利用是符合经济社会发展规律的；二是他们是被开发的文化项目的客体，准确而言，其更多的是被开发的文化客体当中的主体，他们被当地政府或者开发商要求服从资本生产需要，进入现代市场化的社会化大分工，其传统的自给自足的经济模式受到影响并改变，从该层面而言，其传统文化会受到冲击和损害。因此，村民既是文化主体，同时也是文化客体。这种角色的差异性也表现出了文化发展中职能所具有的差异性，正是这样一种对立和差异形成张力，辩证统一地促进文化的传承和发展。[①]

4.2.1.2 原生态文化在市场消费过程中面临的问题

当前，多样化的原生态文化活动不仅被用于商业开发，也在一定程度上体现出人们对原生态生活方式和资源的渴望，因此，人们对文化表现出差异性的态度。以侗族大歌为例，这种文化活动不同于舞台上或者歌厅里的商业演出，歌唱更加自由，并以自娱自乐为主要目的，演唱地点限制在鼓楼中。原生态文化既有最原始的文化特征，又被赋予了多层消费的需求，事实上，两者存在着矛盾的一面，集中体现在现实生活中，会对人们的文化认知产生一定混淆。

2013年9月27日，贵州省黎平县举办了当地第六届侗族鼓楼文化艺术节，整个活动持续3天，同时还举办了专门研究侗族大戏与侗族大歌传承与保护的讨论会。有学者表示，目前，侗族大歌已经改变了传统的演唱模式，变得更为现代化，包括舞台设计和演唱形式等。他们认为，现在的侗族大歌

---

① 刘宗碧．原生态文化项目产业化过程中的特殊矛盾分析［J］．昆明理工大学学报（社会科学版），2014（4）．

已经完全变质了，根本不能再称之为侗族大歌，无论是舞台、场景和演唱方式都发生了本质变化，这种认知差别正是新旧文化碰撞的结果，这也是对当代人认知和理解的考验。

当前主流的侗族大歌演唱客观上确实存在上述情况，因此，人们对于侗族大歌的理解也产生了分化，持有的态度也具有很大差异主要分为两类：一类是从对文化内涵的认知角度来看，无论文化如何发展，都是建立在传统基本要素的基础之上，因此，所属范畴也应该相同，侗族大歌的演唱即使采用了现代的演唱形式，舞台设计也符合现代文化特色，也可以称得上是侗族大歌；另一类认为侗族大歌之所以成为文化遗产，因独具魅力的传统文化特色和社会基本要素作用的结果，一旦脱离了传统，那么将失去存在的价值，因此，侗族大歌必须符合传统，而且演唱也只能在鼓楼中。这两类态度的差异性主要集中在范畴的重构性或者原貌性上。从文化遗产保护的角度来看，最关键的就是对原生态文化的原貌性保护，也就是说，不改变对象的基本属性、实际情况，并且始终维护对象的原始状况，保护文化遗产要求我们不对对象进行再次加工和重塑，甚至连地理位置也不能改变，主要是承载文化遗产的载体一般都经历了长时期的风吹、日晒、雨淋，变得非常脆弱，很容易遭到破坏。当然，维护文化载体的原始状况和属性最根本的是能够保护它所承载的人文历史背景，这就是文化传承的基本要求。关于世界各国的文化遗产，联合国教科文卫组织还制定了公约，要求各个国家要制定相应的法律法规，深入落实保护文化遗产的行动。在我国，原貌性保护对文化遗产保护的主要措施，即使需要对个别项目进行修复，也只是尽量恢复原来的面貌。

为了更好地保护文化遗产，防止文化遗产在旅游参观过程中受到的压力超出承载能力，国家还应该在法律层面上制定文化遗产消费的相关规定，对文化遗产的保护更不能是一味地以提高经济效益为目的。对于传统文化的实践和传承，通常更符合人们洒脱、自由、豪放的性格，属于民间的一种独特艺术瑰宝，没有任何标准。究其原因，主要是在工商业市场转型升级的关键时期，这些文化诞生了，它拓宽了传统的范畴，赋予传统文化价值以新的内涵和意义，并且能够对现代社会的发展起到一定的推动作用，有利于当代人的生产生活实践。随着时代的发展，资源的消耗逐渐增加，科学技术不断提高，文化资源也面临重新配置的困境，在这种背景下，文化也开始走上了产业化的发展道路。所以，当前很多的产品或者企业，尽管都被冠以原生态文化的标签，但是，都会采用现代科技对传统资源进行重新塑造。青岛原生态活性炭科技有限公司坐落于山东省青岛市，主营活性炭等室内产品，这就是原生态的一种生产形式，公司旨在保护社会环境、维护生态，这也是公司产品的重要价值方向，这种理念显然是符合传统的，但是，生产过程中所采用的科学技术和原材料又更加贴近现代。

通过以上论述，可以认为原貌性保护不再是原生态文化实践唯一的特征，原生态文化始终在发展和传承，由于人们的社会背景、认知程度不同，形成了一种对原生态文化的重构性形态。鉴于这种原因，原生态文化在市场消费过程中，有的人总是以为原生态文化就是原汁原味的文化形态，没有用发展的眼光看待问题，既不接受重构性因素，也不对重构性因素持否定态度。

实际上，原生态文化本身就是矛盾的结合体，它既现代又传统，一方面，由于在产业化发展原生态文化时，必须符合市场规律，因而，一定程度上摆脱不了商业化，这就是对文化价值的再发现、再重构、再利用，从某种角度讲，这与当前的社会需求是一致的。另一方面，原生态文化资源并不是完全重新创造的，而是来自传统，因此，需要对原生态文化本身进行必要地保护，以确保文化得以传承，而且在文化传承的过程中不能改变文化的初始状况和原因，这就是原生态文化资源成为遗产的关键。很显然，原生态文化活动必须以传统文化资源为基础，是一种继续创造的活动，它具有的现代与传统特征已然是不可改变的事实。这种矛盾本身就是原生态文化的重要特征，它意味着文化是永恒发展的，并且始终联接着未来与过往。对于现代而言，传统就是过去；对于传统，现代就是未来，两者是辩证的统一，具有时间上的继承关系。所以，在现实生活中，原生态文化表现出来的重构性消费和原貌性保护等现象的矛盾是客观存在的，当前要做的就是深入理解这种矛盾的内涵，准确拿捏好这个度，把矛盾化为前进的推动力。

4.2.1.3 特色文化价值在现代社会传播中面临的问题

文化所表现出的特定形态之一体现为原生态的文化项目，它指引人们感受生态的生活，人们在实践中不断创造和改变，发掘其多元化的价值，作为一种独特的文化项目，其本身的文化资源就是源于传统，而且内容也丰富多彩，然而，独特性才是原生态文化的根本特征，内容形式上不同，地理环境也不同。原生态文化包括摄影、绘画、节庆、体育、旅游、医疗、服饰、食品、宗教、教育、舞蹈、音乐、习俗、法律、经济、生态和遗产等，尽管和现代社会有着千丝万缕的关系，但本质上还是源于传统。通常情况下，我们认为那些经历了时间考验和岁月痕迹的文化内容都被称为原生态文化，这种分类方式就体现出了原生态文化以原貌、原真、原生、原始为重要特征的形态，也就是我们常说的原汁原味。这种理解注重那些与现代文化截然不同的内涵、特征和技术等，实际上，也烘托出了传统文化的独特性。

原生态文化从字面上理解，就是其本源并不来自现代，并不是人为创造或者改变而来，它存在于特定的环境或人群中，独有族群或者地理上的独特性。正是这种原因，原生态文化才与民族观念产生了或多或少的关联。简单地说，原生态文化的主要内容就是民族民间文化，这是由于民族形式是传统文化得以传承的重要基础，并且大多数都和少数民族相关。在我国，少数民族多聚居在边疆地区，与工业文明发达的大都市接触交流较少，传统文化遭受的冲击不大，更易传承，这就是传统文化资源的主要来源。原生态文化的民族性特征主要表现在两个方面，即价值取向和内容形式。一旦文化和民族牵扯上关系，那么文化的起源、发展和传承都具有一定的独特性，所以，无法被其他文化所取代。原生态文化的这两种特性也决定了其承载媒介是不可多得的。从这一点来看，文化和经济截然相反，众所周知，经济的发展进入到全球一体化的阶段，而且财富表现形式都离不开货币，可以说是同质的。但是，文化之所以具有不可替代的价值，就是基于其多样化、独特性的特征。所以，文化保护和发展也受到联合国教科文卫组织的重视。需要注意的是，我们说文化具有独特性和多样性特征，表面上看来是矛盾的，其实不然，之所以说文化是多样的，是在全球范围内，文化表现形式为百花齐放、百家争鸣，但是，对于某些特定的个体或者局部环境来说，其文化项目只是整体文化的冰山一角，且是唯一的。如此，文化学界也都认同文化的多样性需要文化的独特性来保持这一理论。

在这种价值观念的影响下，文化遗产保护和原生态文化实践才有了共同的理论基础，但是，在出发点上却有一定差别。通常，追求文化项目的独特性永远是原生态文化实践的基础，这也是文化项目本身的社会价值、经济价值以及传承保护的重要依据。而且，原生态文化项目一直是人类生产生活经验的智慧结晶，其中包含人类长期以来所坚持的知识和技能，因而无可替代，这也使得文化具有保护和传承的价值。从经济的角度来看，文化的多元结构造就了文化在不同种群和地域的差别，因此，文化形成了独特性，这种差别正是推动不同文化交流碰撞的动力，不同的族群才有了互动的基础，文化旅游的相关项目才有了生长的沃土。所以，原生态文化产业发展应该以文化旅游为主要形式，不仅是文化独特性造就的经济目标，也是使用价值的一种肯定，而使用价值正是商品不可或缺的重要属性之一。

从经济价值的角度来看，发展原生态文化最主要的就是发现和利用其使用价值，从而原生态文化项目的独特性将成为其产品开发和市场营销的关键点。实际上，在工业化进程中，这些和传统文化相关的产品被贴上原生态的标签，构造出拥有特殊使用价值的产品，以求在市场竞争中取胜，这就是原生态文化产业化运作的主要流程。正是因为原生态产品在使用价值上具有特殊性，才赋予了产品本身的独特性，这仅仅是产品生产的开始环节。生产出来的产品还需要进行市场营销，最后流通到消费者手中被使用。也就是说，当这些产品真正被有需求的消费者所拥有时，才能称为真正完成的商品。作为经济项目的文化商品进入市场后，生产者通过让渡商品的使用价值来获得价值补偿，同时这也是整个商品交换的最终目的。对原生态文化进行再创造就是文化走向产业化发展的关键，通过社会分工和商品交换，实现商品使用价值和价值的转移，这种文化实践形式主要表现为对财富的持续追求，而且具有不断扩大的趋势。在这种情形下，传统文化项目将被包装为各种不同的商品。通常，实体产品最终都会被规模化的大量生产，从而进入市场，但是，非实体项目为了实现产业化目的，也会被不断改造、实践和演示。

综上所述，一旦文化走向产业化发展道路，必然摆脱不了规模化的大生产。原本的生态文化项目就会悄然发生改变，这种变化集中体现在人们的认知概念和文化的存在形式上：一是原生态文化项目被过度用于旅游观赏，加快了文化的传递，导致了解这种文化的人群规模越来越大，文化本身的神秘性也就逐渐消失了；二是在规模化生产下，原本稀缺的资源也会变得常见。所以，原生态文化资源产业化发展必然导致文化项目的同质性，而且数量越来越大，其神秘性和独特性也会由于了解并熟知的人越来越多而逐渐消失。相反，原生态文化想要实现产业化发展，就必须建立在传统文化具有独特性和神秘性的基础上。这个过程显然存在矛盾，这也是发展原生态文化产业应该注意的，需要相关部门和开发机构根据实际情况，拿捏好这个度。

4.2.2 原生态文化资源保护性开发的基本原则

原生态文化产业化发展的内在矛盾体现了传统文化产业化发展的规律，进行原生态文化的市场开发，应基于这些矛盾所包含的规律来建立实践的准则并采取应对措施。

第一，注重文化资源基本特性和发展规律的原则。受市场经济规律的影响，文化的产业化发展构成了进入市场的重要动力，当前持续推进的文化传承和保护工作更是脱离不了生产领域。在生产过程中，才能赋予文化资源以现实的价值，文化才具有生机与活力。文化传承的重要前提就是文化具有生命力。那么，如何检验文化项目是否具有生命力，答案就是生产实践。文化项目进入市场后会表现出双重价值：一是采用商品开发的形式进行文化实践，通过交换文化商品来获得经济价值；二是作为商品，文化拥有特定的使用价值，这也是文化保护和传承的重要导向。当前，原生态文化实践过程不能简单地追求经济利益或者文化保护，必须将两者结合起来，客观辩证地对待，实现共同推进。而发挥原住居民的社会职能、改变文化开发的形式、充分保护文化主体的结构就是实现这一目标的有效手段。

第二，注重生产与传承相结合的原则。对传统文化资源的再创造就形成了各种各样的原生态文化活动，因而，原生态文化也表现出现代化和传统性的两重特征，这本身又是一个辩证统一的关系，正确理解重构性消费和原貌性保护两者之间的关系和内涵，并准确拿捏好这个度是原生态文化市场化发展的关键，在传统中融入现代风，通过对传统文化的保护性开发，实现传统文化的传承和保护，确保传统文化的独特性不丢失。文化不同于一般商品，它是抽象的，必须以某些中介为载体，无论是行为活动还是物品，充当中介的媒介必须能够展现文化项目的价值和意义，并使文化项目成为经典中的永恒，这也是保护文化的重要体现。为了更好地保护原生态文化资源，永葆其生机使其得以延续，就必须用发展的眼光看待问题，不排斥现代的价值理念，做到取长补短、协同推进，而且需要在文化载体上狠下功夫，保证其经典性和独特性。

第三，注重市场价值与传统积淀相协调的原则。在原生态文化项目产业化发展的进程中，传统文化资源的特殊性必然会越来越弱。然而，原生态文化之所以有产业化发展的基础，也正是得益于这种特殊性，除此之外，特殊性也是文化项目作为商品进行交换的价值体现，原生态文化项目的产业化发展要想实现可持续性，就必须保证其特殊性不消失。因此，在推动原生态文化产业发展的过程中，应该着重考虑维护文化产品的独特价值，并且还要不断地进行创新、适度开发，使用必要的现代科学技术，但又不能损害文化的传统特性，这样的原生态文化才能永葆生机与活力。

4.2.3 原生态文化资源保护性开发的对策建议

原生态文化保护的困惑很多，但保护原生态文化就是保护民族多样性文化的必然选择，因此，我们必须想方设法，建立有效机制，保护原生态文化。

第一，健全完善相关文化资源产权立法，将原生态文化的保护纳入其中。一方面，在制定相关法律法规时，可以借鉴联合国教科文卫组织的《保护非物质文化遗产公约》，正确处理并约束受益人、使用人、收集人和传承人之间的关系，从法律层面上保护民间传承人的合法权益。另一方面，制定相应的评价标准，规范原生态文化市场行为，提高其市场地位，对不符合市场准入条件的主客体要坚决抵制，在合理保护中适度开发。

第二，积极探索，拓展渠道，依托现代化媒体手段，不断健全原生态文化资源的保护体系。以往保护原生态文化的主要方式为博物馆式、采风收集式，从保护性开发的实效性来看，这两种方式都存在明显的不足。随着网络、电视、自媒体、移动终端的普及，社会上各种形式的媒体通过开办特色节目来宣讲、引导保护原生态文化，这都是社会的进步和人们保护意识的提高。最具有代表性的有中央电视台《魅力 12》《民歌 · 中国》等栏目，融综艺性和娱乐性为一体，深度发掘我们熟知的民歌背后的感人事迹和文化内涵，并揭示原生态民歌的整个传承过程，同时也加深了全国观众对原生态民族民间文化艺术的认识。

第三，深化文化体制改革，扩大资本投入，努力塑造原生态文化品牌。我国的文化事业单位很早以前就开始尝试改革文化体制，但是，最近几年才开始着力于保护原生态文化品牌，通过引入社会资本进行文化实践和再创造。很长一段时间的文化市场都只能成为公益性文化事业。但是，当文化产业被提出后，文化产业进入市场，在市场规律的影响下，经济效益和社会效益都得到了较大提高。有专家表示，首先，要弄清楚保护民族传统文化缘由，才是推动民族文化市场化的关键，只有能够从中获得心里可接受的经济利益，才会萌生源源不断的动力。[①] 当然，经济利益的驱动并不能成为原生态文化市场健康发展的唯一保障，当人们获得了必要的经济利益，还要不断地了解这些传统文化，并将其发扬光大。《云南映象》为较为成功的典范，

① 李银，曹滢．原生态多元文化的市场魅力［J］．瞭望新闻周刊，2005-1-10.

有专家指出,《云南映象》本质上是在社会民间团体的力量推动下诞生出的一种新型商业模式，这种模式很好地解决了商业开发和原生态文化保护的矛盾，既提高了经济效益，也收获了社会价值。[①]

第四，加大人才培养和引进力度，为原生态文化资源的保护性开发提供稳定的技术支持。作为一种特殊的产业开发，原生态文化的开发和保护应该以内容为基础，所以，需要大量有相关经验的高素质人员参与，这样才能合理利用资源，提高原生态文化的欣赏性和创新性，这也符合保护传统民族文化的基本要求。在《云南映象》中，杨丽萍用了 15 个月时间走遍家乡的千山万水，终于寻觅到云南民族传统文化的本源。同样，保护云南宁蒗的摩梭人的原生态文化也离不开相关专业人士的指导，既要顾忌现代文明的冲击会给原生态文化造成毁灭性破坏，又要给所保护的原生态文化注入新鲜的血液，实现文化的可持续传承，提高社会价值。

专业人才队伍的壮大和专业人员的介入，原生态文化的开发和保护工作将事半功倍，他们长远的眼光就是原生态文化健康发展的保障。当前，全球一体化不断深化，各个国家的交流日趋频繁，来自于其他国家的文化冲击将会越来越快，要想中华民族屹立于世界民族之林，并且经得住外来文化的冲击，只有更好地保护我们的优秀传统文化。在原生态文化保护依然面临严峻考验的情况下，我们更应该付出更多努力，勇于向前，担起传播中华文明的历史重任。[②]

---

① 张云平 . 原生态文化的界定及其保护［J］. 云南民族大学学报（哲学社会科学版），2006（7）.

② 张云平 . 原生态文化的界定及其保护［J］. 云南民族大学学报（哲学社会科学版），2006（7）.

4.3 典型案例分析：广西贺州市原生态文化资源的保护利用

4.3.1 贺州市原生态文化资源概况

作为秦代“潇贺古道”著名的交通要道，贺州沟通了岭南和中原的联系，同时，也把“陆上丝绸之路”同“海上丝绸之路”联接了起来，它位于桂、粤、湘三省交界、贺江的要害。自古以来，这里都是流民、商贾、戍卒、官员的集聚地，形形色色的人们带来了各地的文化、风俗和语言，岭南百越土著民族文化长期受到影响。这里共有18个民族的20多个族群，包括侗族、苗族、壮族、瑶族、汉族等，多民族杂居在一起，各族群又通常聚集在一小块儿范围，因此，文化的交流和碰撞非常激烈，各民族的文化在这里相互影响，大家和谐共处，氛围十分融洽。

贺州历史悠久，拥有很深的文化积淀，这里是古代岭南百越文化和中原文化交汇的文化名城，因此，原生态的人文历史文化资源尤为丰富，这里分布着大大小小的村庄百余座，有古桥20多座，古戏台18座；亭、社、宫、阁、塔、坛、观、馆、楼、祠、庙、寺等宗教文化建筑若干；另有富川古明城、独柱山古堡、东坪古城、庆坪古城、临贺古城、封阳古城等古城，以及鹰扬关、谢沐关、桂岭古道、潇贺古道等古道。这些古代建筑独具匠心，具有很高的艺术价值。此外，考古方面也不甘落后，先后发现了富川城北西汉墓群、铺门古墓群、贺街古墓群、沙田古墓群、国宝青铜麒麟樽、孝穆皇太后先茔，可见其历史底蕴之深厚。贺州的自然风光也是让人流连忘返，比如，南乡滑水冲、昭平七村、十里荷塘、钟山碧水岩、大汤温泉、路花温泉、贺州玉石林，另外，还有两个国家级森林公园，即大桂山和姑婆山。这里民族、族群众多，产生了丰富多彩的原生态民俗文化。由于各民族和族群都有自己的信仰和生活习俗，因此，文化特征也各不相同。并且各族群都有自己的语言，所以，这里的方言土语也非常多。苗族的踏歌堂、芦笙；土瑶的情歌、酒歌；壮族的耍歌堂、舞火猫；瑶族的长鼓舞、蝴蝶歌；讲古梧州话的小龙舞、傩面舞、山歌；壮族的歌节、炮期庙会、三月三；瑶族的情人节、盘王节等民族原生态文化既富有民族风情，又奇异多姿。另外，各民族还有属于自己的宗教文化、婚庆文化、丧葬文化、茶文化、酒文化、服饰文化、饮食文化、节庆文化等。

4.3.2 贺州市原生态文化资源的当代价值

原生态文化是建设贺州新农村的动力资源，充分挖掘、整理、保护、发展贺州的民族传统文化并使之为社会主义新农村建设服务，必将给贺州新农村的建设和发展带来活力。

第一，原生态文化促进新农村文化建设的形式和内容更加丰富。原生态文化是时代的象征，它承载着农村文化经历岁月的沧海桑田，既是对过往文化的缅怀，又是对未来文化的向往。在贺州，这里的民族、族群拥有崇高的道德伦理规范，当地居民认为，每个人都应该为国家、社会、家庭承担相应的责任，个人的发展离不开社会、民族和国家的复兴，两者命运紧密相连。他们非常重视个人应该对社会和家庭，承担责任。长期浸润在这种思想下，这里民风淳朴、思想理性、待人谦和，邻里之间互帮互助、任劳任怨、爱家爱人，这些无不是当前社会主义新农村建设的重要文化内涵。而西部地区的新农村建设正是以这种思想理念和文化内涵为基础的，通过不断创新发展，激发了民族文化的强大生命力，进而推动了新农村建设的步伐。

第二，原生态文化为当地乡村建设的稳步推进提供了精神动力。成百上千年的生活经历造就了西部地区各民族优秀的传统美德和善良淳朴的民风。贺州的各民族、族群始终发扬着这种团结互助、疾恶如仇、勤劳勇敢的美德，并以此为傲，正是这种高尚的伦理道德，才产生了巨大的社会价值。贺州人非常注重培养正确的道德品质，并坚持以身作则，给后代做好榜样。贺州的原生态文化内涵之丰富，可以简单地总结出以下几点，如刚强果敢、尊师重道、实事求是、不畏艰险、自强自立、团结拼搏、热爱祖国，等等。这些都是当前社会主义新农村建设不可或缺的重要品质，也是中华民族优秀传统文化的基本特征，贺州想要在建设精神文明的道路上稳步前进，就离不开这些民族文化。

第三，原生态文化资源也是广大西部地区新农村建设的基本组成要素。西部地区的原生态文化的经济价值和精神价值并存，贺州是个多民族杂居的地区，其传统文化相当丰富，贺州的经济发展和文化建设都离不开这些优秀的传统文化。对于旅游业而言更是如此，贺州拥有多处风景秀丽的景点，有古镇古屋，有原始森林，还有国家级别的森林公园，游客可以在这里感受大桂山和姑婆山的魅力，体味钟山县枫木寨的韦家祖屋、莲塘客家人的江家老屋、昭平的黄姚古镇的静谧，领略南乡滑水冲、昭平七村、十里荷塘、钟山碧水岩、大汤温泉、路花温泉、贺州玉石林的温情，这些都推动了贺州新农村建设的进程。同时，必须充分利用贺州地区独特的民俗文化和秀美环境，发掘各个民族原生态文化的现实价值，实现经济价值和社会价值的双丰收。

4.3.3 促进贺州市原生态文化资源保护利用的途径

习近平于 2017 年 10 月 18 日在党的十九大报告提出乡村振兴的重大战略部署，其重要措施之一就是繁荣乡村文化事业、推动乡村文化振兴，乡村文化事业的繁荣必将有助于原生态文化的保护与传承。贺州市原生态文化资源的保护利用需要依托乡村振兴的战略部署，进一步调动多方积极性，形成合力，实现综合效益。

第一，加强原生态文化资源传承与开发的人才队伍建设。从根本上讲，文化传承主要依靠文化主体的力量，所以，要想更好地保护和传承少数民族的原生态文化，就应该做好对传承人的保护工作，另外，培养新的传承人也是一个重要的手段。新农村建设同样如此，必须结合当前国情，制定符合时代的政策制度，加大对传承人的保护力度，全面提高传承人的社会地位。另外，物质支持必需的。在传承人培养方面，通过完善和健全传承体制，采取多种多样的方式进行培养，比如，开办相关课程、师徒教育等，这样才能进一步提高传承人的综合素质和知识能力，激发他们对原生态文化的保护欲望。

第二，加大资金扶持力度，保障原生态文化载体的有效维护。民族文化传承机制最重要的部分就是民族文化载体。当前社会已经被网络数字技术所主导，这对保护原生态文化产生了积极影响。可以通过信息技术建立庞大的数据库，用于存储和管理海量的图形、文字和声音信息。还可以利用发达的数字技术构建先进的展示系统，尽可能详尽地为人们描绘出原生态文化资源的状态、流程、发展等，通过不断地交流和互动，实现不同人群和民族的文化交融。借助工艺品辅助设计系统、数字化图案、数字化故事编排与讲述技术、虚拟修复与演变模拟技术等，进一步传承和保护当地各民族原生态文化。进一步提高当地人民群众的意识和能力，积极开发利用新技术、新工具、新技能，发挥当地居民自身特长，在各自擅长的领域积极宣传、记录和了解相应的原生态文化，推动原生态文化资源持续传承发展。

第三，重视宣传教育工作，为生态文化资源保护与开发奠定思想基础。加强宣传力度，正面引导社会公众参与原生态文化的保护和传承。首先，需要政府组织给予一定的政策扶持，鼓励民间业余文化团体发展，增加资金投入，制订专项扶持计划，增加培训人员数量。除此之外，还要从教育上重视原生态文化，可以在少数民族学校开办相关课程，传授包括文化遗产的保护知识和文化遗产内容等，学校可以邀请文化传承人进行宣讲，让更多的学生真正认识到自己的文化内涵。另外，还需要发挥社会媒体的能量，将各种形式的教育活动搬到社会中，成立专项讲座和宣传专栏，开办专业节目，举行鉴赏活动，把原生态民族文化遗产的丰富内涵散播到社会的各个角落。

第四，创新和完善体制机制，合理地统筹保护与开发的关系。社会需求从某种程度上决定了少数民族原生态文化的发展和传承，这种需求性主要体现在人们对少数民族原生态文化资源的利用和开发情况，只要适度、合理，就能推动保护和传承少数民族原生态文化的相关工作进程。当前最关键的工作就是研究出科学合理利用原生态文化资源的保护机制，寻求开发与保护之间的平衡，在保护中开发利用，在利用中推动保护，不断创新，使原生态文化资源产业化发展。在这个过程中，要避免短期效应，不能只顾眼前利益，要认识到可持续发展是原生态文化传承和保护的关键，在原生态文化的范畴之内，不断创新，打造多样化的文化产品，提高文化水平和市场竞争力，这样才能实现社会效益、经济效益、生态效益的丰收。[①]

① 宋慧．西部地区新农村建设与原生态文化发展的契合——以贺州市为例［J］．经济研究导刊，2012（15）．

第 5 章 西部地区红色文化资源的保护与开发

5.1 红色文化资源的类别及属性

作为爱国主义教育的重要组成部分，红色文化资源能够对社会各界发挥积极向上的引导作用，给人以强烈的正面启示，进一步增强民族自信心和民族自豪感。随着经济社会的不断发展，红色文化研究越来越引起社会各界的关注，尽管涉及的红色文化资源非常丰富，覆盖地区也非常广泛，但由于主客观方面的局限，相关的成果还需要深化和拓展，尤其是对红色文化资源的类别界定不清晰，在一定程度上阻碍了人们对红色文化资源的深入研究。当前信息科学技术突飞猛进，大数据已经在各行各业展现出强大的能力，对红色文化资源的研究也同样需要依托现代科学技术，建设红色数据库，便于分门别类地收集、整理和保存相关红色文化资源。

5.1.1 红色文化资源的内涵及属性

红色文化资源顾名思义包括 3 个重要信息，即红色、文化、资源。这 3 个词语的地位和相互关系决定了红色文化资源的基本属性和重要内涵。首先，红色的本来意思就是一种能给人强烈刺激的颜色，在革命战争时期，红色就代表了中国共产党的伟大事业，包括红色革命根据地、红军、红星、红旗、红色政权等，这种象征意义长久地流传于共产党内部，而且国际舆论、社会各界甚至国民党内部也这样认为，所以，红色一词就被赋予了特定的内涵和意义，可以说它是一个时代的特征；文化一词则是人们在社会生产和与大自然和谐共处的所有有意识的活动，这些活动又相应地产生了不同的结果和方式，因此，文化的种类也非常多样化。两者合并起来就是指中国共产党领导的一切革命活动；资源通常是指能够供人们利用、满足人们一定需求的事物来源。由于专家认为中国共产党领导的革命活动和结果是一种特别的资源，红色资源这一概念应运而生。

当然，红色文化资源的内涵并不是三者单纯地叠加，而是有机地组合，是一个统一整体。红色限定了红色文化资源的时代和主体，也就是革命战争年代和中国人民与中国共产党；文化表示红色文化资源的主要内容就是中国人民和中国共产党领导的一切革命活动；资源意味着红色文化的重要价值，它可以被人们利用满足一定的精神需求。所以，红色文化资源的内涵当然涵盖了这 3 个概念，并且构成了一个统一的有机体。

在中国的现代汉语体系中，四字词语是一种最常见的表达方式，可以说成为一种独特的语言习惯，所以，红色文化资源也被人们简称为红色资源或者红色文化。红色文化资源拥有独特的内涵特征，这也是与其他类的最大区别。类就是特征或者属性都相同的事物的集合，而分类就是把多个事物按照不同的属性或特征区分开来。所以，从理论上讲，分类涉及了对事物属性特征的区分和归类，这是两个看似对立，实则相辅相成的方面，两者共同完成了同一逻辑活动。

红色文化资源的属性特征是与其内涵相吻合的，多样而丰富。根据红色文化资源的所有者、开发利用情况、空间分布结构、内容特征的不同，可以总结出红色文化资源的 4 个重要属性，即独占性与共有性相统一、再生性与消耗性相统一、离散性与集聚性相统一、人文性与社会性相统一。当然，这种分类方法是以利用和研究红色文化资源为前提的，并不太适用于红色文化资料数据库的管理。在信息科技时代，要想更好地建立红色文化资料数据库，满足其分类要求，不仅应该考虑红色文化资源的内涵特征和基本属性，还应该考虑以下几个方面。

第一，文化的主题属性。主题作为事物中心内容的逻辑描述，适用范围非常宽广。自然界和人类社会的一切事物，都可以采用主题概念或范畴进行分析和归纳，主题可以用自然语言表述。表述主题的自然语言又称为“主题词”。主题既是事物的属性特征，又是事物的区分依据。① 红色文化资源的上位概念是文化资源，文化资源依据不同主题可以划分为民族文化资源、民俗文化资源、宗教文化资源、国家文化资源、红色文化资源等诸多类型。文化资源的上位概念又是资源，资源同样可以依据主题划分为政治资源、经济资源、文化资源、社会资源、军事资源等。由此可见，主题属性是红色文化资源与生俱来的属性，因其概念本身就是依据主题而被划分或聚类的。

第二，对应的学科属性。学科简言之是知识的集合，或者说是相对独立的知识体系。学科不仅可以视为人类归类知识的结果，表现为静态的分门别类的知识体系；也可以视为归类知识的活动，表现为动态的关于知识的生产、传播和应用过程。学科范畴的知识是广义知识，既包括陈述性知识，也包括程序性知识；既包括显性知识，也包括隐性知识；既包括可以编码化符号化的知识，也包括不可以编码化符号化的知识等。从知识的视角和维度分析，红色文化资源作为蕴含中国革命历史的活化石，涉及多门类学科的丰富知识，如历史学、政治学、社会学、伦理学、教育学、新闻学、文学、艺术学、法学、管理学、军事学等，凡人文学科和社会学科的知识都有所涉及。若从学科是应用知识的活动体系看，应用人文社会科学知识等研究红色文化资源，必然赋予红色文化资源以人文社会学科的属性特征；而应用自然科学知识研究红色文化资源，则必然赋予其以自然学科的属性特征。②

第三，相应的经济属性。产业中所有性质相同的经济活动集合在一起就构成了产业的基本形态。对红色文化资源而言，开发和利用是其作为资源最重要的产业属性，并且以获得最终的经济效益为目的。红色文化资源是特殊

① 黄俊贵，倪波，赵燕群．文献分类与主题标引［M］．北京：书目文献出版社，1990.

② 谢桂华．高等学校学科建设论［M］．北京：高等教育出版社，2011.

的，且能给利用者带来经济效益，它的所有者并不明确，可以说它是一种特别的公共资源，社会公众都可以利用或者享受，因此，表现出共有性，但由于地理限制或者文化差异，很可能只能被少数人所利用，同时又表现出独占性。这两种对立而统一的性质特征就对应着红色文化资源开发利用过程中的公益性和营利性，公益性要求红色文化资源必须免费供人们利用，而营利性又要求必须获得回报。而再生性与消耗性的统一表明红色文化资源也具有资源的共性，就是在开发利用过程中也会逐渐地被耗尽，但是，又能够被循环利用，红色文化资源拥有再生的能力。这些特征属性指引着红色文化资源产业化发展的方向，通常都是文化创意产业或者文化产业，包括音像制品和报刊图书、文艺表演、艺术设计、红色旅游等诸多方面。

第四，文化遗产属性。后人从前人处获取的有利用价值或者现实意义的财产就成为遗产。而文化遗产就是在时代发展的历史长河中，祖先积淀下来的所有文化财产，文化遗产可以帮助人们深入理解并掌握基因传承、艺术审美、经济、科研、证史和记忆的相关内容，以记忆为例，人不能没有记忆，否则便会迷失自我，甚至无法知道自己在干什么、将要干什么，以及为什么要这样干，最终陷入无尽的恐慌和焦虑中。对于一个民族或一个国家而言，记忆更为重要，有了它，才能铭记历史，才会有发展的动力和方向。红色文化资源见证了中华民族近几十年风雨同舟的艰难岁月，它指引着中华民族走向伟大复兴，这里有感天动地伟绩，也有平凡无奇的故事，都是中国人民的文化瑰宝，通过它们，我们可以身临其境地感受曾经波澜壮阔的历史积淀，以史为鉴，更加珍惜现在，为实现中华民族伟大复兴而不懈努力。

5.1.2 红色文化资源分类的基本准则

红色文化资源作为中国共产党领导中国人民在革命战争年代进行的革命活动及其结果，其自身的组成部分从根本上说有 3 种不同的属性特征或 3 种不同的表现形态，即物质形态、信息形态和精神形态。这 3 种表现形态可以将红色文化资源划分为三大类型。我国学界的研究现状显示，通常的理论研究可以较少，甚至不考虑红色文化资源的外在表现形态。基本理论研究往往是从整体上分析和把握红色文化资源的，涉及的也主要是内在的本质属性和特征的层面。然而，应用研究则必须紧密结合红色文化资源的具体形态开展，因为应用研究总是具体地研究红色文化资源的开发利用。需要说明的是，将红色文化资源划分为物质形态和精神形态争议不大。这种二分法也是常见的分类方法。问题是怎样将信息形态的红色文化资源归类。从一定意义上来讲，信息就是信息，既不能归结为物质，也不能归结为精神。[①]若仅将红色文化资源分为物质形态和精神形态，就会出现模棱两可或彼此不分的现象。例如，纸张及其文字符号可以归结为物质，但文字符号所表达的意义却是精神。文字符号与其表达的意义是不可分的，无论划归物质还是精神都不够妥帖。有鉴于此，此处可以将红色文化资源分为物质类、信息类、精神，类三大类型。如此划分适合于通常的理论研究。若是从理论研究与实际应用相结合的多重维度开发利用红色文化资源，则必须进行更加深入、系统地划分。

由于红色文化资源种类繁多，也具有更为丰富的内涵，相应的，红色文化资源的表现形态和内涵属性也非常多样，这就是红色文化资源分类的重要标准。因此，分类的基础和前提就是确定具体的原则或者标准，要想使分类达到预期效果并获得相应的价值和意义，就应该使确定的原则或标准更加科学、合理。具体而言，可以从以下几个方面来确定相应的标准或者原则。

第一，坚持市场导向原则。对事物进行分类是一项具有明确目的性的活动，而分类原因也可以从分类结果中看出端倪。我们关注事物的焦点不同，随之产生的分类目标也具有差异，当人为分类结果也各不相同。例如，把公共经济学、管理经济学、资源经济学、城市经济学、环境经济学、旅游经济学归类到经济学学科中就是以经济学的研究目标或者需求为依据，有利于帮助人们了解经济学的发展前沿和最新动态，当然，这种分类方式存在一定的不足，由于现实中的经济问题一般都非常复杂，并不是依靠一两门科学知识

① 肖峰. 重勘信息的哲学含义［J］. 中国社会科学，2010（4）.

就能解决的，需要多种学科的知识和技能相互配合，因此，对需要解决实际问题的人群来说并不实用，根据这种实际需求，分类方式也会进一步调整，需要把环境经济学归类到环境领域、把旅游经济学归类到旅游领域，等等。因此，对红色文化资源进行分类主要是为了更好地开发和利用，在确定红色文化资源的分类标准或者要求，都必须服务于更好地开发利用红色文化资源这一原则。

第二，坚持基本主题整合相关学科的分类原则。以主题分类为主兼顾学科分类的原则，是直接从红色文化资源的分类要有利于应用研究和开发利用派生出来的原则。应用研究和开发利用都是围绕主题进行的，红色文化资源的分类自然应以主题分类为主。主题作为一组具有共性事物的总称，是事物中心内容的揭示。主题通常采用自然语言或核心词汇表述，与人们的工作生活和思维习惯高度一致。主题分类与学科分类相比较的最大优势就是用户友好。① 学科分类虽然从知识的分类标准聚集了相关的文献资料，但从主题的分类标准看却是分散了相关的文献资料，主题分类可以较好地解决学科分类交叉导致文献资料命名不清晰的问题。当然，以主题分类也存在一些不足，如缺乏统一严谨的标准，系统性和完整性有所欠缺，类目之间的界限和隶属关系不够清晰等。主题分类的这些不足往往是学科分类的优点，因而，应该做到以主题分类为主兼顾学科分类的原则。

第三，坚持引入借鉴成熟经验的原则。红色文化资源概念或范畴的提出虽然历程较短，但红色文化资源作为客观存在却是伴随中国共产党成立以来就不断积淀的历史文化遗存。可以看出，当前被人们称之为红色文化资源的事物，在被称为红色文化资源之前就已经存在，已被人们以其他名称称呼。如革命旧址遗址、近现代重要史迹及代表性建筑、井冈山时期的历史文献、延安时期的文学艺术，等等。与此相适应，这些革命文物或历史文献也被人们以各种方式收集整理并妥善保存。当人们以红色文化资源为主题分类或聚

① 单志广，吴洁倩，栾婕，武森．信息资源分类——方法与实践［M］．北京：科学出版社，2013．

类时，面对的主要是以不同名称称谓，且散藏于文献文物中的各种形态的历史文化遗存。因此，红色文化资源的类名选取和类目设置应尽可能参考借鉴各种已有的分类成果，包括《中国图书馆分类法》，此外还有《中国人民大学图书馆图书分类法》《中国科学院图书馆图书分类法》《中国图书资料分类法》《中国档案分类法》4 部分类法。由于红色文化资源的应用研究和开发利用总是在不断地发展，因此，其类名选取和类目设置不仅要参考借鉴现有的各种分类法的成果，更重要的是依据既定的标准或原则收集、筛选、确定新的更适宜的类名类目。①

第四，坚持时间维度和属性维度相结合的原则。分类包括两个层面，一是确定类别；二是确定顺序。一般情况下，顺序排列主要依据同类事物之间的某种内在联系，按照这种关联，同类目的事物也产生了等级或者次第上的差别。类目之间的隶属关系的清晰程度取决于主题之间等级与层次的复杂程度，所以，主题分类法多以类名顺序作为排列依据。这种方法简单粗放，并不能准确地反映事物的内涵属性和同类事物的内在关联。所以，对红色文化资源类别的排序主要依据类目的年代和所包含的物质属性。类目年代是指事物年代越久远，排序越靠前，同理，类目涉及的事物包含的物质属性越多，排序越靠前。例如，红色创作与红色文学艺术的排序，两者所包含的物质属性难以确定多少，但是涉及的年代却大有不同，红色创作通常是当代的艺术活动，而红色文学艺术不仅有当代的，更有以前年代的。所以，红色创作应该排在红色文学艺术之后。又如，红色文艺和红色旧址的排序，很显然，红色文艺所涉及的物质属性要远远少于红色旧址，所以，排序上红色文艺也应该靠后。

第五，坚持逻辑性与类别性相结合的原则。分类作为依据事物的属性特征和表现形态将事物分为若干种类的逻辑行为，必然要以相关的逻辑规则作为自己必须遵循的基本原则。这些逻辑规则主要有 4 条：一是每次划分都必须按照同一标准进行；二是划分的各子项之和必须等于母项；三是划分出

① 俞君立，陈树年．文献分类学（第二版）[M]．武汉：武汉大学出版社，2015．

来的各子项之间是相互排斥的不相容关系，即任何两个子项之间都是全异关系；四是划分必须按照属种层次有序进行。[①]

5.1.3 红色文化资源的基本类型

根据上述的基本属性和基本准则，在对红色文化资源进行分类的时候主要按照主题分类的标准，并且以学科为根本原则，由此形成的分类体系总共包含了 10 个基本大类，在最终的排序上又以年代远近和物质属性数量为依据。我国的红色文化资源可分为以下类型：

第一，红色革命遗址。红色文化资源中的革命遗址称为红色旧址，具体形态一般为形式各异的建筑群，并且赋予不同的功能和意义。这类红色文化资源在空间上是固定的，这与不可移动文物类似，在我国，主要有 6 个类不可移动文物，每个大类又被细分为多个小类。按照这种分类方法，不可移动文物类目下的“近现代重要史迹及代表性建筑”基本上就代表了我们常说的红色旧址。但是，两者在概念上并不能完全分开，无论是外延还是内涵都大相径庭，所以，直接套用这种分类方式显然不妥。但是，由于它们在很多方面又相互吻合，下属子目录也基本相似，所以，在具体分类上还是有必要借鉴和参考不可移动文物的分类方式。根据功能、用途和具体形态的不同，红色旧址又包括 12 个大类，分别为军事建筑及设施、工业建筑及设施、农田设施、井泉渠堰、道路桥梁、商贸店铺、医院诊所、学校书院、祠堂寺庙、坪台场地、旅店客栈、民居宅第，在顺序排列上也按照这种标准。

第二，红色器物遗产。在重大历史事件中发挥重要作用且被重要人物所使用的各种器具用品就称为红色器物。红色文化资源最大的特点就是能被随意移动，一般都被放在红色纪念馆或博物馆中展览，这点与可移动文物的特征非常相似。根据我国首次可移动文物普查的分类规则，文物的类别特征和

---

① 中国人民大学哲学院逻辑学教研室．逻辑学（第二版）[M]．北京：中国人民大学出版社，2008.

年代决定了最终的类别归属和顺序排列。具有明显特征且存世量很大的文物被单独归为一类；近现代文物则主要根据功能用途分类，同时还要考虑文物的性质和质地；古代文物则主要根据质地分类，同时也要考虑文物的功能、用途及性质。在分类上还应注意不能把一件文物同时划分为多个类别，即使这件文物包含多个明显的特征、功用，也只能以主要内容为分类标准。我国首次可移动文物普查就详列了35个大类，根据这种分类方式，本书把红色器物分为了13个类别，分别为武器装备、通信器材、器材工具、耕作农具、家用器具、服装被褥、邮票邮品、货币票证、证件徽章、旗帜牌匾、印信图章、办公用具、学习用品。

第三，红色文献遗产。红色文献主要指以信息形态存在的记录革命历史进程和人物活动的书面文字材料及影像资料等。文献不仅是记录的内容或知识的总称，而且包括所记录的内容或知识的一切载体。[①] 文献记录的内容或知识是文献的本质属性，因而，通常以这些内容或知识所体现的学科属性作为其分类的依据。同时，由于文献载体特征明显，依据载体的属性特征对文献进行分类也较为常见，例如，将文献分为纸质图书、音频资料、图像资料、视频资料、微缩胶卷、电子文档等。红色文献反映的学科内容属性相对而言非常集中，因而，以文献体裁作为分类依据既可以较好地保留那个时代的文献产生特点，又能够较好地反映那个时代的文献传播方式。为此，本书将红色文献分为17个子项，分别为纲领规章、宣言公报、决议决定、指示命令、记录纪要、法规条例、布告通告、标语、信函、电报、报告、总结、著作、报纸期刊、讲稿笔记、统计数据、音影图像。

第四，优秀革命人物。积极投身于近代革命事业，并且为之做出重要贡献的人物被称为红色人物。这种贡献具体表现为在关键历史事件中起到了扭转局面而留下千古芳名，或者在革命战争年代担任重要职位并且在某些方面具有代表性意义，又或者在革命战争年代获得了很高的社会地位、威望。在

① 国家图书馆《中国文献编目规则》修订组．中国文献编目规则（第2版）[M]．北京：北京图书馆出版社，2005．

研究红色文化资源的过程中，红色人物的重要性足以成为红色文化资源数据库中最关键的一个大类。对红色人物排序主要依据 3 个标准：一是根据姓氏笔画的多少；二是根据红色人物在当时所担任的职务高低；三是根据红色人物当时所代表的组织体系架构，以井冈山时期的三委为例，排序上就按照领导顺序也就是所谓的上下级关系。以上 3 种排序好坏参半，第一种排序方式符合大众习惯，也是志书编纂的排序惯例；第二种排序方式侧重体现了革命战争时期的历史演进过程；第三种排序方式主要反映了当时的实情。

第五，红色历史事件遗产。在中国共产党的领导下，中国人民组织参与的一切革命活动，并留下了重要历史印迹，这就是红色事件。作为历史的基本要素，通过对历史事件的记录，实现了对历史的还原，因此，历史事件和历史记录两者有着密不可分的关系，事件也就可以分为记录事件和本源事件两大类。其中，记录事件就是通过语言、文字、符号、声音等方式记载的历史印迹，通常是对客观历史事件的艺术加工，包含了人们的主观感受和期望等；而本源事件就是当时确有发生的实际事件，也就是我们常说的客观历史。作为红色文化资源最重要的内容之一，它构成了整个红色文化资源的一大不可替代的类别，使红色实物载体具有独特的价值和意义。根据事件发生的领域和内容属性作为分类依据，可以将红色事件分为 12 类，分别为国际共运、军事斗争、理论创新、统战工作、卫生、体育、教育、文化、群众运动、经济财贸、证券政务、党的建设等。

第六，红色文艺遗产。红色文艺是红色文学艺术的简称，主要指人们在革命战争年代所创作的文学艺术作品。文学艺术创作主要借助语言、表演、造型等手段进行，因而，不少作品在传播过程中就存在随着时间推移和传承人变化而不断演化的情况。例如，在革命战争年代创作并传唱的一些红色歌曲，由于没有曲谱和文字记录，在时间的长河中往往演化为多个不同版本。尤其是以群体的口耳相传而代代绵延的红色传说更是如此，传说每讲述一次，就相当于是一次再创作。同一个母本的传说，不仅在不同的讲述人那里会有不同的叙述，即使是同一个讲述人，在不同时间和场合中也会有某些差异。[①]若要进一步细分，又包括两类：一是因为传承方式而产生流变的红色文学艺术；二是后来人们基于红色文化资源而创作的红色文学艺术，将前者归为“红色文艺”类，而将后者归为“红色创作”类。文学艺术通常以体裁类型作为分类依据，因此，红色文艺可划分为 15 个子项，分别为诗词韵文、小说、报告文学、散文杂著、歌谣唱词、故事传说、绘画、宣传漫画、书法篆刻、雕塑、摄影、音乐、歌曲、舞蹈、戏剧戏曲。

第七，红色建筑遗产。为了纪念在革命战争年代为革命事业做出巨大贡献的英雄人物，以及在革命胜利后为了让人们缅怀先烈而建造的各类建筑就统称为红色建筑。作为一种当代人的心理活动和精神需求，纪念就是人们对特定人物和特定事件的追思、缅怀，寻求的是一种精神上的慰藉，是对先烈伟大事迹和崇高精神的肯定。人们的这种精神需求就集中体现在这类具有象征意义和独特功能的建筑上，也就是我们所说的纪念建筑。它经历了历史长河中的波澜壮阔，被赋予了伟大的历史意义，见证了历史的发展和时代的进步，纪念建筑的设计通常都以纪念主题为核心，采用多种艺术手法，刺激人们的感官，从而引发思想上的共鸣，使人们的精神需求得到满足。红色纪念建筑的选址不同，又分为新址纪念建筑、遗址纪念建筑和原址纪念建筑 3 类；根据不同的纪念对象，又分为综合纪念建筑、人物纪念建筑和事件纪念建筑。

第八，红色精神文化遗产。在革命战争年代，中国共产党带领中国人民进行各种革命活动过程中所树立的一切思想意识统称为红色精神。中国人民在中国共产党的领导下，不畏艰险，结合中国革命的具体实情，努力实践马克思主义的普遍真理，将马克思主义的思想理论转变为具有中国特色的社会主义理论，并在实践过程中取得了丰硕成果，带领中国人民最终走向革命胜利，全面进入中华民族伟大复兴的光辉时代。中国革命的胜利意味着马克思主义中国化取得了质的突破，也是马克思主义思想理论接受时代检验的重要标准，这也是无数中国共产党人奋斗的结果，人民群众普遍接受了这样一种

① 张泰城．井冈山及周边地区的红色传说（六）[M]．南昌：江西人民出版社，2012.

社会主流意识形态。红色精神就是这段革命岁月的精神烙印，它使人们永远铭记这段历史，是中华民族优秀传统文化的升华，源源不断地孵化出社会主义的核心价值和人文情怀。总地来说，红色精神包括价值观念、道德情操、意志品质、伦理道德、观点观念、理想信念、精神信仰和思想理论 8 个大类。

其九，红色研究遗产。关于红色文化资源的一切研究活动，以及研究取得的成果称之为红色研究，主要是以揭示事物的本质联系和事物所蕴含的内在规律为最终目的。通过研究红色文化资源，我们可以深刻感受中国共产党人的崇高理念，以及作为无产阶级先锋队的崇高品质，并进一步吸取中国革命的经验和教训，这些都是学者参与研究的重要动力。每个研究人员都具有自己独到的见解，所掌握的知识结构和学科背景也各不相同，所以，他们关注的焦点当然具有很大差异，在研究过程中采取的方式、方法也有所区别。这就意味着研究红色文化资源需要多种学科、多种方法相互融合。既讲究应用开发，又注重基础研究；不仅研究对策方法，还研究理论概念；既涉及自然科学，又包含人文社会。科学研究是一个复杂的逻辑过程，它始于提出问题，终于解决问题。问题的提出是一个非常关键的开始，它决定了研究的主要内容和方向，甚至直接影响了研究成果的现实意义和价值。所以，依据研究问题的方向和研究成果的价值水平把红色研究分为科技专利、软件开发、实验报告、规划方案、展陈大纲、教学设计、文献综述、调研报告、咨询报告、对称建议、学术著作、科研论文等 12 个类别。

第十，红色创作遗产。以红色文化资源为创作基础和蓝本，进行的一切艺术加工活动，以及取得的相应成果就称为红色创作。通过发挥想象力，创造出具有文学艺术价值的作品。这和科学研究有所不同，两者虽然都是智力活动的再创造，但是，文学艺术更加大胆和夸张，可以进行必要的虚构和想象，而科学研究则更加严谨，必须完全尊重事实。尽管科学研究也可以进行大胆地揣测，但所有的想象都不是凭空的，是经过缜密分析的，并用大量的事实所验证的。而文学艺术创作则不同，可以展开丰富的想象，甚至进行必要的添加和改编。需要注意的是，要完成一部优秀的文学艺术作品，虽然虚构是不可或缺的重要方法，但它也是对历史素材的收集、选择、提炼和重塑，是对历史的真实写照。文学艺术的创作类型也随着时代的发展不断变化，红色创作又被分为动画动漫、影视作品、影视文学、戏剧戏曲、戏剧文学、舞蹈舞剧、歌曲、音乐、摄影艺术、雕塑、书法篆刻、绘画作品、故事传说、散文杂著、报告文学、小说、诗词韵文 17 个小类。①

5.2 红色文化资源保护性开发的基础、原则及路径

5.2.1 加强红色文化资源保护性开发的基础

随着新时代思想政治教育事业的蓬勃发展，红色文化资源的价值被不断挖掘，与此同时，现代旅游业的兴起进一步证实了红色文化资源的旅游开发价值。红色旅游的发展呈现出渐进性、长期性趋势，但是有很多革命文物在漫长的历史进程中遭到破坏，以此为背景如何保护红色文化成为当代社会亟待解决的重要课题。

第一，红色文化资源的不可再生性决定了对其进行保护性开发的必要性。红军长征路和革命老区是红色旅游的集中地，目前已建成的著名“红色”主线当中所涉及的标志性地域主要有井冈山革命根据地、遵义会议会址、延安、瑞金等。红色旅游将政治、文化、经济融为一体，需社会各界的共同保护，但就当前实际情况来看，人们还没有充分认识到红色文化资源的重要性。

在深度开发红色文化资源旅游价值的进程中，要严格遵循“保护性开发”原则。红色资源具有稀缺性和不可再生性，因此，在开发过程中必须慎之又慎，否则将造成不可估计的重大损失。基于红色文化资源的特征性为出

① 张泰城 . 论红色文化资源的分类［J］. 中国井冈山干部学院学报 .2017（7）.

发点，保护性开发工作要充分结合主题、精神内涵、教育功能等各方面因素展开进行。

第二，红色文化资源的不可替代性是对其进行保护性开发的关键。除稀缺性和不可再生性外，红色资源还显示出极强的不可替代性。特定的历史时期结合特定的历史事件所衍生出的文化资源，才能被称之为红色文化资源。其特点受到时间、地点、形势等各种因素的影响，因此，在开发红色资源时，要深入挖掘其特殊的内涵和价值，发挥其最大潜力，避免出现雷同现象，进而造成大众审美疲劳。开发红色资源要注意以下两点；一是要确保完整的历史环境，不能让现代化气息将其吞噬；二是红色文化资源周边的环境也要充分重视起来，丰富红色旅游资源的多样性，加强其完整性和真实性。如果蒙住双眼，一味地重复建设、相互抄袭，势必会破坏红色文化的氛围，使其丧失特征，从而展现给公众千篇一律的内容。

第三，红色文化资源价值的稀缺性是对其进行保护性开发的前提条件。开展革命宣传教育工作是我们党的光荣传统，20 世纪 80 年代，红色旅游开始兴起并成为全民参与的旅游形式，同时，也是促进老区发展的重要途径。传统红色旅游的管理模式以政府事业管理为主，但在发展过程中逐渐转变为市场经济管理模式，竞争性愈发激烈。然而，红色文化精神却始终如一地存在着，红色文化不仅满足了游客观赏、知识的需求，同时还发挥爱国主义的教育职能，给旅游者带来极高的革命传统价值体验。

在多年的发展进程中，红色旅游的社会价值还未完全显现，市场潜力需进一步挖掘，进而提高其社会影响力和美誉度。正如前文提到的，红色文化资源是一种稀缺的、不可再生的、不可替代的特殊革命遗产，对其深入开发必须立足于完善的保护手段，在此基础上来提高市场竞争水平，扩大市场影响力。

第四，红色文化资源的传承发展性是对其进行保护性开发的充分条件。红色旅游的规模化发展，是一个整合全国各地革命历史相关教育基地资源，从而发挥最大潜力和价值的过程。只有基于合理化发展理念，结合与之相适应的开发原则，才能保障红色资源的可持续利用。中华民族的革命精神并未被历史洪流所掩埋，而是融合在每一首革命歌谣、每一件革命文物和每一处革命遗址中，是国家发展壮大的精神源泉。红色文化资源在现阶段开发保护的过程中，所面临的问题主要是缺乏整体性、科学规划不合理等。红色旅游的发展是由政治、文化、经济、社会、环保、教育等多方面因素共同构成的，具有较强的综合性、系统性和历史延续性，这也意味着想要实现红色旅游产业的可持续发展，势必要采取完善的保护手段和措施。

5.2.2　红色文化资源保护性开发的原则

文化力是衡量一个国家和一个地区综合实力和竞争力的重要指标，革命老区的可持续发展离不开红色文化资源的精神推动。在红色精神的推动下，许多革命老区分别形成了独具地方特色的革命精神，这些精神力量逐渐转化为物质力量，成为当地经济社会综合协调发展的动力源泉，也是干部群众修养和信念的重要来源。红色旅游将文化内涵和价值进行重新挖掘，丰富了当地红色资源主题，而在这个过程中必须坚守相应的基本原则。

第一，坚持以人为本的原则。红色文化资源开发应注重其内在性而非其外在性，体现以人为本的发展理念。例如，江西瑞金对中华苏维埃共和国纪念馆和部位旧址，从陈列内容、方式上进行更新，变“封闭式”管理为“开放式”管理，变“陈列式展览”为“多样式教育”，变“单一教育场所”为“综合性文化活动阵地”。同时，融入情景再现和互动体验等项目，增强了红色文化的感染力与震撼力。社会学家费孝通先生曾指出，人同人的关系，包括人同人文历史的关系，人同人文资源的关系。人文资源虽然包括很广，但可以概括为：人类通过文化的创造，留下来的、可以供人类继续发展的文化基础，称为人文资源。我们要好好地利用这些人文资源，把它变成我们丰富的生活资源。[①] 发展红色旅游，带来了老区社会生活的一系列变迁。开发红色文化资源最终目的是使老区人民受益，不仅要体现在生计模式、居住文

① 费孝通．人文资源在西部大开发中的作用和意义［J］．文艺研究，2001（2）．

化、生活方式、生态与环境等表层文化上，而且还要渗透到思想意识、价值观念、民俗文化等深层文化中。

第二，坚持价值塑造的原则。国家为延续革命精神，大力推动红色旅游的现代化发展，使革命精神的承载体展现在更多人面前，这也是政府积极保护革命纪念地、纪念物的根本原因。进入 21 世纪以后，革命老区的发展问题受到政府的充分重视，并制定与之相适应的政策法规，促进老区的发展进程。然而，需要注意的是，红色旅游的发展主要是为了贯彻落实社会主义核心价值观，将中国革命传统教育和中华民族优良传统相结合，在祖国一代又一代年轻人中传递下去，让每一个华夏子孙以革命文化遗产为载体更加全面地去了解革命历史事件，从老一辈革命先烈浴血奋战的历程中构建爱国主义情怀，树立革命信念和社会主义核心价值观，成为一名合格的革命精神传播者、承载者和实践者。总而言之，革命文化承担着特殊的历史重任，不能为了迎合市场而落入俗套，甚至根据自己的意愿去改变历史事实，为追求经济利益将革命英烈娱乐化，这都是对革命精神的践踏。在开发和挖掘红色资源时，必须保证其真实性和严肃性，只有正视历史才能更好地传递革命精神。

第三，坚持因地制宜的原则。爱国主义教育的本土化，指的是根据当地的真实历史事件，培养群众的爱国主义情怀，实现红色教育受众的本土化进程，这种结合实际案例的革命教材更能引起人们的情感共鸣，让理论更加贴近实践，让历史更加贴近现实。要充分结合不同地域红色文化资源的特征性，展开针对性地挖掘，丰富其内涵、提炼更多文化资源，地域文化实际上是无形文化逐渐渗透整合而形成的，在此基础上，当地的一山一水、一草一木、一砖一瓦才有其意境和内涵，满足更多群体的旅游需求。革命老区的地理位置多远离市中心，但生态环境往往比较优质，且风土民情各有特色，在本土化研究开发的基础上，可以逐渐转化为旅游胜地，形成良好的红色旅游市场品牌。

5.2.3 红色文化资源保护性开发的路径

第一，加强红色文化资源的价值发掘和价值评估。要正确认识一种资源的价值并发挥其最大功能，需对其进行综合评估。受到主客观因素的影响，当代社会并未完全认识到红色文化资源的潜在价值，从实际情况出发，价值评估不仅能够加深人们对资源认知的全面性理解，同时，还能从整体的角度上全面地落实资源的保护性开发进程。准确掌握革命文物的数量性和特征性，以及当前的保存现状。现阶段，需要展开全国性质的革命文物普查工作，了解相关情况并记录在档。在评估过程中，首先要评估资源的文化价值，其次评估资源合理开发的进程和可能取得的效果，以及最终所产生的长远影响。以此为背景逐步加深红色资源的社会影响力和品牌号召力。提高红色资源的自身价值，实现多重效益的优化组合，以实现红色旅游的可持续化发展目标。

第二，完善红色文化资源的整理和推广工作。充分结合革命时期所记录的“红色档案”和后期整理而成的“红色档案”，发挥这些文字材料、历史实物的最大化价值。在可持续开发利用过程中，把这些文字档案看作是一种信息资源，从而实现社会效益和经济效益的双重价值。旅游开发要趋于高层次、多向度，深入挖掘红色旅游资源的革命内涵，提炼红色革命精神。除了保护并深入挖掘有形的革命文化遗产外，还要对文化观念进行探索整合。随着时代的进步，精神层次的消费规模逐渐扩大，人们对文化的需求越来越高。红色文化能够以多样化的载体进行传播，包括文字期刊、影视作品、话剧广播等形式，市场潜力巨大，从而也形成了一种新型的文化产业经济，打破了政治教育的局限性，逐渐转向为市场经营。促进红色文化资源产品的快速发展，扩大发展规模，提高经济效益，采取多元化的宣传方式和资源媒介，实现红色文化资源价值的最大化。

第三，推动红色文化资源区域整合。随着经济社会的发展，红色文化旅游资源的区域整合已经逐渐成为拥有红色文化旅游资源的创新之举，具有划时代意义。完全依赖于政府这一单一主体进行区域性开发，无论是其能够实现的效益还是效果都受到严重制约，若能够对区域红色旅游资源进行整体上的有效整合，逐步探索实行全员一体开发的模式，不仅能够有效降低开发成本，而且能够实现更大的效应。

第四，促进红色文化资源与地方特色人文环境要素融合。在激烈竞争中，特色是决定旅游业发展的条件之一。各地红色旅游都是以革命历史、伟人足迹、光荣传统、革命精神为资源背景发展起来的，在打造红色资源特色上，或以物为标志，或以人为代表，都不同程度地进行了人文环境要素的融合，融人文自然景观、红色旅游景点、革命精神教育于一体，使红色旅游的发展更加具有生命力。人文环境要素的融合就是利用地域相邻、人缘相亲、文化相通、交往历史悠久、联系源远流长等因素，来推进区域红色旅游合作的发展，具有潜移默化却不可忽视的影响。不仅能产生新的人文精神，同时也能创造新的经济价值。因此，要深度挖掘、研究红色区域的历史渊源，找到共同的历史文化基因，以更好地促进区域红色旅游合作。

第五，健全红色文化资源保护性开发的法律体系。作为人文旅游资源的重要组成部分，红色文化资源的保护工作主要是对革命文物、革命遗址进行保护。为了进一步加强对红色旅游资源保护和开发的指导，我国出台了《2004—2010 年全国红色旅游发展规划纲要》，也将保护红色革命文物作为红色旅游发展的核心和重点。现阶段，由于保护意识还不够强，政策倾斜的力度有限，管理体制不健全，同时受到资金有限等因素的影响，我国红色文化资源的保护工作在一定程度上受到制约。部分革命纪念地地处旧城改造规划区内，在拆迁过程中部分文物遗失或者被破坏，甚至部分遗址遭受不可恢复性破坏。发展旅游的前提是保护文物，而保护文物则需要更多的途径予以支撑和保障，其中，发展旅游就是重要的途径和方式之一，二者是相辅相成的关系。受到市场经济和多元价值观的冲击，再加上保护方式落后，结果陷入“先破坏、后治理”的误区，对红色文化资源的保护工作一定要吸取早期的经验教训，做到有法可依，有法必依、避免陷入上述误区，切实落实好各项保护措施。[①]

① 徐明忠 . 西部老区红色文化资源的保护性开发［J］. 中共铜仁地委党校学报，2010(3).

5.3 典型案例分析

5.3.1 川东北地区红色文化资源的保护与开发

南充市作为中华人民共和国成立初期的川北行署政府驻地，具有丰富的革命历史和文化积淀，是川东北地区红色文化资源的主要集中区域和典型代表区域。历经了长期的革命斗争，见证了我国的历史发展进程，其红色文化底蕴十分丰厚，是我国重要的红色文化集散地。然而，南充在红色文化资源保护和开发过程中有的方面还需要进一步改进和完善，积极制定与其红色文化资源禀赋相适应的规划方案，提高地区红色文化资源保护、传承和发展的实效。

5.3.1.1 南充市红色文化资源简介

南充位于四川省东北部，是川陕革命老区的核心组成部分，徐向前曾率领的红四方面军在此地转战南北，50000余名南充儿女参加红军，喋血战场，为中国革命的胜利献出了宝贵的生命。据不完全统计，南充苏区面积达8840平方千米，人口约200万，成为川陕苏区的重要组成部分。其丰富的革命史迹孕育和沉淀了厚重的红色文化，凸显出伟人文化、遗迹文化和媒介文化等几大典型特色。[①]

第一，革命领袖文化丰富。南充是川陕革命老区的重要组成部分，革命战争年代更是人才辈出，为中国红色革命道路的开辟和中华人民共和国成立贡献了不容忽视的力量。中华人民共和国成立后，许多南充籍革命人士还担任党和国家的重要职务，经过长期的历史积淀，南充红色文化资源逐渐形成特殊性的“伟人文化”，这是其红色文化资源的一大亮点。邓小平不仅是革命工作的中坚力量，更是为我国改革开放做出了突出贡献，他的故居自然就

① 中共南充市委党史研究室．南充苏区［M］．成都：四川人民出版社，2012.

成为著名的红色文化旅游资源，相继建成了陈列馆、铜像和纪念馆等，用有形的方式向人们展示邓小平的一生，多年来游客数量不断增长，成为当地旅游行业的一大亮点。

十大元帅之首的朱德，不仅是我国著名的无产阶级革命家，同时，也是中共中央重要领导人，为中华人民共和国的成立做出巨大贡献。朱德出生于琳琅山——目前也是著名的红色文化旅游4A级景区。1996年，在国家六部委的批准下该景区正式成为“全国中小学爱国主义教育基地”。朱德一生戎马经历尽在此地一一展现在人们眼前，给后人带来深刻的影响和巨大的震撼。张澜是我国著名的人民教育家，也是南充新式中学的创办人，在办学期间，他首次提出增设职业班和建立学生实习基地的理念，为四川教育改革奠定了坚实基础，同时，也为朱德、罗瑞卿等进步青年提供了很好的学习机会。张澜刚正不阿的作风也让其在民盟中央主席的岗位上为民奋斗，因此，张澜故居成为了解我国教育改革进程的重要标志。

第二，红色遗址文化丰富。南充具有深厚的红色文化底蕴，当地进步青年具有极强的爱国情怀和抗争精神，在抗日战争和解放战争时期做出了突出贡献，为后人留下了大量革命遗产。第一次世界大战期间，欧洲不断涌现革命思潮，此时南充的知识分子“以天下为己任”，迎难而上，跨入“科学救国”的洪流当中，寻找救国图强的有效方法。1919年3月，以王良翰、杨伯恺为代表的首批青年学生开启了赴法勤工俭学的生活，而到了1920年，仅南充青年学子在法国勤工俭学的学生人数就超过40人，占四川省出国学生总人数的10%。南充人民不断奋进，在国难面前义无反顾、勇往直前，“八百壮士”奔赴抗日前线的事迹至今感人肺腑。1926年，以朱德、吴玉章、刘伯承等人为代表的革命青年在南充发起顺泸起义。1926年3月，南充县城水府寺建立了第一个国民党左派南充党部，成为连接共产党人和外界进步人士的重要桥梁，第一个中共川北支部紧随其后也正式拉开序幕，推动南充工人阶级加入革命工作的进程。同年，在刘伯承的主持下再次爆发了顺庆起义，并在果山公园举行了万人誓师大会。[①] 红四方面军在四川各地征战数年，留下了很多宝贵的红色遗址。南充人民在解放战争当中也积极配合中国共产党，迅速完成对南充的解放工作。

南充在中华人民共和国成立后建立了四川省第一个省级行政机构，胡耀邦是第一任川北行政公署的主任。南充人民在革命战争年代表现出了坚强不屈的革命斗志，也见证了中华人民共和国成立的整个历史进程，因此，其红色文化资源异常丰富。对于南充城市文化来说，红色文化已经成为其不可分割的重要组成部分。

第三，红色媒介文化多姿多彩。在革命时期，人们所开展的一切宣传工作都是通过一些革命宣传载体实现的，这些载体就被称之为媒介文化。在五四运动的影响下，1920 年，张澜正式创办《民治日报》，将民主思想宣传到社会的各个角落，鼓励地方自治。南充抗日救亡运动在 1931—1935 年逐渐走向繁盛，当地人民采取多元化的方式积极参与抗日运动。例如，报刊宣传、组织宣传大会、举办演讲活动等，并先后成立“抗日联合会”“南充艺术促进会”“学生宣传队”等不同主体的宣传组织，大家团结奋进坚决抵制“绝对不抵抗政策”。1937 年 5 月，南充邀请《大公报》记者范长江进行以《青年的前途》为主题的演讲，把当时其在延安的所见所闻、中国共产党积极抗日的行为、全国时局全都详细地讲述出来，给学生以极大鼓舞。随后，学生们更加积极地参加到抗日救亡运动中，自发地走出校门，群众集会此消彼长，并迅速成立了多个救亡组织和多家进步报刊、进步书店。[②] 可以说，革命事业的迅速发展，离不开媒介宣传的大力支持，在媒介宣传的帮助下唤醒了一批又一批“沉睡”的中国劳动人民。大家共同努力、奋起反击，在磨难中不断抗争，实现救亡图存的最终目标。这些口号、标语和稿件都成为历史的见证，也是我们了解史实、保护史实不可或缺的重要依据。

---

① 四川省南充市志编纂委员会 . 南充市场［M］. 成都：四川科技出版社，1994.

② 四川省南充市志编纂委员会 . 南充市场［M］. 成都：四川科技出版社，1994.

5.3.1.2 南充市红色文化资源开发中存在的问题

第一，地域分散，整合不够。南充建立了多个革命遗址和纪念馆，将其深厚的红色文化展现在人们面前，例如，朱德故里纪念馆、张思德旧居、解放纪念碑等，但是这还远远不够。实际上，南充红色遗址集中性较差，且多分布在偏僻的位置或郊区，游客在旅游过程中只能分散地单个参观，当地旅游规划部门并未将其红色遗址构成一个能够有机衔接的整体。哪怕是距离非常近的两个红色革命遗址，也没能够联系在一起，再加上当地交通情况并不完善，游客花费在路上的时间就占一大半，这就会给游客留下较差的游览体验，对南充当地的旅游发展造成一定的不良影响。以此为背景，要找到提高南充红色景点协调性的有效方法，对当地资源和信息进行整合共享，实现信息的及时化、共享化趋势，为游客提供良好的参观体验，吸引更多的外来游客，提高当地红色旅游文化的经营效益。

第二，资料不全，实物欠缺。虽然南充具有非常厚重的红色文化底蕴，但由于战争和“文革”带来的冲击，给很多资料、稿件、遗址等造成了毁灭性地打击，这对南充红色文化来说是不可逆转的巨大灾难。再加上中央政府需要建立统一的革命纪念馆、博物馆等，南充当地的很多革命历史实物都被收集起来进行统一管理。因此，南充地区红色遗址当中的实物依据并不充分，多以图片、文字等内容展现为主，参观者很难从这些碎片化的资料当中了解当时的生活，对游客来说会缺乏一定的参观体验，无法感同身受，震撼程度也大大减小，从中得到的感悟和启迪自然也大打折扣。

第三，宣传力度不够，知名度不高。当人们提到朱德、张澜、张思德、罗瑞卿、川陕革命根据地等红色文化关键词，包括出生于南充地区的邓小平（现属于广安市），很多人只能谈起一二。如果说起南充市，除了四川省以外的人们好像知晓不多，更别说将南充市将红色文化联系到一起了。南充市是中国著名的红色旅游基地，红色旅游资源有着天然优势，但是，由于地方经济不发达，政府财政短缺，宣传力度较小，导致知名度较低。此外，南充市红色文化宣传缺乏整体性，随意性和阵发性较大，各地纪念馆和故居没有统一的宣传策略，且在宣传策略方面缺乏系统性、持续性，往往都是采取红色知识竞赛、红色知识讲坛等活动来提升社会熟悉度，缺少更深层次的纵向拓展。此外，宣传手段单一，很多人对革命伟人的印象还停留在当年上学阶段的书本上，缺少现代化数字媒体技术进行全面宣传，无法营造出延安、韶山那样浓郁的红色文化氛围。

第四，管理规范待提高，保护力度需加强。在红色文化传承过程中，缺少科学规划和规范管理。例如，在朱德故居门口，各种餐饮、小吃、交通混乱，与安静肃穆的琳琅山形成较大的反差。甚至少数红色景区门口还有低俗、收费的表演节目，例如，抢亲、索要红包等。红色景区导游讲解过于公式化和程序化，没有体现出红色景区应有的革命热情。此外，在红色文物保护方面也存在诸多问题，例如，朱德故居当中的坦克、枪炮由于长时间的风吹日晒已经严重生锈；张澜、罗瑞卿故居当中的雕像也或多或少有所损坏。

5.3.1.3 南充市红色文化资源保护性开发对策建议

第一，加强基础设施建设，提高资源整合度。一方面，要不断加强交通基础设施建设，实现区域整合，当前已经建设完成的南广高速可以实现阆中和广元一带的连接，南渝高速可以直通邓小平故居，同时，推动南充到仪陇马鞍朱德故居的高速路实现景点与景点之间的快速连接。而且，南充市还需要进一步加强与巴中、达州等红色旅游区域的合作，实现“资源共享、游客互送、优势互补”。另一方面，除红色文化外，南充还是重要的三国文化基地、丝绸文化基地，此外，阆中的风水文化、凌云山4A风景区、升钟水库、金城山等都是重要的旅游景点，应该立足于南充特色，以红色文化为基点，实现旅游文化资源的全面整合。

第二，借助多种方式，完善红色文化资料。一方面，要遵循历史痕迹，拓展图文资料。例如，1931年九一八事变之后，南充市成立了“学生宣传队”“南充艺术促进会”“抗日联合会”等团体，以及《南充民众日报》《新南充报》等报纸的图文记载，力图恢复历史面貌。另一方面，可以借鉴历史文化名人活动，征集海内外民间组织、个人所收藏的生活原物。对于其他博物馆保留的伟人物件可以通过借用或复制的方法，以提高游客身临其境的真实感觉。

第三，拓展传播渠道，提高红色文化影响力。首先，通过网络、电视、图文、画册等新老媒体渠道加强宣传，在互联网平台上进行新媒体宣传策划。其次，可以在特殊日子开展全面参与的活动，例如，起义纪念日、烈士纪念日、伟人诞辰等特殊的日子里举办知识竞赛、征文比赛、演讲、电影循环播放等，让群众了解南充先烈的精神和文化。此外，在校学生也是宣传红色文化的重要力量，可以联合企业和学校建设校内红色文化爱国教育基地，通过教育来提高南充红色文化的知名度和影响力。

第四，健全制度，完善体制，增强保护性开发。如何弘扬革命精神应该从长期传承红色文化开始，而革命任务、烈士事迹则是红色文化的重要依托。首先，红色纪念馆、博物馆、周边景区应该进行统一建设和保护，确保整体环境的一致性。对景区周围的住宿、餐饮、零售、交通进行协调管理，并定期进行监督和整改，避免恶意宰客、低俗表演、拉客等现象。其次，对博物馆、纪念馆中的破损文物进行修复，加强保护和养护，避免二次破坏。此外，对纪念馆、纪念园区内导游加强职业教育，提高其讲解的热情，推动工作人员职业精神发展，提高服务质量。①

5.3.2 黔北红色文化资源的保护性开发

红色文化资源是中国共产党革命奋斗时期、战争年代，以及社会主义现代化建设时期所形成的具有对现代人教育意义的历史遗存，是一种物质形态、信息和精神共有的资源。遵义是贵州北部具有典型代表意义的重要城市，也是中国革命重要的转折地。其旅游开发、充分考虑当地特色，既促进当地经济的快速发展，同时，也让很多人了解到遵义独特的红色文化，培养了一代又一代热血爱国青年，推动遵义市社会主义现代化建设。

① 张鹏程．南充地区红色文化资源保护性开发探索［J］．边疆经济与文化，2013（6）．

5.3.2.1 黔北红色文化资源概况

黔北位于云贵高原东北部地区，1949年黔北各县解放并设置遵义专区，所以遵义也就成为黔北的代名词。遵义是一座历史文化厚重的城市，1935年1月，红军长征到达遵义，在这里召开了我党历史上具有转折点的遵义会议，遵义会议实际上确定了毛泽东为代表的新的中央领导集体，在生死攸关之际挽救了党、挽救了红军、挽救了中国革命。因此，遵义又被称为“会议之都”“转折之都”，具有丰富、高质量的红色文化资源，以遵义会议会址为中心，在赤水、湄潭、习水、仁怀等地都有大量的革命文物和遗址。形成了点线结合的红军长征遗址群。在此，既有重大历史事件的遗址，包括遵义会议会址、苟坝会议会址、娄山关战斗遗址、红军四渡赤水等；同时，也有著名人物的故居，包括毛泽东故居、王稼祥故居、博古故居等，同时，也有以历史事件命名的纪念馆，包括赤水丙安红一军团纪念馆、四渡赤水纪念馆等；还有红军长征过程中留下的大量布告、宣传单等，此外，还有歌颂红军战士英勇战斗、军民鱼水情等大量的红色民谣。“千重山、万重山，红军冲过娄山关，吓得白军丧了胆，扔落两支枪。”以上宣传标语都具有明显的革命特色，所以，“遵义会议”“长征文化”是遵义红色旅游资源的鲜明旗帜，形成了实事求是，独立自主，坚定信念，民主团结，务求必胜的会议精神以及实事求是，敢于创新，坚定信念，不怕困难的红军精神。以上都是培养社会主义核心价值观的优秀资源，是促进遵义市旅游必不可少的宝贵精神财富。

5.3.2.2 遵义红色文化资源保护性开发面临的问题

近年来，遵义市政府依托遵义会议为中心，重点挖掘遵义市红色旅游资源，进行、整理和重塑，颁布了一系列政策和条例来加强红色旅游资源的保护，重点发展红色旅游，建立一系列爱国教育基地，但是，在开发过程中也存在诸多问题。

第一，红色文化资源保护与管理工作有待完善。遵义是一座拥有悠久历史的文化名城，有诸多历史遗迹和革命遗迹。然而，在城市快速发展过程中，有的人更多关注经济增长，忽略了对历史文物和遗迹的保护，导致一些遗迹损毁严重，甚至一些已经面目全非。例如，1998 年为了修建遵义市第十一中学理化楼就拆除了红军干部休养所。一些革命历史遗迹虽然存在，但是，由于长时间缺乏保护，经过风吹日晒早已面目全非，杂草丛生，甚至一些碑文上面的字迹已经无法辨认。当然，在近几年的纪念馆和遗迹修复过程中一些已经得到复原，但在修复中融入太多现代化因素。例如，赤水复兴区古街的修复，水泥路代替了原来的石板路，历史特色小街，街旁的商铺也都是现代工艺品，失去原来特色，缺乏历史沧桑感，人们无法深入体会厚重的红色文化。

第二，价值开发程度不高，形式过于简单。遵义会议红色旅游资源丰富，形式多样，且具有更大的挖掘潜力。随着红色旅游的兴起，遵义市依托“遵义会议”“长征文化”两个主线，大力发展红色旅游，提高宣传力度，投入大量资金和人力、物力用于红色文化开发。但是，红色资源大多源于战争年代，很多散落在民间的红色印记在历史的淹没下已经荡然无存。此外，现存红色资料中多以图片、文物、雕塑、陈列室、纪念馆为主，讲解员通过语言叙述的方式将历史事件告知给人们，缺乏让观众直接感受的互动类节目，导致人们难以直接领悟红色精神，接受红色教育。

第三，品牌价值和影响力有待强化。遵义地处云贵高原向四川盆地和湖南丘陵的斜坡上，南面与省会贵阳紧密相邻，北临重庆，与四川省的距离适中。市区及周边区域遍布红色旅游资源，同时，还有大量的自然风景资源。但是由于缺乏长期统一规划，遵义市与周边省市各景点之间的红色资源开发大多还处于相对独立状态，没有实现资源共享，优势互补。此外，遵义红色文化本身品牌效应也不够明显，导致红色旅游文化资源的附加值不高，在保护与发展上实现平衡难度较大。

5.3.2.3 遵义红色文化资源保护和开发的路径选择

以“遵义会议”精神与“长征文化”作为发展的着眼点，他们在中国革命史上占有重要位置，培养人们社会主义核心价值观离不开对红色基因的传承。

第一，完善红色文化资源的收集和整理。由于时间、地理环境、人文等相关因素的影响，红色文化印记正在逐渐减弱，很多已经散落在乡野村间，资料也日渐减少。政府应该通过政策倾斜，不断追加投资，支持学者、部门走访当地群众、红军后代，收集相关资料、文献、文物，加大对红色历史文化资源的考察力度，整理回忆录等。例如，遵义师范学院红色文化研究中心对红军在遵义召开的会议、历史事件、人物活动，以及红军所到之处留下的印记进行了整理，从而确保遵义红色文化的保护。

第二，发掘红色文化价值，拓展保护性开发渠道。遵义会议在我国红色历史文化的长河中扮演着重要的角色，可谓为中国革命的胜利吹响了号角。遵义作为红色旅游城市，其丰富的红色文化旅游资源具有垄断性、独特性等特点。在对遵义红色旅游资源的开发和利用上，充分尊重市场需求，及时根据市场需求的变化制定规划，突出红色旅游主题，不断创新旅游资源开发的形式和方式。如可以充分结合现代科技手段，将光、电等极具现代特色的元素融入且运用于纪念馆、图片展示等静态形式中，以不断提升史实资料的现代感和生动性，为人们更好地领悟革命精神，陶冶情操提供便利；此外，还可以及时地了解参观者的需求，并相应地设置一些参与式、体验式的项目，让参观者在参与上述项目活动当中接受红色文化的熏陶和教育。如对于青少年而言，可以鼓励他们重走长征路，让他们感受到当年红军两万五千里的艰辛和坚强的意志，从而培养他们对革命前辈的崇高敬意和民族自豪感，在这一过程中不断磨炼，培养自身坚韧不拔的性格。此外，还可以开展诸如游戏抽奖、知识竞答等活动，帮助游客以轻松愉快的方式学习和了解历史，接受教育和熏陶。

第三，加强区域合作，提高资源配置效率。遵义不仅拥有丰富的红色旅游资源，而且地处我国贵州省，拥有非常淳朴的乡村文化和良好的生态环境，其原生态文化颇具神秘色彩，悠久的酒文化也享誉全球。为了更好发挥红色旅游资源在促进当地经济发展的重要作用，传承红色文化，可以将自然景观、酒文化、乡村文化在红色文化当中加以整合，实现“以红带绿”“以红带酒”“以红带史”“以红带茶”的发展理念，以遵义为中心，向娄山关、仁怀、赤水、遵义县等红色文化地辐射发展，参观者从遵义出发，溯赤水河而上，既可以到茅台镇去感受国酒文化，又能在赤水河畔体会当年红军风采，实现红色旅游和美酒享受相结合，吸引更多游客来遵义游览。此外，遵义北临重庆，南接贵阳，与四川、湖南的距离也很近，有大量客源，随着遵义机场的通航，诸多高速建设通车，使得遵义交通便利程度大大提高。以遵义为中心，加强与周围红色旅游城市和景点的交流，实现资源共享，市场互动，客源互送，效益双赢。

第四，加大人才队伍建设力度，提高保护性开发水平。首先，在政策上给予优秀人才资源以优惠，吸引优秀人才到遵义发展，为遵义红色旅游资源的保护和开发贡献力量。其次，加强和高校的对接工作，特别是当地的专业性院校，在资金或者政策上鼓励专业院校设置对中国共产党革命精神和文化资源的研究机构，不断拓宽从业人员的知识面，丰富其文化知识，提升其服务质量。最后，应当充分尊重和发挥高校专家学者的智谋，邀请专家学者为相关红色景点的保护和开发等提供计谋和规划。积极与高校之间进行交流和沟通，加强合作。包括可以在遵义职业技术学校、遵义师范学院等开设旅游管理专业，为学生提供到红色旅游景点实践的机会，增长其见识和经验，为其今后踏上社会从事相关工作夯实根基。①

① 张兵，袁霞．论黔北红色文化资源的开发与利用［J］．法制与社会，2016（4）．

第6章 西部地区特色文化资源的产权界定与保护性开发

党的十九大将“社会主义文化强国建设”作为新时代的重大战略目标，十九大报告明确提出要将完善文化经济政策、培育新型文化业态、增强全民族文化创造活力作为建设社会主义文化强国的重要途径和实现基础，因此，我国西部地区文化繁荣发展面临着前所未有的重大战略机遇，必将迎来新的辉煌。我国55个少数民族共有1.138亿人口，占全国人口的8.49%，绝大部分分布在占国土面积2/3以上的中西部地区。我国陆地边境线与14个国家接壤，长达2.28万千米。沿陆地边境分布着9个省、自治区的136个边境县（旗、市、市辖区）及新疆生产建设兵团的58个边境团场，生活着30多个跨境民族。[①] 在独特的地理位置、气候条件、资源环境和宗教习裕的约束下，广大西部地区经济相对落后，但拥有丰富的自然资源和灿烂的文化资源。尤其是独特的行为文化、宗教文化和艺术文化逐渐成为西部地区经济社会快速发展的持续竞争优势。进入21世纪，广大西部地区依托独特的民族文化资源，重点发展以旅游文化产业和民族地域特色艺术与工艺品为支撑的文化产业，取得了可喜的成就。我国先后打造了6个批次共344家“国家文化产业示范基地”，各民族省区也形成一大批省级文化产业基地和重点园区。各文化产业园区先后推出了展示本民族特色和地域风情的精品剧目，例如，

① 国家民族事务委员会文化宣传司，中国社会科学院文化研究中心．中国少数民族文化发展报告（2012）．北京：社会科学文献出版社，2013：21.

《云南映象》《印象·丽江》《多彩贵州风》《印象·刘三姐》《梦幻漓江》《鄂尔多斯婚礼》《浪漫天涯》等经典演出，不仅成为西部地区人文风情发展的经典缩影，而且带来了可观的经济效益和产业效益，各西部省区文化产业增加值占当地 GDP 的比重逐年攀升。

优秀的传统特色文化资源是发展和繁荣社会主义文化事业和文化产业的根基，西部地区和边境地区的文化建设，在很大程度上影响着我国民族团结和边境稳定的大局。在西部地区进行文化资源开发和文化产业发展的过程中，由于缺乏科学的开发模式，片面强调经济利益或短期效益，导致对传统特色文化资源的破坏，甚至使一些民族的传统文化日渐消亡，严重影响了传统特色文化产业长期的可持续发展。在社会主义市场经济深入发展的当今，个人经济权利的边界日益清晰化，少数民族群众并于自身的文化权利意识也开始从自发转变为自觉，如何在全面开发和深度打造特色支柱产业的进程中更好地保障少数民族群众的基本文化权益、持续提升社会主义文化的整体实力和竞争力、不断增强中华文化的国际影响力都面临着新的挑战，必须立足于传统特色文化资源特殊的产权属性，规范利益博弈强势方的开发行为，探索特色文化产业发展的内在规律，运用科学的方法对西部少数民族文化资源的保护性开发策略进行全面分析。

6.1　西部地区特色文化资源开发的现状及成就

6.1.1　特色文化资源的主要开发种类

由于突出的地方特色、民族风格和明显的历史性、地域性特点，我国西部地区的民族文化资源种类丰富、形式多样，在产业化发展方面具有无可比拟的优势，主要体现在以下 3 个方面：

第一，古迹建筑遗址文化。由于不同民族之间的历史文化存在很大差异，因而，各民族的建筑也各有千秋，带有鲜明的民族特色，这是丰富的民族文化资源，亭台、楼阁、寺庙、宫殿等建筑及古代文化遗址都包含在文化资源的行列。例如，西藏的古建筑遗址一般为宗教文化资源，藏语中的“颇章”指的就是宫殿，它与古代封建君主居住的宫殿不同，西藏的宫殿是宗教领袖、法王居住的场所。西藏除了有众所周知的布达拉宫、雍布拉康宫，还包括青瓦达孜宫，以及萨迦寺的卓玛颇章，除此之外，哲蚌寺的噶丹颇章及平措颇章等宫殿也为人们所熟知。西藏的古建筑主要表现为寺庙，据调查显示，西藏地区约有2700座寺庙。由于西藏在历史上实行政教合一制度，因而凡是较大规模的寺庙都具有多种功能，它们不但是举行各种宗教活动的场所，同时，也是当地的经济、政治、文化的中心。为人们所熟知的古格王朝遗址，人文价值非常高。再比如，云南省分布着众多少数民族，每一个民族都有丰富的民族文化，这些民族文化通过独具特色的建筑物体现出来。云南省民族文化古迹很多，仅国家级的就有40多处，如崇圣寺三塔、元谋猿人遗址、喜洲白族古建筑群、佛图寺塔、太和城遗址。再如沙溪兴教寺、石钟山石窟、中心镇公堂、筇竹寺、双龙桥，此外，还有建水文庙、茨中教堂、太和宫金殿、妙湛寺金刚塔以及朝阳楼等，这些文物古迹鲜明地反映出民族文化的丰富，是民族文化的瑰宝。由于云南省不同民族都有各自独特的建筑艺术，这也为当地开发旅游产业提供了丰富的文化资源，如西双版纳有独特的傣家竹楼，带有鲜明的亚热带特色，它的风格及别具一格的样式深深打动了每一位来到这里的游客。云南南部是彝族分布的主要地区，这里的居民居住在一种叫做“土掌房”的平顶屋内，这种屋子主要建在斜坡之上。如果寨子分布相对集中，人们从远处望去，就会看到一座座平顶房子犹如一级级阶梯，端庄而有序，充分体现了彝族人民建筑艺术特色。傈僳族主要居住在木愣房和竹篾房中，这种房子的特点是在房子四周及中间位置插有许多竹木桩，因此当地人民将其比喻为千脚落地。纳西族居住在云南西北高原地区，他们的房屋特点体现为三房一照壁，这种独特的格局赢得外界的一致赞美。

第二，特色风情文化。民族风情文化的内容也非常丰富，其中的民族民间文学艺术，包括在民族民间流传的诗歌、音乐、歌舞、戏曲、曲艺、谣谚等诸多内容；民族习俗与活动，包括反映某个民族或区域习惯风俗的礼仪、节日和庆典活动、游艺活动、民族体育活动、饮食的内容与程式。例如，西藏各民族独特的风土人情、节日庆典、服饰装饰等具有浓郁的民族特色，这种特色鲜明的人文旅游资源为西藏旅游业的发展创造了不可替代的优势。藏族、门巴族、珞巴族和僜人的服饰各具特色，成为当地民族风情的重要元素。藏族的饮食文化、村寨文化、节日庆典和宗教仪式等为长期在都市生活中的现代游客提供了别致的休闲旅游体验。又如，贵州省黔东南苗族侗族自治州的小黄侗族大歌神秘而又久远，最早可以追溯到东周时期，具有2500多年历史。2009年，正式入选联合国《人类非物质文化遗产代表作名录》，在国际国内引发广泛关注。粗犷奔放反排木鼓舞、行云流水般的苗族飞歌、芦笙踩堂舞、岜沙斗牛舞、镰刀剃头、瑶族药浴文化、原汁原味的姊妹节、记载镌刻历史的精美而斑斓的侗族、苗族服饰、独特的苗族银饰、民族器乐的美妙旋律等原生态的民族风情文化，吸引了四方宾客络绎观摩。

第三，特色工艺文化。少数民族的民间艺术和工艺产品种类繁多，具有深厚民族文化内涵和浓郁的地方特色，集使用价值和观赏价值于一体，包括民族服饰、工艺品外观图案、传统手工工艺及医药知识等内容。例如，藏族工艺特产主要有地毯、服装、首饰、玉器、藏刀、藏香、木碗、工艺唐卡等许多种类，做工独特，工艺精湛，令人爱不释手；蒙古族的金银器皿、石雕、木雕、骨雕等雕刻艺术，以及刺绣工艺作品生动、质朴，有很高的艺术价值；苗族的蜡染、刺绣、银饰工艺流程复杂，含蓄内敛不张扬，能够满足人们在文化上追求多样性与变异性的消费心理需求，以精美的制作征服着越来越多的人；彝族漆器文化艺术是我国民族文化中的一颗明珠，从原材料的选取，到制作工艺的考究，再到色彩的配搭都有严格的规范，凝聚着该民族1600多年的历史文化积淀。又如，我国的藏药、蒙药、苗药、侗药、布依族药、仡佬药等民族传统医药工艺和产品已经成为我国医药行业中的重要组成部分，生产了一批立足各地区特色资源、疗效确切、功能独特、市场前景广阔的拳头产品，取得了可喜的经济效益、社会效益和文化效益。

6.1.2 特色文化资源产业化发展现状分析

随着市场经济、传播技术和全球化的全面推进，文化产业正以强劲的态势成为经济发展新的增长点，我国西部地区的文化产业成经济发展新的支撑点和切入点，文化产业发展水平体现了地区的综合竞争实力，在推动结构调整、经济发展和精神文明建设等方面发挥着重要作用。大力开发并利用各地丰富的民族文化资源，不断推动地域民族文化资源的产业化，既是少数民族特色文化产业发展的必然要求，也是提升我国西部地区文化软实力的重要途径，各西部地区正在积极探索和构建适合自身特色的文化产业发展模式，并且取得了可喜的成就。

6.1.2.1 民族文化产品进出口贸易快速发展

根据中国海关总署的统计数据，2014—2019年，我国文化产品进出口总体呈上升趋势。其中，2015年，经历了一次小的贸易总额的下滑，之后继续增长，并在2019年实现了19.4%的增幅。核心层文化产品进出口由2014年的103.2亿美元增加到2019年的198.9亿美元，总额增加了约93%。2019年，我国全年出口文化产品为1114.5亿美元，比上年增长8.9%，整体文化产品贸易呈现出了883.2亿美元的巨大顺差。①

第一，西部地区文化产品进出口贸易概况。西部地区各省、区、市的文化产品贸易情况差异性较大，内部差距较为悬殊，从出口的情况来看，新疆以99233.6万美元的进出口总额拔得头筹，超出最后一位甘肃省99129.7万美元；宁夏、重庆和四川的文化产品进出口总额的规模也比较大，宁夏2019年文化产品进出口额为50327.9万美元，在西部省区中仅次于新疆，展示了文化产业的发展潜力。云南省的文化产品进出口总额虽然在全国乃至西部的位次都比较一般，但发展的速度却是最快的，同比增长了224.3%，其中，出口额增长359.3%，这与该省注重文化产业发展，将文化产业逐步培

① 中国文化产品进出口 .http://www.cinic.org.cn/xw/tjsj/764786.html.

育为特色支柱产业的发展战略有很大关系。在西部诸省市中，贵州省的文化产品进出口贸易额较少。虽然，该省少数民族比重很大，有17个少数民族世居，占了全省总人数的37.6%，拥有数家国家级和省级文化产业示范基地，民族文化旅游资源丰富，同时，非物质文化遗产种类也很丰富，但主要是以开拓国内市场、打造区域品牌为目标。因此，贵州省的核心文化产品进出口贸易并不发达，这也说明贵州省民族文化产业具备较大的发展空间。①

通过分析文化产品的进口情况，可以看出，在文化产品贸易总额中，西部地区的进口额所占比重极低，只有1.59个百分点。这种情况并不意味着西部地区文化产品贸易处于顺差的状态，而是我国主要以版权的形式来购买文化产品，因此，西部地区对于版权交易的重视程度还需要进一步加强。版权贸易规模很小，版权贸易也处于相对落后状态，而且不同省市的宏观政策不同，文化产品进口贸易发展在各省市表现得并不平衡。对西部地区来说，重庆、四川和陕西分别以7994.6万美元、5489.1万美元、2286.4万美元排在文化产品进口额中位居前三位。可是以排在后三位的新疆、青海和甘肃为例，这三地的文化产品进口额只有431.5万美元、59.5万美元和20.0万美元。从整体来看，与东部沿海较为发达的地区相比。西部地区的文化产品进口贸易与东部发达地区还有较大差距。中国西部地区文化产品进出口情况，如表6-1所示。

表6-1　2019年中国西部省市文化产品进出口总额汇总

单位：万美元

省（市）	进出口总额	出口额	进口额
重庆	21799.8	13805.2	7994.6
四川	21724.8	16235.8	5489.1
贵州	3912.2	2901.3	1010.8

① 中国服务贸易指南网.http: //tradeinservices.mofcom.gov.cn/list/lingyu/whmaoyi/1/cateinfo.html

续表

省（市）	进出口总额	出口额	进口额
云南	12485.6	10938.6	1547.1
西藏	1109.7	554.4	555.3
陕西	11436.0	9149.6	2286.4
甘肃	103.9	83.9	20.0
青海	480.6	421.1	59.5
宁夏	50327.9	49778.0	549.9
新疆	99233.6	98802.1	431.5

资料来源：作者根据商务部服务贸易司相关数据整理。

第二，我国文化进出口产品构成。除了广播电影电视专用设备、印刷专用设备等文化专用设备的进出口贸易在 2019 年呈负增长，其余的文化产品进出口额都有不同程度的增长。文具、乐器、玩具、游艺器材及娱乐用品等文化用品的出口在文化产品出口额中占有 52.4% 的比重，工艺美术品及收藏品以平稳的速度实现增长。我国于 2019 年出口的文具、乐器、玩具、游艺器材及娱乐用品等文化用品总额达到了 523 亿元，较上一年增长了 11.7%，牢牢坐稳文化产品出口第一名的位置。图书、报纸、期刊、音像制品及电子出版物等文化出版物出口额为 37.2 亿美元，同比增长 4.8%。[①]

2017 年，四川省对外文化贸易进出口总额已经突破 10 亿美元，达到 10.65 亿美元，同比增长 6.5%，其中核心文化产品进出口总额约 6.65 亿美元，蚕丝及机织物、抽纱刺绣工艺品等特色产品出口 1 亿美元在文化服务上，2017 年，四川省进出口总额约 4.0 亿美元，其中游戏动漫企业实现出口额 1.5 亿美元，占四川省文化服务贸易出口额的 82.4%，展现出四川省以“文化 + 科技”聚焦的文化服务出口特征。2016 年，四川省就围绕“一

① 中国服务贸易指南网 .http: //tradeinservices.mofcom.gov.cn/list/lingyu/whmaoyi/1/cateinfo.html

带一路”战略建设的背景，按照“政府统筹、社会参与、官民并举、市场运作”的文化发展方针，已开展审核审批涉外和涉港澳台文化项目335个，同比增长25.9%，赴境外交流项目64个，演展916场（天）。2017年，四川省继续开展“川灯耀丝路”活动，其彩灯在美国、英国等21个国家的47个城市举办了53场次灯展；同时，域上和美投资的柬埔寨《梦幻吴哥》伦塔爱文化旅游可持续发展项目荣获“国家文化出口重点项目”称号，展示了四川省的文化品牌及实力。2016年，成都市文化产品进出口总额达到5.23亿美元，其中出口额和进口额分别达到2.92亿美元和2.31亿美元，同比分别增长23.5%和下降20.3%；其中，文化产品核心层即出版物的进出口额达1324万美元，同比增长13.2%。

6.1.2.2 民族文化旅游产业迅猛发展

民族文化旅游产业在西部地区发展中优势突出，优先发展旅游产业，是西部地区可持续开发战略中的一大亮点，也是主体功能区建设背景下的战略选择。目前，广大西部地区的旅游业发展取得了很大的成绩，产业规模不断壮大，旅游产业已初具规模，在旅游重点景区，初步形成了住、游、食、行、购、娱于一体的综合产业体系；在特色旅游产品、重点旅游景区和区域旅游热线开发3个层面上都不同程度地得到提升。各地区在依托特色风情文化的基础上，发展比较优势的文化旅游产业，已逐步形成了自己的品牌旅游产品，市场竞争能力明显提高。

尤其是西部大开发以来，广大西部地区的基础设施得到巨大改善，在很大程度上缓解了当地交通落后的局面，也打破了由于交通不便对民族文化旅游资源开发的瓶颈制约，极大地提高了西部地区文化旅游资源的可及性，有力地支持了区域旅游业和经济社会的全面发展。同时，基础设施的完善也大大提升了西部地区的综合接待能力，为民族文化旅游业的大力发展奠定了坚实基础。据2017—2018年的相关资料显示，目前，西部民族省区拥有各种类型的旅游企业达13698家，占全国总量的28%。西部大开发的前十年，西部地区的星级饭店从1663家发展到3885家，旅行社总量从 1833 家增加到 4129 家，其中，大型的国际旅行社从 310 家发展到 492 家。[①] 经过多年的持续建设和发展，西部各省市的旅游接待能力和接待水平均有了长足的进步。2016—2017 年中国西部省市旅游接待人次年均增长率，如表 6–2 所示。

表 6–2　2016~2017 年中国西部省市旅游接待人次年均增长率

省（市）	增长率（%）	省（市）	增长率（%）
重庆	20.3	陕西	16.4
四川	9.9	甘肃	25
云南	17	青海	21.1
贵州	40	宁夏	47.6
西藏	10.6	新疆	32.4

数据来源：中国区域旅游发展年度报告 2017—2018 年 .

广大西部地区的中心城市及一大批历史文化名城，多数本身就是久负盛名的旅游城市，同时，又是与其他旅游景区相连接的重要交通枢纽。这些中心城市在发掘本地特色文化旅游资源的同时，还不断向周边地区辐射，带动相关区域发展，形成了区域性的特色旅游产品供应链和竞争优势明显的经典旅游线路，从而构成了民族文化旅游产业开发和发展的核心增长极。在多年持续开发和建设的推动下，西部地区形成了众多特色明显、优势突出、质量过硬、知名度高的 5A 级和 4A 级景区，吸引了国内外游客的纷纷前往，如表 6–3 所示。

① 中国旅游研究院 . 中国区域旅游发展年度报告 2017~2018［M］. 北京：中国旅游出版社，2018.

表 6-3 2017 年中国西部省市 5A 级和 4A 级景区及其指数汇总

省（市）	5A 级景区（个）	4A 级景区（个）	景区指数
重庆	8	78	0.337
四川	13	271	0.637
贵州	7	113	0.111
云南	8	72	0.437
西藏	4	12	0.017
陕西	12	107	0.403
甘肃	5	75	0.297
青海	3	19	0.124
宁夏	4	17	0.149
新疆	13	72	0.279

资料来源：中国区域旅游发展年度报告 2017~2018。

依托特有的文化资源和地理、自然禀赋，在大规模优秀景区的推动下，西部地区的旅游产业规模不断扩大。根据国家旅游局的统计数据，2014—2018 年，西部地区入境旅游者从 12849.89 万人次增加到 14119.83 万人次，年均增长 2.47%；旅游外汇收入从 569.13 亿美元增加到 1271.03 亿美元，年均增长 30.8%。2010—2018 年，西部地区旅游总收入从 5279 亿元增加到 40184.41 亿元，高于同期西部地区生产总值的增长率，部分省区的旅游总收入占 GDP 的比重超过或接近 10%，民族文化旅游业已成为西部地区经济持续发展的特色支柱产业。[①]2018—2019 年中国西部省市旅游收入年均增长率，如表 6-4 所示。

① 中国旅游研究院 . 中国区域旅游发展年度报告 2017—2018 [M] . 北京：中国旅游出版社 .2019.

表 6-4　2017~2018 年中国西部省市旅游收入年均增长率

省（市）	增长率（%）	省（市）	增长率（%）
重庆	31.32	陕西	25.54
四川	13.3	甘肃	30
云南	30	青海	22.2
贵州	33.1	宁夏	15
西藏	14.1	新疆	41.59.1

资料来源：中国区域旅游发展年度报告 2018~2019

在相关部门的主导和推动下，西部地区的区域旅游合作工作也全面提升。2009 年 3 月，西部 24 个旅游城市签署了意义深远的《中国西部旅游城市合作协议书》，开启了西部旅游合作保障机制。同年 6 月，西部地区 12 个省（区、市）共同签署了《中国西部旅游合作框架协议书》，开展了中国西部旅游的全面合作，建立信息互换机制，打造可共享的旅游招商项目库，不定期召开旅游产业政策、旅游资源及旅游产品开发研讨会，逐步实现民族文化旅游业的规模经济效应。同时，还将建立省际旅游信息系统和信誉披露制度、建立旅游突发事件的应急处理机制等，为构建西部旅游市场一体化、实现西部旅游业的共同发展与繁荣奠定了基础。①

6.1.2.3　特色技艺文化产业持续进步

四川省的国家级的文化产业示范基地共有 12 家，其中 8 家为民营性质；在 27 家省级文化产业示范基地中，有 18 家为民营性质。由于我国在政策上和金融上给予支持，我国出现了一大批文化产业项目，如藏羌文化产业走廊、川北古玩艺术城，以及茂县羌寨绣庄等，它们的出现极大地促进了民族传统技艺的规模化发展，使其更加繁荣。四川省发起了“巴蜀画派”活

① 姚慧琴，徐璋勇 . 中国西部经济发展报告（2017）［M］. 北京：中国人民大学出版社 .2018.

动，2017 年，全省共有 40 个美术馆，藏品数量高达 11444 件，增长幅度为 4.5%；共举办 363 次展览，参观人数高达 346.935 万人；举办的教育活动、各类讲座活动、展览活动次数都有明显上升，尤其是成功举办了文化美术作品展以及张清智以汶川地震为题材的国画展，更是在社会上引起了强烈的轰动。①

云南省重视保护和推广民族民间工艺技术，并在 2012 年成功申请到国家级非物质文化遗产项目及传承人补助费用，以及被列入联合国教科文卫组织非物质文化遗产名录补助费用，两项共计 3521 万元，省级非物质文化遗产项目经费增长了 1 倍，增长到 1000 万元，省级代表性传承人补助经费也提高了 2000 元，目前已经提高到 5000 元。民族工艺品市场中经营艺术品的机构于 2012 年达到 126 家，这些机构的经营方向主要是传统工艺品以及现代艺术品，并于 2012 年创下高达 1177 万元的利润额。②统计数据显示，2017 年末，云南省全省共有非物质文化遗产保护机构 142 个，从业人员 612 人；全年全省非物质文化遗产保护机构共举办展览 654 次，比上年末增加 6 次；接待观众 191.19 万人次，比上年末减少 64.74 万人次；举办演出 1681 场，比上年末增加 590 场，观众 200.96 万人次，比上年末增加 4.4 万人次。

2017 年，贵州省国家级文化产业示范基地共 6 个，其中单体企业 5 个、集聚类 1 个，国家级文化产业示范基地资产总额达到 50 亿元，共创造利润总额 0.7 亿元。苗族服饰、皮纸制作技艺参加了第三届西部非物质文化遗产展演，中国非物质文化遗产保护成果展示活动中有 6 项来自贵州省。其中，包括苗族蜡染、水族马尾绣及苗族的锡绣等；在中国黄山首届非物质文化遗产传统技艺大赛上，与会专家对枫香印染技艺、玉屏箫迪制作工艺给予了高度评价。

2017 年，甘肃省共有 413 家注册登记认证的艺术品经营机构，从业人

① 中华人民共和国文化部 .2017 文化发展统计分析报告［M］. 北京：中国统计出版社 .2018.

② 中华人民共和国文化部 .2017 文化发展统计分析报告［M］. 北京：中国统计出版社 .2018.

员达到了0.13万人，全年营业总收入1.22亿元，营业利润0.37亿元，比上年下降32.28%。其中，最为人们熟知的甘肃纪元文化艺术有限公司、天水汉唐麦积山艺术陶瓷有限公司分别以“莫高印象”“东方微笑”等雕塑艺术品最为著名，销往海内外多个国家和地区，并形成带有浓郁民族特色的文化品牌。一方面，这些民族文化品牌提高了经济效益，拉动了经济增长率；另一方面，扩大了中国在世界地区的影响力。①

6.1.2.4 民族演艺文化产业稳步推进

四川省共有469个艺术表演团体，这些表演团体原创剧目为418个，由于省文化剧团的推动和支持，基层文艺表演团体及民间演出团体逐渐开始重视剧目创作，并出现新的创作高潮。各省市院团加强了国际合作，并将一些优秀剧目推向国外，如《断层线》《绣襦记》《大美四川》等剧目引起了国外一致好评。而凉山歌舞团参加荷兰的“中国国家馆日”演出，以及甘孜州歌舞团在马来西亚的演出，都受到了当地人民的热烈欢迎。2012年，四川省各艺术表演团体共在国内演出6万多场，观赏人数达4000万人，这些演出团体在农村演出3.01万场，农村观赏人数为1606.6万人。省内共有63个事业性表演团体，占表演团体总数量的13.14%，国内演出5500多场，在全省演出比重中占近9%。全省共有407个企业性演出团体，在艺术表演团体中占到86.57%，国内演出将近5.7万场，在省内演出场次中占据91.14%的比重。②2017年末，四川省文化部门艺术表演团体原创首演剧目42个，其中新创重点剧目11台，修改提升剧目9台，川剧《铎声阵阵》、音乐剧《我是川军》、交响乐《红色浪漫》、话剧《茶馆》（川话版）等11台重点滚动剧目完成首演。川剧《目连之母》、舞剧《家》、川话版《茶馆》、歌剧《张思德》、音乐剧《康定情歌》等一批优秀剧（节）目入选国家各种展演活动和

① 中华人民共和国文化部.2013文化发展统计分析报告［M］.北京：中国统计出版社.2013.

② 中华人民共和国文化部.2013文化发展统计分析报告［M］.北京：中国统计出版社.2013.

艺术节，深受观众好评。实施“大美四川”重大主题美术创作工程，完成巴蜀画风巴蜀书画艺术传承及创新性创作研究课题成果。成功举办全省舞蹈新作、曲艺杂技、木偶皮影、戏剧小品（小戏）等系列赛事，开展了纪念“振兴川剧”35周年系列活动、四川省“复兴路上颂党恩”十月演展季系列活动、城市当代艺术演出季、四川省大学生校园戏剧展演季、四川省诗书画院创作成果巡回展等活动。

云南省的艺术表演团体达到220个，共有222个原创剧目，演出场次达到1800场，共有274.3万人观看，政府组织的带有公益性质的演出达到2600场，政府共拨款补贴3573.9万元。云南省2012年演出话剧《搬家》一举摘得“五个一”工程奖的殊荣；原生态民族音乐集《云岭天籁》摘得第四届少数民族文艺会演金奖的桂冠；时任云南画院院长的罗江以《秋歌》和《云之南——盛夏》两幅作品获得尼泊尔文化节文化部长奖。2012年，云南省分别举办了“农民工文化节”“中国乡村文化艺术节”，反响强烈。2017年末，纳入统计范围的云南省各类文化（文物）单位14357个，比上年末增加681个，其中艺术表演团体增加95个。从业人员77536人，比上年末增加3901人。云南省创作演出了一批优秀艺术作品，并成功举办“喜庆十九大·筑梦彩云南”第十四届新剧目展演；非遗保护和展演中心创排的《千里送鹅毛》，花灯小戏《回家》参加全国基层院团戏曲会演；省剧院的《辞官记》，红河州的《回家》，德宏州的《十二马》获得文化部2016年度戏曲剧本孵化计划扶持，有17个项目获得2017年度国家艺术基金资助，资助金额达1338万元。①

贵州省共有137个文化艺术表演团体，43家经纪机构，组织演出14740场，国内观众突破2712.61万人。全省共有9家艺术表演场馆，其中各级文化部门所属艺术表演场馆6个，共组织政府采购公益演出1140场，观众115.26万人次。2017年，贵州省贯彻落实繁荣发展社会主义文艺的要求，

① 中华人民共和国文化部.2017文化发展统计分析报告［M］.北京：中国统计出版社.2018.

联袂浙江省文化厅、浙江省话剧团打造的话剧《此心光明》在贵州成功首演，参加了纪念中国话剧诞辰110周年优秀剧目展演和西南大区优秀原创剧目展演，并荣获贵州省“五个一工程”优秀作品奖；花灯剧《盐道》入选第十五届中国戏剧节参展剧目；数字电影《月照枫林渡》在北京成功首映；民族管弦乐《黔韵华章》在多地奏响，以民乐与现代乐器融合的形式精彩呈现贵州风情。2017年，多彩贵州文化艺术节推出精品力作，来自国内外的30部31场优秀舞台剧目依次在贵阳上演，30余家艺术单位、4000余名艺术家、10万余群众参与。省内14部展演剧目呈现出多彩斑斓的艺术景象；外邀剧目舞剧《沙湾往事》、话剧《麻醉师》等中国文化奖、中宣部“五个一工程”奖获奖作品纷纷上演，德国海德堡爱乐乐团、俄罗斯高加索歌舞团等知名团体在贵阳亮相引起轰动。[①]

重庆市率先对国有文艺院团进行了体制改革，使其在文艺市场上显示出更大的活力。2012年重庆市演出团体创收11592万元，增长速度为21%，并成为文化出口领域的重要项目。歌剧《钓鱼城》自创作完成之后，获得多项殊荣，其中有第四届全国少数民族文化会演剧目金奖，还有“五个一工程奖”；话剧《河街茶馆》和川剧《鸣凤》双双入选2012年全国优秀演出剧目。演出市场逐步规范，发展有序。2017年，重庆市非国有艺术表演团体1261个，比2016年的749个增长68.36%，国内演出14.87万场，国内演出观众人次3154.75万人次，其中农村演出11.65万场，观众2095.05万人次。在很大程度上缓解了国有艺术表演团体因机构少、人手不够而造成的覆盖面不广的影响，有效地满足了广大农民群众看演出的需求。[②]

西藏的文艺事业也表现出了较快的发展速度，不仅在“全区首届电视原创歌曲作品及声乐大赛”中评选出优秀歌手54名，而且评选出原创歌曲10首。在创作活动中，不仅为观众送上一系列小戏小品，还多次组织“送戏下

---

① 中华人民共和国“五个一工程奖”.2017文化发展统计分析报告［M］.北京：中国统计出版社.2018.

② 中华人民共和国“五个一工程奖”.2017文化发展统计分析报告［M］.北京：中国统计出版社.2018.

乡”活动，专业演出队伍在农村演出活动超过800场。在第四届全国少数民族文艺会演中，大型戏剧《金色家园》和歌舞《魅力西藏》摘得金奖的桂冠。此外，还有其他节目以及研制人员分别获得最佳节目奖、最佳演员奖以及最佳编剧奖，西藏代表团还捧走了优秀组织奖的奖杯。由西藏那曲地区班戈县的群众创作完成的《纳木措之舞》，自问世之后便得到了社会各界的高度评价，2013年出现在中央电视台举办的元宵文艺晚会上，并登上第二十二届发光奖颁奖典礼上。在召开的第十六届“群星奖”大赛中，晋级决赛的剧目有西藏自治区的《查琼拉》《扎念琴》《酥油情》《神奇的苯塔》。西藏珠穆朗玛文化传媒有限公司创作了《幸福在路上》这一大型唐卡式歌舞史诗，以载歌载舞的形式向人们展现了西藏自治区的博大精深，而西藏自治区的文化也以深厚的内涵受到众多游客的一致喜爱。西藏自治区的民俗风情歌舞《雅鲁藏布》不仅代表着西藏自治区的山南文化，更借助于市场运作的手段，创下了较高的经济效益。2017年末，西藏自治区全区共有各类文化机构1038个，其中艺术表演业机构85个，从业人员2322人。新建自治区话剧团、改扩建7地（市）民族艺术院团体排练演出场所等项目前期工作基本完成。《喜迎十九大哈达献北京》赴那曲、山南、日喀则、林芝多地开展巡回演出，近200名演职人员，行程3000千米，9场演出，与上万民基层群众，共同感受西藏的发展成果。还推出现实题材话剧《果熟》、现实题材藏戏《藏香精》、爱国主义题材歌舞剧《国旗阿妈》等。①

6.2 特色文化资源产业化开发面临的问题

随着经济体制改革的深入发展和文化强国战略的推进，特色文化旅游资

① 中华人民共和国文化部.2017文化发展统计分析报告［M］.北京：中国统计出版社.2018.

源逐步展示出对广大游客强大的吸引力，而且受到旅游开发商以及各地投资者的广泛关注，我国西部地区立足于凝聚本地特色的传统文化资源，大力打造特色文化旅游项目，建立健全特色文化旅游产业链，并取得了很大成效。但是，与自然资源相比，特色文化资源具有特殊的产权属性，这种产权属性必然会与旅游业大规模市场化开发产生一定的矛盾，尤其是在缺乏完善制度构建的情况下，特色文化旅游资源的保护与开发不可避免地面临诸多问题。

6.2.1 主要问题分析

6.2.1.1 不合理的开发，导致特色文化的传统特质面临挑战

随着跨文化交流的日益增多，建立在电子商务基础上的现代物流环境逐渐确立，西部地区的生活、文化领域开始脱离地域和民族的束缚，但是，由于我国文化资源产权主体存在缺失的现象，因此，利益追求者往往会将目光放在短期经济利益获得上，甚至会应用不合理的开发模式，不利于特色文化产品品味的提升，这些使得特色文化受到巨大冲击。除此之外，由于特色传统文化存在异化，所以，传统特色文化在开发过程中会受到“西化”及“商业化”的影响，诸多影响因素的存在使得传统特色文化的影响力逐渐减弱。例如，四川省凉山彝族自治州泸沽湖享有“东方女儿国”的盛誉，可是，由于在开发过程中急功近利，很多传统文化由于受到商业化和市场化的巨大冲击，进入举步维艰的境地。20世纪初，该地区处于相对封闭的状态，被誉为“人间仙境”，但是，在后来的开发过程中由于过度开发，导致过多的游客、商人涌入，该地区的本土文化陷入巨大的冲击。当前，该地区的洛水村由于开发时间过早，已经处于完全市场化的状态，受到非常明显的“汉化”影响。当地的摩梭姑娘只有在为游客进行商业表演的时候才会穿上自己的民族服饰，然而，这些特色民族服饰也已经加入了大量的现代化流行元素，并非本色服饰。

6.2.1.2 特殊的产权属性，导致特色文化资源开发的纠纷较多

在现行知识产权法律制度中，传统文化属于已经超过保护期限的文化成果，由于没有相应的产权制度保护，传统文化陷入保护与开发的矛盾状态中。例如，在开发“成吉思汗陵”旅游资源过程中就遭遇了这样的状况，成吉思汗陵每年要举行 30 多次祭祀活动，四时大祭典是最有影响的 4 种祭祀活动。历史上承担守灵任务的达尔哈特人后代认为，这项开发活动应该由他们来进行，可是，其他蒙古族人则认为，成吉思汗是整个蒙古族的大英雄，所以，任何蒙古族人都可以开发成吉思汗陵。后来，由蒙古族系的达尔哈特人主持成吉思汗的祭典活动，管理部门将陵园的旅游开发活动交给了商业机构来进行，当前的达尔哈特人数量已经突破了 5 千人，但是，坚持遵循蒙古族传统，从事守灵活动和祭祀活动的达尔哈特人却只剩下了 30 多户。①

湘西土家族居住在吊脚楼内，苗族居住在山顶，集合成大型山寨，土家族和苗族的建筑风格开始受另一方的影响，苗族人开始住吊脚楼，而土家族开始住在山寨，吊脚楼或是山寨究竟是哪一族的，谁发明的问题一直无法得到解决。自我国开始实行改革开放政策之后，吊脚楼和山寨成了湘西地区吸引游客的特色，而吊脚楼和山寨也开始上升到民族文化符号的高度。至此，开始出现吊脚楼和山寨应该归属于哪一民族的文化的争论，建筑风格属于少数民族物质消费中的重要内容，是传统特色文化的重要组成部分，因此，关于建筑风格归属的争论就是关于对特色文化产权的争论。②

6.2.1.3 受到短期开发行为的制约，民风民俗遭受庸俗化影响

在开发特色文化资源过程中，商业意识及拜金主义会随着旅游开发一起出现，传统的民俗受到严重影响，阻碍民风民俗的健康发展。对大部分西部地区来说，经济发展问题是第一大问题，因此发展特色旅游是当前大部分西部地区摆脱经济落后的主要方式，因而他们对特色文化产权的争夺也就成为一种必然现象，无论是政府，还是当地普通民众，都将经济利益放在首位。

---

① 董迎轩，田艳．少数民族传统文化产权纠纷解决机制研究［J］．贵州民族研究，2013（1）．

② 董迎轩，田艳．少数民族传统文化产权纠纷解决机制研究［J］．贵州民族研究，2013（1）．

由于过度追求经济利益，很多特色传统文化已经脱离历史、脱离传统，成为商业表演性质，之前身上所承载的厚重的历史文化信息逐渐消失。由于这些商业性质的表演带有一种或几种少数民族的文化特色，因而人们很难辨别出它应该属于哪个民族传统文化之列，出现了传统文化的“庸俗化”，引发了一系列的矛盾冲突。[①]

自我国实行改革开放政策以来，西部地区逐渐迈入开发轨道，部分西部地区干部及群众越来越感觉到拥有丰富的特色文化资源也能成为经济发展过程中的一大优势。当前，文化产业已经逐渐成为衡量国家或某一地区综合实力的重要标准之一，这由此造成文化产权之争的现象。几乎所有的地区都希望通过文化品牌或者名人效应来推动本地区的经济发展，因此，地方政府、部分学者，以及开发商联动，为了本地区的利益甚至不惜歪曲历史，或者故意将历史复杂化，因而引发了一系列的争夺，如关于神农氏出生地的争夺、诸葛亮躬耕地的争夺、李自成出生地的争夺、《黄杨扁担》原发地的争夺、由赫哲族民歌《乌苏里船歌》引发的诉讼之争，以及众所周知的“夜郎之争”等，不仅伤害了民族感情，更是破坏了民族关系。之所以出现以上现象，主要是由于各地及开发商对经济利益的追逐引起的，这就使得特色文化资源在缺少明显产权主体的条件下，陷入复杂化境地。特色文化资源由于缺少明确的产权主体，因而，开发商在开发过程中只需要支付极少或者根本不支付资源成本，而且也不必承担其他费用。[②] 再加上各开发主体在开发民族文化旅游资源的过程中都将对经济利益的追求放在首要位置，政府部门追求短期政绩，因而，容易出现传统文化资源的产权之争，而且在市场经济商业化因素的影响下，很多地区的特色文化资源不同程度地出现庸俗化的趋势。

① 董迎轩，田艳．少数民族传统文化产权纠纷解决机制研究［J］．贵州民族研究，2013（1）．
② 唐德彪．民族文化旅游资源产权制度问题思考［J］．黑龙江社会科学，2007（2）．

6.2.1.4 受到多元价值观的冲击，当地民众对地方特色文化认同感减弱

在开发特色文化资源的过程中，经营者和开发者都处于成果约束范围下，他们会在没有建立起完善保护措施的条件下，为了追求自身经济利益而分解特色文化资源，导致丰富的特色文化资源在追求经济利益的过程中遭受负面影响，使文化资源原有的文化底蕴及系统性不复存在。如果开发行为缺乏合理性，当地居民没有看到旅游业开发带来的预期经济效益，就会在很大程度上降低对本地区和本民族文化的认同感和自信心，进而可能会放弃传统的文化特色及风俗习惯。从长远来看，这非常不利于特色文化旅游业走上可持续发展的道路。①

特色文化资源在开发过程中如果被无偿使用，本地区或本民族群体的利益就会受到不同程度的伤害，民间出现过多起剽窃花纹图样、没有购买版权就自行复制图案等案件，如贵州省的蜡染、刺绣产品在生产过程中时常会遭遇知识产权问题，如果不能妥善解决这些问题，苗族服饰文化就会逐渐被异化或者淡化。我国于 1991 年开始颁布实施《中华人民共和国著作权法》，其中规定，“由国务院另行规定保护民间文学作品的著作权的办法”，可是国务院一直没有对这项规定做出额外的说明，这就使人们一直没有停止过对民间文学作品保护的讨论。如今，我们已经迈进知识经济时代，文化也随之增加了更多的经济因素，文化成为市场产品之一，逐渐形成文化产业化。西部地区的传统文化资源十分丰富，少数民族地域文化和民间文化带有鲜明的特征，少数民族特色文化产业展现出一派生机勃勃的景象。与此同时，民族文化也开始出现一些不合理开发及不当利用的现象，民族文化产品的知识产权缺乏有效的保护等问题也越来越严重。近几年来，我国出现的民族特色文化知识产权纠纷案件中，最具有代表性的两件案件来自贵州，其中之一是发生在 2011 年的安顺地戏正名案，为中国文艺类非物质文化遗产维权案第一

① 王晓君，邓志新．民族文化产业发展的知识产权策略［J］．国家行政学院学报，2013（5）．

案；另一件是发生在2012年的刘墉工艺美术作品侵权案，涉及巨额资金。从当前民族特色文化产业发展来看，由于受到多元价值观的冲击，当地民众对本民族的文化认同感有减弱的趋势，使当地民族文化产业缺乏稳固的社会基础条件，而且其他的诸如资本、技术等条件也并不成熟，所以，文化市场一旦实行开放政策，西部地区多样化的文化资源就有可能遭到强势资本的掠夺，资源的所有者却难以享受资源带来的经济效益。例如，美国的民间文化资源并不充足，可是，它却能够将世界所有国家的资源拿来，为其所用，其他国家和地区的文化成为美国文化资源的储备地。我国民间传说《花木兰》被美国人制作成电影，当年获得了惊人的票房收入。按照这种趋势发展下去，如果西部地区传统的服饰及各种文化产品制作工艺流传到国外，就很有可能会出现我们将来要了解传统文化资源还必须到国外去看我们自己民族文化的可悲境地。①

6.2.1.5 多元文化和价值观的冲击，文化生态环境受到较大影响

广大西部地区在开发之前，受传统经济条件和地域因素的约束，地区生态环境及民俗被保护得很少，保存十分完整。可是，随着旅游开发的步伐逐渐加快及经济水平的提高，其他地区的文化逐渐向西部地区渗透。在多种文化共同作用下，特色文化由于缺少明确的保护主体，受破坏现象十分严重。在商品化市场蜂拥来袭的条件下，特色文化旅游资源的开发出现了庸俗化、商品化的特征，尤其是淳朴的少数民族文化受到了巨大的冲击，民族文化的内涵逐渐减弱，这种短期化的开发模式对特色文化资源具有严重的破坏作用。在商品经济大潮的冲击下，对特色文化旅游资源的开发也会出现商品化、庸俗化或“洋化”，一哄而上的开发热难免造成原本朴实的民风民俗的虚假倾向，弱化特色文化的真实内涵。部分游客不遵守规则，在景点乱涂、乱抹，破坏文化生态环境，对特色文化旅游产业的可持续发展造成严重的影响。

① 黄晓，产业化视角下的贵州民族民间文化资源保护［J］. 贵州社会科学，2006（3）.

西部地区的特色文化旅游资源包含的景点数量很多，可是，景点分布缺乏集中性，十分不平衡，而且景点内容单一化，缺乏创新性，这说明特色文化旅游产品的开发尚处于起始阶段，没有提高到一定的档次，而且缺乏品位，总体效益不高，经济增长方式为粗放型，特色旅游行业经济增长的幅度减小。对于拥有较强经济实力的开发企业而言，在开发特色文化旅游资源过程中只需要付出少量的开发成本就可以获得非常明显的收益，但是，后期资金投入的动力不足，一旦出现很小的矛盾，开发企业就会将开发重点转到其他地区。同样道理，部分西部地区由于无法从特色文化资源开发过程中获取收益或者只能得到很少的收益，就会大大减少开发过程中的积极性，特别是不能积极主动进行特色文化资源的保护工作。当地居民与开发企业之间无法在经济发展中形成合力，也会造成特色文化旅游项目的开发效果很难提高，甚至会出现旅游项目在开发过程中就遭遇“半途而废”的情况。

6.2.2 特色文化资源产业化开发问题的产权经济学分析

构建科学的产权经济模型对把握产权制度安排与文化资源配置和开发利用效率的关系，认识特色文化旅游资源的特性，推动我国西部地区特色文化资源保护性开发具有重要的理论指导意义。

6.2.2.1 理论分析

第一，关于产权界定的问题。产权经济学认为，交易的实质是权利的互换，表现形式为物品的交换，资产权利的获得、出让和保护所需要的成本品作交易成本。由于资产具有多种属性，彻底界定、完全保护和转让每种属性都要付出代价，导致交易成本的增加，因此，从经济学层面来分析，产权从来没有被完全界定过。为了增加资产的净收益，节约交易成本，初始所有者往往只保留资产的部分所有权，将其他属性的产权分割给与之相关的利益主体。

第二，关于公共财富的问题。全面获得商品信息的成本很高，完全界定产权的困难也很大，因此，每一个交易中都存在攫取财富的潜在机会，没有界定或不完全界定的财富溢出，作为“租”进入“公共领域”，不可避免地导致攫取公共财富的“追租”行为。受到主客观条件的限制，不同利益主体由于自身条件的制约，“追租”的成本和收益并不均等，拥有权力、资本、信息等方面的优势利益主体，在利益博弈过程中居于强势地位，有更多的机会以很低的成本获取甚至随意侵吞公共财富。一些财富进入公共领域难以避免，但可以采取加强监管、公开信息等相关措施加以避免或减少。

第三，关于所有权配置的原则问题。由于收入流是可变的，并且不能完全预见，要准确地断定在任何情况下的收入流，成本是很高的，因此，接受资产产生的收入流的权利，只是资产产权的一部分。产权经济理论强调所有权配置的原则有两个方面：一方面，当交易双方中只有一方能影响收入流时，就应该将产权界定给他①，只有这样，收入才能实现最大化；另一方面，索取剩余份额的大小与对资产平均收入的影响正相关，对资产平均收入影响更大的一方，应该得到更多的剩余份额。为了完全清晰地界定产权，必须做到与收入最大化相一致的权利转让。

第四，关于资产的交换价值。资产的交换价值是它能产生的总收入，以及测度与控制其交易成本的函数，由于收入流的多变性和不确定性会减少资产的价值，同时，界定和控制成本昂贵，在交易过程中，会出现利益方有能力过高地使用或过低地提供未定价的资产属性等不合意行为，导致理性的交易双方彼此施加限制。所以，产权经常会受到约束，资产的交换价值也会受到约束，约束的性质与发生率会使资产的交换价值过高或过低。②

6.2.2.2 现实分析

在文化旅游资源开发的过程中，由于文化资源特殊的产权属性，必然会出现利益相关者之间的产权博弈。在此，以地方政府、开发企业和当地少数

① 注：“他”是指对收入流有更多影响的一方面。

② 巴泽尔；费方域，段毅才译．产权的经济分析［M］．上海：上海三联书店，2006.

民族居民为既定利益的关联主体，引入产权经济模型，分析西部地区少数民族特色文化资源开发中存在的主要问题。

第一，相对于少数民族居民而言，政府和开发企业具有更强的博弈力量，不利于文化资源产权收益的合理分配。由于交易成本和监督成本的存在，导致民族文化旅游资源的相关权利不可能完全界定，必然有部分有价值的资源进入“公共领域”，因此，在“公共领域”“寻租”也成为相关利益主体获得额外收益的目标。民族社区与利益相关者之间的政治博弈和权力较量直接决定他们是否能够获得在“公共领域”索取和控制“租”的机会。现实中，受到传统观念、地方经济建设要求、资金稀缺性和当地居民素质等各种因素的约束，资本所有者和权力使用者处于相对的强势地位，社区和村寨居民则在民族文化旅游资源开发过程中处于弱势地位①，因此，在特色文化资源开发的过程中，政府和投资商等强势群体可以通过不充分公布信息或采取强制性手段等方式侵蚀社区居民等相关弱势群体的文化资源产权。

少数民族原住居民在漫长的生产和生活过程中创造了少数民族特色文化，因而，他们应该享有特色文化开发过程中带来的收益，但是，当前的产权开发制度却对少数民族居民利益考虑较少，不利于发展民族特色文化产业，同时也不利于保护民族特色文化资源。尽管文化遗产带有共享色彩，但是，共享范围应该只限于少数民族内部，而不是全体人民。事实上，少数民族享有文化产权不仅可以保护少数民族民事权益不受侵害，同时，也能够鼓励少数民族加强自身文化的保护，推动民族文化旅游向着健康的方向发展。少数民族拥有本民族的文化资源产权能够有效避免出现过度开发的现象，也能避免文化资源陷入公共资源的境地。当前，国家拥有民族文化旅游资源的产权，地方政府是产权行使者，行使开发和利用文化旅游资源的权利，在科学合理的民族文化旅游资源的产权结构中，人民应该是文化旅游资源的产权主体，而各级政府主要行使管理职能。如果少数民族拥有本地区的文化旅游资源产权，便一定会出现一定的排他性。在合理的产权结构中，如果其他

---

① 孙诗靓，马波．旅游社区研究的若干基本问题［J］．旅游科学，2007（2）．

人或者组织需要使用民族文化，最主要的是必须得到民族文化产权主体的同意。同时，还要合理地使用民族文化资源，不能做出任何有损民族文化的事情，也不能做出伤害民族感情的事情。国家与地方政府之间在产权关系中是委托代理关系，国家将文化旅游资源的产权委托给地方政府，地方政府是文化旅游资源的直接实施者，需要认真经营文化旅游资源，合理开发和利用文化资源；而地方政府与开发企业是租赁承包关系。但是，对创造文化旅游资源的少数民族来说，他们被排除在文化旅游开发的行列之外，难以获得相应的经济收益。

以湘西地区特色文化旅游业的发展为例，可以看出此类问题。从产权的角度来看，国家掌握着湘西旅游产权，即国家享有所有权。国家并不是实际的产权主体，因而，不能充分行使文化产权，它需要委托国务院相关部门或各级地方政府来享有文化产权，也就是说，湘西文化旅游资源产权实际被湘西地区各人民政府掌握在手中。政府在当前条件下主要行使经济管理职能和社会服务职能，并不直接从事生产活动或经营活动，因而，各级政府会按照一定的合约规定授权给一些企业，由企业代表政府行使民族文化旅游资源经营权，而企业也就成了实际的经营者，从经营活动中追求一定的经济利益，这种独特的制度安排制约了民族文化旅游资源的法律关系。但是，创造民族文化的主体却并没有随着民族文化旅游的开发得到经济收益。湘西地方政府转让民族文化旅游资源的经营权获得了一定的经济利益，开发企业为游客提供了丰富的旅游文化商品，既满足了游客需求，也相应地获得了经营收益。非常明显，这种产权制度并没有保障文化产权创造主体的合法权益，由于民族文化失去发展动力，民族文化旅游产业很难实现可持续发展。如苗族歌舞原本是劳动人民在生产生活中集体创造出来的，但是，旅游公司通过旅游表演获得了经济利益，而歌舞的创作者却并没有享受到任何收益。再如，苗族的银饰精美绝伦，这是苗族银匠在长时间的实践中创作出来的，但是，却被旅游商品生产企业模仿制造，获取巨额利益。

第二，民族文化资源具有明显的公共产品特征，使地区之间、利益相关者之间在资源开发利用中相互侵权的问题客观存在。一方面，由于民族文化承载着物质文化遗产资源系统和非物质文化遗产资源系统的严密体系，尤其是非物质部分体现出明显的共有产权特性，不可能明确界定其具体归属，而是属于旅游文化资源所在地区的相关群体的共有资源，因此，民族文化资源在当地社区居民的开发过程中体现出明显的公共产权外部性特点。

另一方面，虽然少数民族文化资源的物质遗产（如建筑遗址、村舍民房等）的产权归属能够全部或部分界定，但处于同一社区内的物质文化遗产（如民居建筑）则是紧密联系、不可分割的整体，当其建筑风格受到相关所有者的擅自改动，将使景区整体面貌受到侵害。从总体上来看，民族文化资源明显地呈现出公共产品的一般特征。当公共资源的外部性效应与“公共领域”的“寻租”效应交织在一起，利益关联主体在民族文化旅游资源开发过程中相互侵权的问题将不可避免，而且可能会更加突显。很多文化旅游企业并没有充分认识到品牌的重要性，没有树立起旅游文化品牌意识和保护产权的意识，这导致很多旅游商品并没有得到相应的产权保护。举例来说，银匠尽管设计出了精美的图案，因为没有及时地申请专利，也没有在工商部门进行注册，一旦遭到侵权，很难通过合法途径保护自己的权益。除此之外，旅行社也没有形成旅游线路知识产权保护意识，还没有旅行社为旅游线路提出知识产权的申请，这导致旅游线路经常出现“堵塞”现象，如湘西凤凰、德夯两地，以及张家界景点构成的旅游线路是民族文化旅游的经典线路。凤凰古城公司营业收入突破了5000万元，德夯公司营业收入也达到了1250万元。但是，经营其他旅游景点的企业收入却大部分在千万元以下，从这些现象中可以看出，旅游景点的“堵塞”现象，充分显示出人们的产权意识很弱。笔者在调查研究中甚至发现，很多旅游企业的管理者甚至不了解旅游线路也可以申请知识产权，他们普遍存在旅游线路是公共物品的错误认识。①

企业缺乏创新，导致产品出现严重的“同构化”现象。在湘西文化旅游业的发展过程中，文化旅游商品创新不够，不仅开发模式较为单一，景点

① 王汝辉，巴泽尔产权模型在少数民族村寨资源开发中的应用研究［J］.旅游学刊，2009（5）.

也存在雷同现象，表现出很严重的“同构化”趋势。前文已经提到，众多村寨文化旅游，无论是在布局上，还是在旅游线路上都存在相似之处。比如，在湘西民俗表演中，大多是苗族“赶尸”、上刀山、跳火堆的表演，很多表演企业的节目基本一致，由此导致的企业价格大战此起彼伏。湘西苗寨在近几年时间里出现了很多景点，如老洞苗寨、勾良苗寨、德夯苗寨、香炉山苗寨、山江苗寨等，这些苗寨的旅游项目基本由民族风俗表演、展现苗族风情、苗寨生产和生活场景等构成，缺乏创新性，产品内容基本相同，没有形成自己的特色。在调查研究中发现，文化旅游产品大多为观赏类节目，而游客能够参与其中的体验性文化旅游商品却比较缺乏。因此观赏类的表演无法提高游客的兴趣，也不能将湘西民族文化真正展现在游客面前。基于此，在湘西民族文化旅游开发过程中要着力转变开发模式，促进产品的多样化发展，提高民族文化旅游资源的价值。旅游企业必须充分利用丰富的旅游文化资源，提高开发过程中的创新性，多开发一些需要游客参与其中的旅游产品。从整体来看，民族文化旅游产品开发目前仍然停留在初级阶段，这主要因为大部分旅游企业担心自己的支出与收益不相符，也担心其他旅游企业“搭便车”，造成整个行业内部素质不高、体制落后、竞争实力较差。因此，对于企业而言，既要做好旅游文化产品创新工作，也要提高产权保护意识，加快文化旅游业的升级。

又如，丽江古城区共有2600多家从事文化产业的个体户和企业，他们中的大部分都是经营民族工业品，但是，只有187项民族工艺品外观设计申请了专利，而且基本都是个人申请，只有7家单位申请了外观设计专利。正是因为没有意识到知识产权保护的重要性，丽江古城的260多家从事文化产业商户的大部分商品都被复制、仿造。产品同一化现象严重，而且扰乱了市场秩序，阻碍了民族文化产业的发展。①

由于民族文化旅游资源缺少明确的产权主体，引发了一系列问题，如我

① 王汝辉，巴泽尔产权模型在少数民族村寨资源开发中的应用研究［J］. 旅游学刊，2009（5）.

国西部地区在开发旅游资源过程中，都不约而同地看到了旅游文化资源的独特性，希望建立带有鲜明民族特色的旅游资源。民族文化旅游资源越是能够吸引游客前来，旅游企业或者开发商越是对民族文化旅游资源感兴趣。但是，在当前市场经济条件下，民族文化旅游资源与市场经济的要求还存在一定的差距，尤其是当前并没有建立起行之有效的产权制度，也会导致诸多矛盾。

地区之间和利益主体之间的矛盾日益严重。地区之间的矛盾主要体现为发生在不同地区之间，在特色文化资源争夺过程中出现的矛盾。各利益相关方因为利益问题也会出现矛盾、权利与义务、付出与回报之间的不一致，也会引发矛盾，少数民族群众在利益分享过程中处于相对弱势地位，受到文化水平、管理能力等方面的约束，他们较难直接从特色文化旅游资源开发过程中获得利益，当然也不可能进入发展主流，因此，他们容易产生不满情绪，这影响特色文化旅游资源开发向着良性循环方向发展。

第三，正确界定民族文化资源的不同属性，在利益关联主体间科学配置其产权，是降低保护性开发的交易成本和专业化损失的有效路径。民族旅游业可持续发展的核心支柱来自传统的民族文化资源，如果因为开发过程的失误，遭受破坏，轻则造成旅游资源质量下降，使游客不再关注当地的旅游价值；重则导致民族旅游资源遭受毁灭性地破坏，难以恢复，即使能进行表面形态的恢复，也无法再恢复原有的文化内核，使民族旅游业失去了持续发展的内生性动因。由于民族文化资源是多重属性的集合体，如旅游开发和资源保护的属性，旅游资源的长期拥有和短期经营等属性，因此，受到交易成本过高的影响，相关利益主体想要界定任何一项产权都相当困难。民族文化资源保护开发的相关要素都受到不同的利益主体的控制，不同的要素产权共同构成民族文化旅游资源的权利束。如果民族村寨或社区独占这一组权利束，会因为旅游人才匮乏、开发资金不足等原因，产生专业化损失，影响开发效率；如果企业或政府想完全占有这一组权利束，则需要与当地居民或社区进行交换，在信息不充分的条件下，全面获取、彻底转让和充分保护产权过程中会产生大量的交易成本。综上所述，受到民族文化旅游资源的多重属性约束，利益相关者完全界定其产权的可能性很小，为了降低保护性开发的交易成本和专业化损失，则需要分解产权，由不同的利益关联主体占有其最有效率的民族文化旅游资源的不同产权。

6.3 特色文化资源的产权界定与保护性开发体系

6.3.1 形成科学的文化资源产权制度安排

第一，建立完善的特色文化资源资产评估体系，并在实践中得到很好地落实，研究科学合理的评估特色文化资源资产的方法和原则，以及具体的指标体系，将特色文化资源资产纳入量化管理体系中。

第二，资产化管理西部地区的文化资源，使特色文化资源从“边缘化”参与转变为“主流化”参与，加大自我保护的力度。少数民族群众应该享有部分民族文化产权。当前，在民族特色文化旅游开发过程中存在很多的不足，如文化遗产，尤其是非物质文化遗产通常表现为集体权利，但是，这种主体虚化的权利由于较为抽象，很难在实际生活中真正实现，而且如果发生侵权案件，甚至连民事诉讼主体也无法确立。因此，一定要确立集体文化遗产的权利主体，可以在西部地区成立团体组织，代表少数民族全体民众行使产权，一旦发生侵权事件后，可以通过法律手段抵制侵权行为，保护自身权益不受损害，同时，促进特色文化旅游资源的合理使用。

第三，进一步整合区域特色文化资源进行规模化地管理和开发。这是实现特色文化资源社会化的重要渠道，不但可以减少资源浪费，同时，还可以提高资源利用效率、提高经济效益。我国西部地区的各类资源开发企业数量多、规模小，企业之间的交易量很多，造成交易成本的直线上升，而实行区域文化资源整合、实现产业组织创新能大大减少交易成本，对于提高保护性开发效率具有极其重要的作用。可以根据区域内的资源特色组建大型文化资源开发企业集团，加快产业组织创新步伐。从当前来看，我国西部地区的特色文化资源数量和种类都很多，但规模一般较小，由于在开发旅游线路过程中面临很多不确定性因素，开发风险相对较高，因此，大部分企业对于开发西部地区的特色文化资源的热情不是很高。除此之外，即使当地的特色文化资源已得到一定程度的开发，但是，还需要进行一系列的配套发展。例如，关于资源的产权界定、实行文化旅游线路的专业化发展等，各项配套工作都需要大笔资金和大量人力的投入。所以，产权界定适当化具有一定的意义，重视区域资源整合，进行大型集团化管理和开发，实现纵向一体化发展。大型的特色文化经营管理集团不但有能力对相关产业链进行自主设计、自主开发，同时，也具备自己的营销网络体系，无论是设计、开发，还是销售，都有明确的分工，这种纵向一体化发展模式能有效协调产生利益分歧的交易双方，因而，能够大大减少产权尚未清晰界定时所产生的交易成本，在特色文化资源的保护性开发过程中发挥着重要作用。

第四，建立完善的特色文化产业收入分配制度。要确立科学合理的产权制度，这是确立分配制度的前提条件，目的是保护各利益相关方的合法利益不受侵害。在民族文化资源的开发与产业化发展过程中，应该遵循现代产权经济理论，在政府的主导下建立健全合理的收入分配制度，科学界定地方政府、开发企业、文化遗产传承人及当地少数民族群众之间对文化资源的所有权、经营权、收益权、处置权等相关权利束，允许各利益相关者通过各自的权益，在合理的范围内获得适当的收入，并充分发挥《中华人民共和国物权法》《中华人民共和国知识产权法》等法律制度的约束作用，保障利益相关者的合法所得受到有效保护。

6.3.2 构建完善的特色文化资源产权管理系统

特色文化知识产权虽然在形态上有其特殊性，但对于所有权人而言，仍然是客观实在的财产，因此，利益相关者仍然可以对无形的文化资源产权进行科学管理，以提高其经营和使用过程中的效益。特色文化资源产权管理主要体现为产权利益相关者通过合理可行的方式对民族文化资源享有的占有、使用、收益和处分的权利有效的、控制和运营。特色文化资源产权管理不仅贯穿于文化资源产生、开发和保护的各个环节，而且对政府职能、开发商行为、少数民族群众及文化传承人的主体意识都有较高的要求。特色文化产业化发展具有综合性、关联性和多元利益主体的特征，文化资源带有公共物品的特性。因而，需要所有的利益相关者共同参与开发，对特色文化产品的推广和开发，不能单纯依靠某一个或几个企业去完成，还需要社会各界大力支持特色文化产业，使其得以可持续性发展。构建完善的特色文化资源产权管理系统应主要从以下方面着手：

第一，发挥政府主导作用，将文化资源的产权管理与文化产业的发展相结合。经过十几年的发展，我国民族文化产业已初步形成政府为主导的发展战略，因此，政府需要在遵守市场规律的前提下制定、维护民族文化产权制度。同时，政府也要加强自身的主导作用，这样才能推动特色文化产业健康发展以及民族文化资源的合理开发。

政府要引导和鼓励特色文化产业的健康发展，制定各项扶持性政策和措施，为了优化特色文化资源配置，使其更好地适应市场经济，应着重加强特色文化资源产权的法制建设，引导特色文化产业走上法制化轨道。由于文化资源与其他资源相比，有一定的特殊性。因此，应该与其他文化主管部门配合起来制定各项法规、实施细则等，从规定条文上明确特色文化资源如何开发及开发程度，充分发挥产权激励机制的作用，引导西部地区文化资源开发过程中的外部问题向着内部方向发展。

结合特色文化资源产权特点和特色文化产业的特殊属性，制定整体发展战略。在立足于特色文化资源分布的基础上推进产业化开发，及时调整产业化结构，制定并有效实施保护特色文化资源的系统性措施，进一步优化资源配置，改善战略投资方向，从而制定特色文化资源保护和特色文化产业可持续发展相结合的整体发展战略。

第二，完善和健全特色文化资源产权管理制度。特色文化资源产权管理水平的高低直接影响特色文化资源产权运营能力能否真正发挥，特色文化资源产权管理制度是特色文化资源产业化发展战略的保障，能够切实提高西部地区对本地传统文化资源的开发和运用能力，全面提高西部地区的文化竞争力。

只有在不断健全特色文化资源产权管理制度的基础上，全面加强特色文化资源的产权管理，才能够切实提高特色文化资源产权保护的水平。对于利益相关者而言，特色文化资源产权的科学管理制度能够奠定文化产权维权的基础，通过合理的制度安排可以有效地解决相关文化权利的稳定性问题，如果特色文化资源的产权管理工作落实到位，就能保障权利博弈各方在产权的种类、数量、内容等各个方面与他人权利的界限的有效性和清晰度，从而可以应对在开发和保护过程中所面临的各类法律和经济纠纷。合理的文化产权管理可以积累维权的可靠证据，通过特色文化资源的产权管理，将特色文化资源产权取得和经营过程中的核心要素分类分级管理，并完整保存，可以为维权提供可靠的证据支持，这一点对于少数民族群众，特别是文化遗产传承人的权利保护尤为重要。而且特色文化资源产权管理本身就是对特色文化资源产权的保护，通过加强管理人员队伍的建设和民族文化资源的成果管理，明确开发团队和管理团队的权利义务，以及特色文化资源成果的权利归属，就能够做到最大限度的避免在文化资源产权流转、开发人员和管理人员流动等过程中引发的特色文化资源产权纠纷。从这一角度来看，特色文化资源产权的管理对于合理衡量、有效降低产权保护成本、选择适当的产权保护途径、确定科学的特色文化资源产权保护方案等方面工作发挥了不可替代的作用。

当前关于特色文化资源产权界定、管理、执法等方面的工作还有些分散，甚至存在不健全的情况，应该依托《中华人民共和国物权法》《中华人民共和国知识产权法》等相关法律制度加强民族文化资源产权管理工作的协调机制建设，建立健全地区之间、部门之间的特色文化资源产权案件移送、信息通报、配合调查等配套制度，组织成立具有信息服务、案件督办、数据分析、状况评价、监测预警等管理功能的服务平台，实现执法协调部门、行政执法部门和司法保护机关的配合管理工作，各地区、各部门根据各自的情况成立特色文化资源产权管理领导小组，对当地的传统特色文化资源的管理和保护进行全面统筹协调。

加强特色文化资源产权的司法保护，以及行政保护机构的自身建设和管理，逐步完善内部管理机制，提高特色文化管理机构工作人员的业务水平，严格遵守管理程序，培育规范化管理行为，强化文化资源产权管理手段，实现特色文化资源产权管理能力的全面提升。

同时，需要更加细化管理制度，完善管理制度的类型，制定针对性更强的管理制度，从而提升特色文化资源产权的运作能力。关于特色文化资源产权的开发管理，政府部门应当立足于鼓励原生态文化资源，制定相应策略，推动原生态文化资源产权的开发，完善特色文化资源产权的登记统计，梳理掌握特色文化资源产权的变化和流转情况，采取有区别的管理方式，对直接占有的特色文化资源产权进行直接管理，对于非直接占有的特色文化资源产权进行监督和引导。关于特色文化资源产权的经营使用管理，根据不同类型文化资源的特性，研究核定不同的经营方式及管理模式，界定特色文化资源产权在不同利益主体间的范围，在政府的引导下对特色文化资源产权进行规范化的使用和运作。关于特色文化资源产权的收益管理，应该完善相应的制度建设，运用科学的方式对特色文化资源产权的经营效益进行合理统计，并在利益相关者间进行合理分配。关于特色文化资源产权处置和流转的管理，应设立固定的交易场所，在交易规则健全的基础上，根据不同类型的特色文化资源产权对其相应的权利束进行转让、拍卖、终止。

第三，探索特色文化资源的数据库创新保护方式。加强特色文化旅游信息化建设，促进旅游业创新管理，相关机构在推进信息化建设过程中必须高度重视知识产权的保护，主要因为信息产品非常容易被复制，而且传播速度很快，不受地域和时间的限制，因此，加强信息产品知识产权保护显得尤为重要。除此之外，需要建立旅游文化商品和服务的产权信息库，公开文化旅游资源的产权信息，消除在信息不对称情况下出现的侵权行为，推进民族文化产业的健康发展。每一种文化资源都各有特色，每一个民族也都有自己的代表性文化，可以通过录制的方式整理在数据库中。可以将民族故事、传说，以及史诗等文学形式整理成电子书的形式，也可以将其开发成具有浓厚民族特色的旅游项目和商品，通过保存在数据库中，实现知识产权的保护。

发展特色文化旅游业的前提条件是特色文化旅游资源的有效传承与合理保护，而特色文化旅游资源的传承及保护必须要有一定的物质载体。当前，很多传统文化资源，如民间故事、传说之类的非物质文化资源恰恰缺少这种可以传承的有效载体，只能以口口相传的方式来传承。所以，非常有必要收集、整理非物质文化旅游资源，并在物质载体的作用下表现出来，从而保护西部地区的特色非物质文化资源。

创建数据库正是特色文化资源，尤其是保护具有少数民族特色的非物质文化资源的重要承载工具，数据库指的是存在于某种存储设备中的数据的集合，通过数据库，人们可以很好地储存、传播，以及查询信息。将文化资源信息整理之后，添加到数据库中，这是保护特色文化资源产权的有效方式。西部地区的旅游景点创新一定要结合特色文化，也可以将特色文化、民间故事等直接利用起来；创新特色文化旅游规划需要依托现代信息技术，准确地把握旅游景点的空间分布，结合人文景观和自然景观；必须借助现代化、市场化的模式来开发特色文化旅游资源，采用项目招标的方式来进行，保证特色文化资源的开发在确保资源品质、保证开发效率的基础上顺利完成；利用多种营销渠道和营销手段来宣传西部地区的特色优势文化资源，可以运用传统技术来标记，也可以通过技术创新，采用先进的电子技术进行标记，从而使各地特色文化资源产权得到较清晰的界定。

6.3.3 建立健全社会声誉机制，规范利益博弈强势方的开发行为

社会学家格兰诺维特（1985）提出“社会嵌入性”的概念，认为在市场经济中的交易是嵌入在参与人的社会网络中，社会网络中的社区规范和文化可以有效地约束经济博弈中参与人的机会主义倾向，其作用机制是通过交易

域和社会交换域[①]中关联博弈的声誉机制实施的：一个参与人不仅参与交易域的经济博弈，同时，还参与社会交换域的重复性的社区博弈。在社会交换域的社区重复博弈中，作为一个有社会声誉的社区成员，将会获得一定规模的社会资本和声誉价值。声誉价值体现在经济收益和非经济收益两方面，后者包括尊重、赞赏、归属感等社会收益。[②]利益关联者交易域博弈支付矩阵，如表 6-5 所示。

为了分析方便，对于利益关联者社会责任在交易域中的博弈假定如下：令 $P > L > U > B$，$L = 0$，且时间贴现因子 $1 > \delta > 0$。通过简单分析可知，在重复博弈中，如果利益主体采取履行社会责任的态度，获得的收益是 $L/(1-\delta)$，若利益主体偏离合作，在当期可获得的收益为 P，所以在交易域的违约所得为 $R = P-L/(1-\delta)$。利益相关者的关联博弈支付矩阵，如表 6-5 所示。

表 6-5　利益相关者的关联博弈支付矩阵

		主体 II 合作	主体 II 不合作
主体 I	合作	c　c	d　f
	不合作	f　d	e　e

注：此处的合作定义为文化资源的保护性开发，不合作定义为粗放式开发。

在文化资源交易与开发的博弈中，博弈是重复进行的。为了分析方便，对于参与主体在社会交换域中的博弈假定如下：令 $f > c > e > d$，$e = 0$，

① 交易域和社会交换域是日本学者青木昌彦在《比较制度分析》一书中提出的概念。交易域由私人拥有可以自由交换或处置的物品的个人构成。社会交换域主要指交换以多边的形式发生在相互认识的一群固定的参与人中间所形成的域。

② 黄君慈，罗杰 . 声誉、关联博弈与民间信用私人实施机制［J］. 江淮论坛 .2006（3）.

且时间贴现因子 $1 > \delta > 0$。通过简单分析可知，在重复博弈中，如果参与主体采取合作的态度，获得的收益是 $c/(1-\delta)$，若偏离合作，在当期可获得的收益为 f，所以，合作博弈的激励约束条件是 $c/(1-\delta)>f$，只要具有足够的耐心，即 δ 足够大，所有参与主体都将选择合作，如果用 M 代表合作的净收益（也即从社会关系中得到的合作剩余），则社会资本可表示为：$M = c/(1-\delta)-f$。

因此，假定在社会交换域博弈中利益相关者选择合作，即 $M > 0$，那么只要满足 $M > R > 0$，关联博弈对于参与各方都是有利的，而且这时的社会福利达到了帕累托改进，同时，当条件满足时，社会资本博弈就成为一种可置信的威胁，保证了参与者自觉履行社会责任。只要参与主体的社会交换域中的合作收益大于交易域中的违约损失，关联博弈对参与主体就是有利的，关联博弈克服了交易域博弈中的“搭便车”行为，减少了因契约不完备带来的交易成本的提高，使承担社会责任成为参与主体的一种共同信念，而这种共同信念一旦形成社会的惯性行为，进而“进化”为非正式制度，就会自动地提供给利益相关者行为选择的硬约束，使交易域和社会交换域的双重惩罚机制的可置信度大大提高，从而使（合作，合作）的博弈决策成为嵌入社会交换域中的关联博弈的演化稳定策略，实现地方政府和开发企业承担社会责任的良性循环。

所以，正是因为社会嵌入性诱发的交易域与社会交换域的关联，使参与主体通过权衡交易域中不合作行为将引发的福利函数改变，使其不仅在交易域乐于遵守合作契约，而且也有足够的激励在社会交换域惩罚违约者。这种可置信的处罚威胁将大大减少机会主义行为的发生，提升不完全契约的自我执行能力，而且还会使参与主体通过声誉机制的构建共享社会福利提高带来的收益增加。以此建立起来的社会声誉机制将权力使用方和资本使用方，在特色文化资源保护性开发过程中的短期行为。

6.3.4 立足三大维度原则，推动特色文化资源保护性开发

特色文化旅游产业已成为广大西部地区文化产业的重要组成部分，而特色文化旅游产业要健康持续地发展，必须在合理界定产权性质的基础上，正确处理好保护与开发的关系，遵循产业发展的长远性、分布性、拓展性三大维度原则，建立特色文化资源保护性开发体系。产业发展的三维示意，如图 6-1 所示。

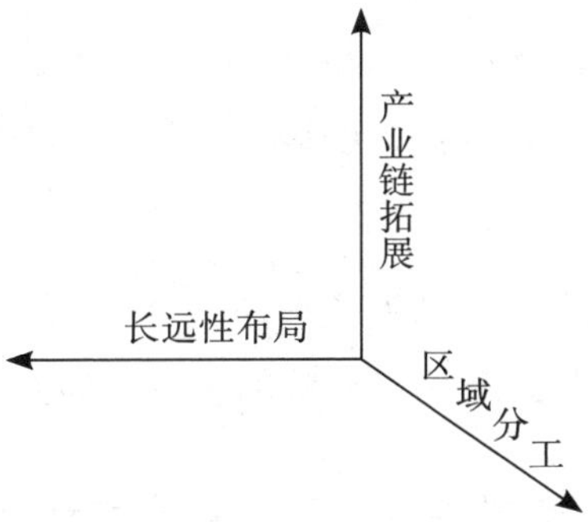

图 6-1 产业发展的三维示意

6.3.4.1 从时间层面上考虑，协调好当前利益和长远利益的关系

第一，科学地利用“已开发”特色文化旅游资源，通过制度建设，合理分配区域利益，限制到访的游客数量，将到访密度较大地区的游客分散到其他相关区域。运用旅游信用机制，规范到访游客的素质，对高素质的游客给予各种形式的精神奖励如荣誉村民、荣誉市民等，以及物质奖励同时，在有条件的少数民族聚居区建立特色文化博物馆，为年轻人提供学习本民族传统文化创造条件，对本民族文化进行发掘、抢救、整理和传习，通过合理的激励机制，促进本民族精神文化的深层次保护与发展。

第二，分秩序、有选择地开发“待开发”的特色文化资源。各地区在特色文化旅游资源开发过程中的比较优势来自各地、各村寨生活方式、风俗习惯、语言等文化特征及区位特征的差异性，这种地区差异性要求地区间的特

色文化旅游产业应遵循产业的非协调发展规律，部分优势地区的特色文化旅游产业应优先发展，以此为基础再带动其他地区的发展。①

6.3.4.2 从空间层面上考虑，按各地区的特色文化资源禀赋合理分工

各区域的特色文化资源既是文化旅游业区域分工的前提，又是区际经济利益交换和产业协作的条件，因此，产业结构布局应在区域资源禀赋约束的前提下，进行有效的分工协作。由于各区域和各民族村寨都有其自身特色，在开发过程中应根据各地区和民族村寨的类型、优势、功能、接待能力和环境特征等各方面的条件深入发掘，明确其功能，协作开发，做到“大而全”，而不是“小而全”。在特色文化资源的开发过程中，努力做到各区域市场旅游客源流动的关联性，防止个别地区的封闭式开发模式，杜绝文化资源的过度开发和过分利用，从而促进地方经济的发展与特色文化的保护相协调。

6.3.4.3 从纵深层面来考虑，不断拓展特色文化资源产业链

通过深度开发，增强其发展动力，提高资源使用效率，把已开发出来的产品做精做细，推动特色文化旅游资源的可持续开发。具体可以从以下几方面拓展产业链：

第一，拓展特色文化资源产业链不但要注重创新产品的内在质量，同时，也要注重创新产品的外在质量。产品的内在质量是指文化旅游产品所具备的稳定性能、多样化的功能，在使用过程中具有便利性与安全性，在保存过程中具有持久性，在全面研究和开发本民族历史沿革、民俗风情、民间歌舞、民族工艺、名人典故、建筑风格、宗教信仰等文化遗产的基础上，大力发展与特色文化相关的图书出版业，提高传统特色文化的学术价值和研究地位。外在质量指的是旅游商品外观方面的样式、包装、色彩、造型等。除此

---

① 唐剑，江宗德．贵州民族文化的保护开发与民族文化旅游业可持续发展研究［J］．特区经济 .2010（4）．

之外，在发展文化旅游的过程中，创新文化旅游商品时一定要注意体现民族特征和地域风格，因为这两者是文化旅游商品化发展的关键，能够充分体现旅游商品的文化性。所以，创新特色文化旅游商品时一定要在创新设计及创新工艺中加入一定的文化元素，以改善旅游产品的制作过程，提高产品内在质量，同时优化产品的外在包装。创新文化旅游商品在创新文化旅游产业发展战略过程中占有重要地位，创新旅游产品要重视构建文化旅游品牌，同时提出知识产权保护的申请，旅游产品可以通过商标注册保护，还可以通过专利设计来保护，保护文化旅游产品知识产权时，应该将商标注册与专利设计两方面的保护结合到一起，建立多重知识产权的保护体系。

第二，创新设计旅游线路，并提出知识产权保护的申请。设计文化旅游线路时要坚持以市场需求为导向，以实现可持续发展为目标，优化文化旅游的资源配置。设计文化旅游资源线路的时候一定要重视旅游景区之间的差异，将差异化旅游景点组合在一起，以满足游客的旅游需求，可以将民俗旅游产品同历史文化旅游产品结合起来，也可以在自然景观中加入人文景观，以适应不同游客的旅游需求。除此之外，设计旅游线路时还要注意将热门景点同冷门景点结合起来，通过热门景点来带动冷门景点的消费，使文化旅游行业协调化发展。设计文化旅游线路的时候还要体现旅游线路的层次性和规律性。通常情况下，旅游线路的设计和完善可以被划分为3个层次：一是若干个旅游中心城市组合在一起的区域性旅游线路；二是以旅游中心城市为基础的各个旅游景区组合在一起的主体性旅游线路；三是对景区内部旅游线路有效的和规划。设计旅游线路时必须要考虑交通工具因素，力争安排最合适的交通工具，并实现交通工具的网络化安排，通过计算机技术以及网络技术的应用，使旅游者参与到设计线路的活动中，使旅游线路设计更能体现消费者的需求。旅游线路创新设计是实现旅游产业发展战略创新的首要环节，构建文化旅游品牌，走品牌化发展路线也需要采用适当的营销手段来对待文化旅游创新线路，同时，提出知识产权保护的申请。线路设计者一定要在设计之前做好调查研究工作，同时，做好配套市场宣传工作，设计者设计旅游线路需要付出很多心血和成本，成本既包括货币成本，也包括时间成本和心理成本。除此之外，旅行社可以支付一定的费用来购买相关旅游产品，如旅游交通、餐饮等，旅行社在这方面的投入具有公共性，即只要支付一定的费用就可以使用。这就意味着，当某一家旅行社开发出一条新的旅游线路之后，其他旅行社可以模仿经营。另外，开发旅游线路的旅行社不能通过一定的措施来阻止其他旅行社进入自己设计的旅游线路，这在客观上为其他旅行社进入新的旅游线路提供了机会，所以，申请旅游线路的知识产权保护具有非常重要的意义。

第三，创新特色文化旅游产业的系统化知识产权保护战略。创新发展旅游线路、旅游景点、旅游商品、旅游服务，并同时申请知识产权保护，这是文化旅游行业实现战略创新的重要组成部分，也是发展特色文化旅游品牌战略、创建旅游品牌的重要方法，要重点创新旅游线路、商品及旅游服务，同时，还要注意提出知识产权保护的申请，努力创设文化旅游品牌，走品牌化发展路线。发展特色文化旅游产业必须重视历史文化与民族文化，将文艺创作、商业投资以及旅游发展三者结合起来，使特色文化旅游商品不断创新，同时，注重文化旅游资源知识产权的保护，关于特色优质景点，可以由投资公司向主管部门提出商标注册的申请。创新旅游产品，提出知识产权保护的申请。在发展旅游产业过程中必须重视旅游景点的创新，同时，也应该看到文化品牌的重要性，重视构建与保护旅游品牌。除此之外，为旅游景点申请知识产权保护也很重要。通常情况下，在文化旅游资源开发的整个过程中都应重视知识产权的保护，如在旅游景点的规划阶段可以提出著作权保护的申请，也可以提出商业秘密保护的申请。当旅游景点的开发工作彻底完成之后，可以在工商部门为旅游景点注册商标。在旅游创新过程中要注意旅游商品的创新及服务商标的创新，这是旅游创新的重要组成部分。在知识产权保护过程中最关键的步骤是在工商部门注册设计新颖的商标。一方面，设计新颖的商标能够吸引消费者的注意力，便于消费者留下很深的印象，推动旅游消费市场的发展，实现旅游商品和服务的增值；另一方面，生产同类产品或者提供同类服务的企业或个人申请商标注册后，能够消除他人或者其他组织冒用特色旅游文化资源的行为，更好地实现文化旅游资源的保护目标。从这一角度而言，创新设计旅游商品和服务，同时申请注册商标能有效推动特色文化旅游产业实现战略创新。

第四，完善西部地区的旅游信息服务系统，加大特色文化资源的宣传力度，加强品牌建设，打响本特色文化旅游产品的知名度。充分利用新闻媒体及互联网等新型媒体的宣传作用，采用灵活多样的宣传手段，如制作文化旅游宣传手册、召开民族文化旅游产品展览会、邀请相关人士实地考察，全方位、多层面，建立统一的市场营销体系。一是要确立文化旅游产业的主题；二是在大量市场研究的基础上，将市场细分为有针对性的目标市场，保证产品能够满足目标市场的需求；三是根据不同的目标市场确定不同的营销策略。对于特色文化旅游产业开拓海外市场来说，最重要的是准确了解市场的需求和发展方向，多采用现代化的技术手段，采取强强联合的营销策略，扩大市场占有量。随着国内文化旅游产业发展越来越成熟，更要注意营销手段和营销方法的多样化，如可以召开新闻发布会、举行旅游交易会，以及举行特色文化旅游产品资源知识竞赛等引来游客的关注，改变过去坐等游客上门的被动局面，及时了解市场变化，把握消费者的消费心理，满足不同层次的消费者需要，使特色文化旅游产品更加适应市场，进而提升整体效益。

第五，重视特色文化旅游人才素质的提高，举办系统化、专业化的培训活动。只有旅游行业的旅游人才充足才能推动特色文化旅游行业持续向前发展，走上可持续发展之路。不能仅凭一两家企业或局部地区的努力来实现旅游人才培养，应依托各级政府的主导作用，多为特色文化旅游行业的从业者提供一些可以提高技能的培训活动。尽管西部各省市越来越重视文化旅游人才的培养工作，可是，从当前的文化旅游产业发展状况来看，高素质人才仍然处于不足的状态，尤其是关于特色文化旅游开发的人才更是凤毛麟角。面对这样的局面，我们要做到以下 3 个方面：一是，组建由旅游专家、环保学者，以及民族文化研究者在一起的旅游顾问小分队，专门研究旅游决策的可行性。这些专家不但了解西部地区的基本状况，还掌握旅游产业、文化产业的发展方向，他们既具有很高的理论素养，同时又掌握了充足的旅游管理实际经验；二是，多提供培训机会，构建高水平的特色文化旅游管理者队伍，提高旅游企业管理者以及旅游服务人员的专业水平；三是制定和实施优惠政策，为旅游人才提供良好的发展条件，进一步落实旅游制度改革，对从业人员要加强职业道德教育，实行行业准入制度以及相应的考核制度。

第7章 “一带一路”背景下西部地区文化资源的开发策略

“一带一路”是在全球化视野下，借用古代“丝绸之路”的历史符号提出的合作发展的倡议，旨在与沿线国家和地区形成政策沟通、设施联通、贸易畅通、资金融通、民心相通的合作伙伴关系。在“一带一路”背景下，文化资源开发利用是广大西部地区经济社会发展的有效手段。重庆彭水苗族土家族自治县少数民族文化资源丰富，对于深入研究长江上游少数民族文化资源的可持续开发具有典型代表意义。由于受到研究条件的限制，本章的内容难以从宏观的层面全面展开。以下，主要以重庆彭水县为典型案例，深入分析“一带一路”倡议下西部地区文化资源的开发策略。

重庆市作为“一带一路”内陆地区的重要节点城市，依托渝新欧铁路大动脉，加强与中亚、西亚、欧洲等地区的合作，有效地推动重庆文化产业的发展。彭水县是重庆市的一个重要少数民族聚居区，全县有苗族、土家族等11个少数民族，是重庆市唯一以苗族为主的少数民族自治县，孕育了古老的“黔中文化”和辉煌的盐丹文化，是中国民间文化艺术之乡和少数民族银饰特色县。彭水县少数民族文化资源丰富，种类繁多，在“一带一路”的倡议下，如何有效发挥文化资源优势，促进区域经济发展，是当前区域经济发展的重要组成部分。

7.1 特色文化资源开发面临的战略机遇及挑战

我国18个省市纳入“一带一路”规划中，重庆市将被打造成西部开发、开放的重要战略支撑。文化交流、文化传播、文化贸易是实现民心向同，文化包容的重要手段，彭水苗族土家族自治县作为一个少数民族聚居区，有丰富的民族文化资源，在国家“一带一路”倡议的支撑下，少数民族文化资源开发面临诸多机遇和挑战。

7.1.1 特色文化资源开发面临的战略机遇

从宏观方面来看，可以从3个方面分析：一是“一带一路”倡议进入全面推动阶段，中国加强了沿线国家和地区的合作，降低了文化交流的壁垒，使中国的少数民族文化能更好地进入国际市场。二是文化部制定《文化部“一带一路”文化发展行动计划（2016—2020年）》，从机制建设、合作平台、品牌建设、文化发展、贸易合作等方面为少数民族文化“走出去”提供了平台和保障。三是《重庆市文化发展“十三五”规划》优化文化产业五大功能区域布局，在渝东南发展文化生态旅游区，进一步加强“一带一路”文化交流，为推广少数西部地区文化提供有效途径。

从微观方面来看，作为苗族人口聚集地的彭水县常住苗民超过23万人，依托华夏三祖之一蚩尤修建的九黎城拥有3项苗族文化建筑之最，成为苗族文化的集中地。彭水县加强当地的基础设施建设的投入，构建“两高十四射七联”的交通格局，增强了少数民族文化资源开发的主体实力，而且除了少数民族文化资源外，还有大量的自然资源，如乌江画廊、摩围山、茂云山、阿依河等，随着自然资源的开发，推动旅游产业的发展，同时，也有效促进彭水县文化产业的发展，有利于文化资源的开发与利用。

7.1.2 特色文化资源开发面临的挑战

从外部环境来看，随着“一带一路”倡议的整体实施，加强了各民族文化的融合与包容。彭水县少数民族文化资源开发要符合国际文化产品的需求和标准，增加了彭水县文化产品的开发难度。同时，国外不同地区及其西部其他地区的文化产品也相继进入彭水，对当地文化产业市场造成一定的冲击，影响彭水县文化资源的开发利用。此外，在“互联互通”的背景下，大量异地文化产品进入，导致本地在文化产品的开发过程中会产生抄袭、模仿的现象，从而影响本土民族文化产品的真实性，制约本土文化的传承与发展。

从内部环境来看，彭水县对外开放的大通道不足，“两山夹一槽”的丘陵、山地地形造成交通不便。目前，仅有一条铁路、一条高速公路通过，运输能力难以满足“一带一路”的发展要求。彭水县文化产品的质量不够，与同类地区相比，竞争力弱，而且经营文化产品的公司企业较少、实力单薄，人才配备较差，影响文化资源开发的进程。

7.2 特色文化资源概况及开发现状

民族文化是一个民族在围绕生存繁衍发展起来的文明成果，包括衣、食、住、行、用所属物品及其制造工艺、方法等物质文明成果，也包括伦理道德、价值标准、宗教信仰、科学技术、文学艺术等精神文明成果。资源是指一国或一定地区内拥有的物力、财力、人力等各种物质要素的总称。[①] 少

① 张骏，古风，卢凤萍. 基于人居环境资源视角的城市旅游吸引力要素研究［J］. 资源科学，2011（3）.

数民族文化资源是由于少数民族人民生存发展创造出来的用品、文化、遗址、发明等多方面可转变成财富的物质要素，如古镇、故居、生产工艺、政权体系、法律法规等。彭水县少数民族文化资源特色及开发主要有以下特点。

7.2.1 种类多且地域性色彩鲜明

彭水属武陵山区，居乌江下游，处重庆市东南部，面积为3903平方千米，境内有苗族、土家族、蒙古族、回族、仡佬族、侗族、藏族、彝族、哈尼族、壮族、满族11个少数民族居住。据2010年全国第六次人口普查数据显示，少数民族人口有293534人，占总人口的53.85%。其中，苗族、土家族占比最高，分别占少数民族人口总数的43.41%、9.97%。[①] 彭水县是重庆市唯一以苗族为主的少数民族自治县。以鞍子镇为主的东部苗乡区以苗族民歌、吊脚楼、火铺、鼎罐饭等特色为主；乌江南部双龙、黄家镇以苗族、仡佬族混居，其婚俗、墓葬具有特色；北部龙射、平安以苗族、土家族、蒙古族混居，火龙舞、薅草锣鼓是典型的文化符号。彭水县作为长江上游少数民族自治县，民族文化、自然景观资源储量丰富，具有很强的开发价值。

7.2.2 文化积淀丰富，可应用价值高

彭水置县2000多年，今郁江时称彭水，县以江得名。公元前140年（汉建元年）在今郁山镇置涪陵县；593年（隋开皇十三年）置彭水县。唐置黔中道于此，并置黔州，彭水成为今渝、黔、湘、鄂结合部政治、军事、

① 彭水县2010年第六次全国人口普查主要数据公报［OL］.http: //www.doc88.com/p-317767359142.html，2012-12-07/2017-01-20.

经济、文化中心，为中央政权对西南边陲中部约30万平方千米地区少数民族实行羁縻统治的据点，一直延续到南宋末年。[①]几千年的发展，留下了丰富的文化遗产，主要包括3个方面的内容：一是源于郁江、中清河、后照河三水相绕的郁山古镇诞生的盐丹文化，在此基础上发展起来了羁縻文化、流放文化、移民文化；二是具有原始宗教成分的巫觋文化，包含巫术、占卜、图腾崇拜、祭拜、丧葬等多项内容；三是传统文化遗产，聚居该区域的苗族、土家族等少数民族创造出独特的民间文学、民间乐器、民间歌曲、民间舞蹈、民间建筑、民间手工艺等。

近年来，彭水县把文化资源与自然资源相结合，依托旅游产业发展文化产业，先后推出鞍子苗寨民族风情园、阿依河、郁山古镇、蚩尤九黎城等文化旅游项目，在旅游景区进行苗族歌舞的展示，并举办"娇阿依"民歌大会、踩花山大会、蚩尤祭拜大典等活动。有效地传播了彭水县少数民族的文化，推动了地方经济的发展。《鞍子苗歌》《普子铁炮火龙》《高台舞狮》《郁山擀酥饼》《郁山鸡豆花》《诸佛盘歌》等先后成功申报为各级非物质文化遗产，进一步推动了彭水县少数民族文化品牌化的发展。

7.2.3 古镇特色显著，名人遗迹较多

彭水县在悠久的历史长河中，留下了丰富的人文资源。郁山古镇是"盐丹文化"的发祥地，堪称渝东南第一历史文化名镇。郁山古镇是县、郡、州的治所地，诞生了被秦始皇尊为"贞妇"的中国最早的女企业家；唐代太子李承乾、李忠、李明、李贞曾被流放黔州；大诗人黄庭坚在此留下许多壮丽诗篇。古镇采用两轴、两区、九星布局，主要建筑集千余工匠毕生智慧于一城。合鼓宴，傩舞绝技独具一格。众多的著名诗、词作家，

① 彭水苗族土家族自治县［EB］.http: //baike.so.com/doc/6161596-6374817.html，2017-01-20.

如李白、杜甫、白居易、黄庭坚在此写下了不朽名篇。东汉伏波将军马援镇压西南少数民族起义时曾在乌江西岸的壶头山（今插旗山）插旗；北宋诗人黄庭坚贬谪彭水时曾居住在开元寺，在彭水城南修建了绿荫轩，留下丹泉、怡思堂、万卷堂等名胜；1228年南宋设绍庆府都城在壶头山南麓；1788年（乾隆五十三年）彭水县令钟莲书刻的巨大“寿”字石刻，被乾隆赞为“天下第一寿字”。刘伯承、邓小平、贺龙等革命家曾在这里浴血奋战书写革命人生。①

7.2.4 特色文化旅游模式逐步形成

彭水县境内的“阿依河漂流”“鞍子苗寨民族风情游”“蚩尤九黎城探秘”等旅游产品就是文化+旅游的核心项目。阿依河风景区依托优美的自然风光和土法造纸开设体验型旅游产品，增强了旅游产品的吸引力。鞍子苗寨以苗族文化为基础，整合苗族的建筑、饮食、风俗、歌舞、服饰，充分应用苗族“民歌之乡”的优势，实现了苗族文化的商业价值。号称中国第一苗王城的“蚩尤九黎城”位于彭水乌江左岸，采用两轴、两区、九星布局，拥有九黎神柱、九黎宫、九道门三大“吉里斯”景观。每年举办蚩尤祭拜大典等苗族风情仪式，探寻苗族始祖之谜。彭水是“中国最佳文化休闲旅游县”“全国民间文化艺术之乡”。近年来，凭借文化旅游，发展“苗乡、山水、文化”的旅游特色，乌江苗都的形象逐渐形成，找准彭水特色文化，实现差异化竞争，增强了品牌辨识度，为文化“走出去”奠定了基础。

① 彭水苗族土家族自治县[EB].http://baike.so.com/doc/6161596-6374817.html，2017-01-20.

7.3 面临的主要困难及问题

7.3.1 地域位置限制，市场主体薄弱

彭水县地处武陵山区，沟壑纵横、山峦叠嶂，山川河流密布，陆上交通有渝湘高速、319 国道、渝怀铁路 3 条主干道，交通条件较单一。另外，彭水县的综合接待能力较弱，三星级以上酒店 5 家。政府对民族文化发展的投资主要集中在大型项目上，对小型项目、小范围交通运输、小范围文化娱乐场所投资不足。蚩尤九黎城、鞍子苗寨民族风情园等项目都是外地企业进行投资开发的，尽管在彭水县本地设立了分公司，但对彭水的投入是有限的。由于地理位置、经济环境、资金额度的限制，本地资金、个人资本在文化资源的开发上难以形成规模，本地市场主体相对薄弱。①

7.3.2 受文化属性限制，产品开发难度大

文化资源包括物质资源和精神资源。物质资源因为有显性的实物，在转换成产品的时候相对较容易；而精神资源却没有显性的物质属性，是一种理念、制度、状态，在产品转化的过程中难度极大。彭水县拥有盐丹文化、羁縻文化、迁谪文化、移民文化、巫觋文化、少数民族民俗文化等资源。多数文化的内涵是通过史料文献、历史遗迹归纳总结出来的精神资源，因此，产品的开发难度大。目前，彭水县民族文化资源主要与旅游结合，开发特色旅游产品，郁山古镇、鞍子苗寨、蚩尤九黎城等著名的景区，由于传统文化面临逐渐稀释的困境，各旅游景点难以有效展示当地民族精神文化资源活的灵魂。

① 余继平，徐芳梅．彭水民族文化资源与乡村旅游发展［J］．民族论坛，2013（3）．

7.3.3 模式单一，资源应用不全面

民族文化资源的应用是通过一定技术和方法的处理，把资源转变成财富，把文化资源向文化产业转变。目前，彭水县对于少数民族的文化资源利用主要是开发旅游产品、发展特色节庆。鞍子苗寨民族风情园自2006年开始建设以来，整合自然资源和人文资源，形成参观苗山、苗岭、苗族民居的历史文化和游览石磨、走石林、游云盘、逛神皇岍等景点观光的特色旅游产品。但旅游项目过于单一、小众，而且民族文化内核挖掘力度不够，品位不高，没有很好地把苗族文化风情运用到实际的建设和开发中，仅以观光旅游为主。另一个苗寨建设项目——蚩尤九黎城是彭水县政府围绕山、水、情、史、节五大主题建设的生态旅游景区，以蚩尤庙、九黎宫、北斗七星为主建筑，被建设在7座山头上，是苗族文化的一种集中展示，也是以旅游观赏为主，互动性、体验性不足，文化衍生产品更是稀少。①

7.3.4 创新不足，产品吸引力较弱

彭水县少数民族数量较大，有丰富的民族文化资源，积淀了大量文学、歌舞、建筑、手工艺、宗教信仰等民族文化资源。如何利用现有的民族文化资源开发具有独特性的文化产品一直是当下文化资源开发的重点。随着国家不断对民族文化的重视和保护，彭水县政府、文化局等相关单位做出了相应的规划与发展，基于少数民族聚居区域，以开发旅游产品为主，吸引周边及国内外的游客参观、旅游。但是单一的旅游产品、传统的民俗歌舞表演、少数民族特殊手工艺品很难有效地应对湘西、鄂西、黔东等地的冲击，难以在武陵山区形成自己独特的竞争力。

① 王定天.发掘“黔中文化”打造渝东南“旅游高地”——彭水中心区域文化资源的调查与思考［J］.重庆教育学院学报，2008（12）：22-26.

7.3.5 以观赏性产品为主，体验性产品较差

郁山古镇、鞍子苗寨、蚩尤九黎城等文化旅游产品都是以观赏为主。郁山古镇是盐丹文明的发源地，曾经是今渝黔湘鄂的政治、经济、军事、文化中心，西汉置涪陵县，三国设涪陵郡，唐设黔中道，历史沿革2000余年，文物遗迹、名人志士较多，有丰富的文化遗产。旅游性质以观赏遗址、民俗为主。鞍子苗寨是重庆市苗族人口唯一聚居地区，苗族民俗文化氛围浓厚，苗衣、苗食、苗居、苗歌、苗舞、苗俗独具特色。近年举办了放歌苗寨・娇阿依赛歌会、激情苗寨・相约鞍子篝火晚会、欢乐苗寨・民间民乐汇、风情苗寨・“观赏石林景观体验民风民俗”自助游、一世承诺・山盟海誓苗家集体婚礼等活动，除了观看特色民族文化遗产外，增加了部分体验性项目。总体来看，彭水县民族文化产品仍以观赏为主、体验性项目为辅，缺乏文化衍生产品。

7.4 “一带一路”背景下西部地区文化资源可持续开发的模式选择

在“一带一路”的倡议下，彭水县少数民族文化资源的开发需秉持“和平合作、开放包容、互学互鉴、互利共赢”的理念，与“一带一路”沿线国家加强文化交流，必须要不断创新开发模式，打造系列具有特色的文化品牌，充分有效地把盐丹文化、黔中文化、苗族文化推广出去，实现东西方文化的交流，实现文化共荣。①

① 文化部“一带一路”文化发展行动计划（2016—2020年）[N]. 中国文化报，2017-1-6（1）.

7.4.1 依托宏观规划，完善竞争力培育模式

《“十三五”促进西部地区和人口较少民族发展规划》中特别指出。推进民族文化繁荣发展、传承弘扬民族文化、发展特色村镇特色传统文化。[①]彭水县少数民族文化资源的开发利用必须在政府的主导和调控下，优先对具有竞争力的文化资源进行开发，并逐步推向国际市场。围绕鞍子苗寨、郁山古镇、蚩尤苗寨九黎城等项目，进一步扩大项目的竞争力和吸引力，打造独特的吸引力。首先，立足重庆市为“一带一路”重要节点城市，结合彭水县少数民族文化资源的实际情况，制订长远的战略计划，指引民族文化产业的发展；其次，完善资金体制，对民族文化资源转换、民族文化资源传承与保护的项目给予支持和帮扶，采用免税、低息的办法扶持文化产业创业项目，推动文化产业发展；最后，进一步提高交通、住宿、餐饮、娱乐等方面的接待能力，改善地域文化产品的服务条件，增强彭水县少数民族文化产品的吸引力。

7.4.2 拉动民间资本，构建均衡开发模式

彭水县地处渝东南生态保护发展区，经济发展缓慢。据了解，彭水县现有的大型文化旅游项目吸纳大量外地企业资金。为了进一步加速彭水县少数民族文化资源的开发与应用，解决资金问题是关键。首先，利用资源优势，加强与“一带一路”沿线国家和地区的企业合作，吸引国内外优秀的企业入驻彭水，利用该类企业发展特色项目；其次，依托国家、地区政府对少数民族文化保护和传承经费，研发特色文化产品，投入市场，把文化转换成产品；最后，鼓励各少数民族聚居乡镇、村落成立民族文化开发合作社，整合零散资金，增强综合实力，扩大竞争力，实现民族文化产品的开发。通过吸

① 国务院关于印发“十三五”促进西部地区和人口较少民族发展规划的通知［OL］.http://www.gov.cn/zhengce/content/2017-01/24/content_5162950.htm，2017-01-24/2017-01-25.

引外资、整合零资，共同开发彭水县民族文化资源，打造彭水县少数民族文化的特色品牌。

7.4.3 拓展综合渠道，创新一体化宣传模式

宣传是增强彭水县少数民族文化产品知名度、树立“乌江苗都”品牌形象的重要途径和手段，优秀的产品配合优秀的宣传才能更好地增强核心竞争力。从宣传主体上看，成立专门的宣传部门或机构，单独从事文化产品的推介和宣传，在人力、财力、物力等方面保证宣传工作的开展。从宣传内容上，用好渝东南民族符号自身的优势资源，彰显民族优势和资源，通过挖掘渝东南地区特色优势资源，增加影响力，推动区域健康持续发展。从宣传形式上看，注重线上与线下相结合的模式，除了做软文宣传外，还需做好事件宣传。线上利用网站、微信、微博、APP 等媒体渠道，加强 PC 端与移动端的融合，充分利用时下热门的自媒体工具，增加彭水县民族文化产品曝光率；线下结合“一带一路”沿线国家和地区举办的文化、旅游、农业相关展会活动，到现场去进行项目推介。同时，也可以邀请沿线国家和地区到彭水县进行考察以达到推介的目的，还可以与知名文化传媒机构合作，拍摄反映彭水县民族文化的影视剧和电影，作为大型综艺节目、影视剧的取景地，以此推动文化产品的推广。

7.5 相关的对策建议

7.5.1 尊重自然、保护传统，坚持可持续开发原则

在“一带一路”倡议下，长江上游少数民族文化资源的开发必须坚持“可持续”开发原则，既满足当代人对文化产品开发的需求，也不能因过度

开发而伤害文化资源，造成资源浪费和损害。把文化资源、自然资源结合起来，融合历史文化与民族文化元素，建设一系列以鞍子苗寨为首的民族文化旅游区。编制彭水县苗族刺绣、苗族银饰制作、土法造纸、郁山擀酥饼等民间特色手工艺品的制作技术标准。在推动民间手工艺规模化、集约化生产的同时注重工艺技术的传承。特别是在新型的文化旅游景区建设的时候，必须尊重自然和传统，不能破坏现有环境，通过修复、新建的方式打造景区。在苗歌、苗舞、高台舞狮、薅草锣鼓等少数民族艺术形式的开发方面，以真实的传统实行为基础，结合现在的声、光、电等科技设备，增强传统艺术的观赏性、传播性，开发数字产品，扩大文化产品的流通渠道。

7.5.2 创新文化产品类型，打造有竞争力的产品

《重庆文化发展“十三五”规划》指出，渝东南生态保护发展区打造文化生态旅游区，力推“文化 + 旅游”“文化 + 农业”，深挖当地非遗资源，在整体保护文化生态基础上，建设文化旅游经济带和创意农业观光区，培育民俗文化产业。[①]加快构建内强素质、外拓体量的重点门类支撑格局，主要体现了 3 个方面：一是借助“体验经济”的思维，挖掘乡土民俗、自然生态、史前文明等资源，打造一批参与性高的文化产品；二是实施“文化 +”战略，促进文化产业与经济社会各领域跨界发展，推进文化政策的落实，创新特色文化产业的发展方式；三是坚持民族文化可持续发展策略，为食、住、行、游、购、娱等方面增添少数民族特有文化符号，以标准化生产地方美食产品及手工艺产品，传承与发展相统一，加强对传统文化、特色文化的保护，打造生命力强、竞争力强的特色文化产品。

---

① 申晓佳，杨莹. 构建城乡文化服务圈、让巴渝文化呈现区域特色［N］. 重庆日报，2016-6-30（4）.

7.5.3 注重人才建设，增强研发、管理、推广的效率

人才创新是民族文化资源持续开发的保证，优秀的人才队伍能推动行政管理、经营方式、服务水平等方面的发展，强大的人才队伍才能更好地树立文化品牌的品质，增强文化产品研发、管理和推广的效率。在人才需求方面，文化产业的发展需要管理、研发、推广等多方面的人才，并需要对彭水县特色文化有深刻认识，对文化所涉及的领域有一定研究，如从事苗族文化产品的开发就需要对苗族的民俗风情、饮食文化、艺术文化、制作工艺等有所了解，还需掌握当下新技术、新工艺的应用。在人才制度建设方面，立足彭水县的实际情况，建立完善整套人才选用、薪资、奖励的机制，创造良好的就业环境，以吸引高端人才加盟，并结合“双创”的契机，优化文化创业平台，为优秀人才提供创业机会。在人才队伍建设方面，加强与“一带一路”沿线地区交流，积极引进文化行业的高级人才，抓好相关研发、管理、推广人员的培训工作。

7.5.4 开发节事活动，提升文化资源的影响力和知名度

节事活动是民族文化资源开发的一项重要产品，随着节事活动的开展能带动区域经济、城市建设的快速发展，对城市的影响力和知名度有重大影响。彭水县少数民族文化资源丰富，可依托盐丹文化论坛、郁山传统美食节、《娇阿依》民间艺术节等活动，通过举办民族特色节庆活动打造特色民族文化活动品牌。同时，充分利用少数民族传统节庆活动、文艺演出、体育竞技、文化宣传栏、村规民约等多种形式，大力推广民族文化产品，促进不同地区、不同民族间的相互借鉴、相互交流、和谐共处。

第 8 章　新型城镇化进程中西部地区特色文化资源的保护利用

"社会主义文化强国建设"和"中国特色新型城镇化建设"已成为新时期的两大重要战略支撑，多轮驱动的新型城镇化越来越成为一种趋势，不仅是工业发展，文化资源的开发利用也逐步成为新型城镇化的主要驱动因素。广大西部地区由于缺少工业化的支撑，经济社会发展比较缓慢，难以通过工业化途径来完成城镇化进程，而当地的民族特色文化资源丰富，以文化资源的产业化推动就地城镇化，是广大西部地区城镇化发展的理性选择。因此，依托传统文化资源，善用传统文化资源，推动农业经济向文化经济转型，是西部地区实现就地城镇化的重要途径。

自从我国实行改革开放政策以来，城镇化建设进程持续推进，年均增长率基本保持在 1% 以上。到 2011 年，我国的城镇化率已经达到了全国一半以上的水平。之后，我国的城镇化水平一直保持在较高的水平上，2015 年，我国的城镇化率已经达到了 56.1%，在这一背景下，很多问题逐渐暴露出来，因此政府应该对相应的战略进行调整和重新安排。我国新型城镇化的战略任务在党的十八大报告中被明确提出来，并于次年的十八届三中全会进一步强调了必须坚持走以人为本的具有中国特色的新型城镇化道路，2014 年 3 月 16 日，中共中央、国务院联合印发《国家新型城镇化规划（2014—2020）》，在这个规划中再次提出我国城镇化发展需要由速度型过渡为质量型。

8.1 文化资源保护利用与新型城镇化建设协调发展机制

8.1.1 新型城镇化与传统城镇化的比较分析

8.1.1.1 传统城镇化的特征

传统型城镇化其实就是农村人口向城市不断集中的历程，主要表现为城市规模的不断扩大、城镇数量以及城市人口的增多。经济全球化是城镇化时空发展的经济空间支撑体系。一方面，经济全球化推动了产业结构的调整，进一步推动了作为第二产业、第三产业载体的城市发展；另一方面，经济全球化推动了经济增长，为城市建设提供了大量资金，提高了人们的收入，带动产业结构进一步向第二产业和第三产业倾斜，推动城镇化进程持续加速。在城镇化的发展进程中，我们可以依据其产业布局、推动力量、发展理念等方面特征将其分为传统型城镇化和新型城镇化两种类型。

在历史上，传统城镇化具有以下特征：

（1）在质量上，传统城镇化片面追求城市规模的扩大和城市空间扩张，其手段是通过牺牲农业和生态环境为代价的。

（2）在出发点上，传统城镇化侧重城镇化率快速提升，城市数量增加、人口增加、规模扩大。

（3）在内容上，传统城镇化以经济和城市的发展为目标，以土地和人口的城镇化为内容。

（4）在动力上，传统城镇化是以外向型的工业来带动的，导致广大的农村地区长期发展缓慢，拉大了城乡差距。在传统城镇建设中，政府过度干预城镇化进程，致使半城镇化、土地城镇化快于人口城镇化的建设。

8.1.1.2 传统城镇化带来的问题

鉴于传统城镇化具有以上的特征，导致其产生诸多问题：

第一，城镇化水平差异大。统计资料显示，2018 年，我国的城镇化平均水平达到了59.58%，同比增长了0.71%；而同时期东部、西部、中部3个地区的城镇化水平依次呈现递减状态，分别为64.78%、62.71%、45.51%，东西部差距为2.07个百分点；城镇化水平最高的城市为上海市，城镇化率为88.10%，而城镇化水平最低的城市为西藏自治区，只有31.14%，差值达到了56.96%。2018年，城镇居民人均可支配收入东西部相差13044元，相比2015年，差距提高了2825.8元。[①]2017—2018年我国城镇化率区域对比，如表8-1所示。

表8-1　2017~2018年我国城镇化率区域对比

单位：%

区　域	省　份（直辖市）	城镇化率（2017年）	总和（2017年）	城镇化率（2018年）	总和（2018年）
东部	河北省	55.01	64.18	56.43	64.78
	上海省	87.70		88.10	
	北京省	86.50		86.50	
	天津省	82.93		83.15	
	山东省	60.58		61.18	
	江苏省	68.76		69.61	
	浙江省	68.00		68.90	
	福建省	64.80		65.82	
	辽宁省	67.49		68.10	
中部	吉林省	56.65	44.56	57.53	45.51
	山西省	57.34		58.41	
	河南省	50.16		51.71	
	江西省	54.60		56.02	
	湖北省	59.30		60.63	
	湖南省	54.62		56.02	
	安徽省	53.49		54.69	

① 2019年中国统计年鉴.http://www.stats.gov.cn/tjsj.

续表

区 域	省 份（直辖市）	城镇化率（2017 年）	总和（2017 年）	城镇化率（2018 年）	总和（2018 年）
	黑龙江省	59.40		60.10	
西部	四川省	50.79	61.32	52.29	62.71
	贵州省	46.02		47.52	
	云南省	46.69		47.81	
	西藏自治区	30.89		31.14	
	陕西省	56.79		58.13	
	甘肃省	46.39		47.69	
	青海省	53.07		54.47	
	宁夏省	57.89		58.88	
	新疆维吾尔自治区	49.38		50.91	
	重庆市	64.08		65.50	
	广西壮族自治区	49.21		50.00	
	内蒙古自治区	62.02		62.71	

资料来源：作者根据 2019 年中国统计年鉴整理计算。

第二，城镇化的发展水平和工业发展水平不相适应。其实，二者本应是一个相辅相成、相互促进的关系。但是，在我国，二者的发展呈现出明显的不协调，尤其是在较为落后的西部地区，一些城市忽视了自身的实际情况，照搬硬套西方国家的发展模式，重视城市基础设施建设而轻视支柱产业的培育和发展，过于重视城市的形象化建设，而忽视自身传统产业的变革和新型特色产业的发展，从而进一步导致大量农村劳动力过剩，就业压力不断增加的现实问题。统计资料显示，2018 年，全国城镇化率和工业化率之比达到了 176%，相比 2016 年提高了 2.9%，相比 2011 年提高了 37.5%，处于不断扩大的状态，[①] 具体如表 8–2 所示。

① 2019 年中国统计年鉴 .http: //www.stats.gov.cn/tjsj.

表 8-2 1978~2018 年全国城镇化率与工业化率之比

年　度	1978 年	1995 年	2005 年	2011 年	2016 年	2018 年
比　值	0.4	0.71	1.03	1.28	1.71	1.76

资料来源：作者根据 2019 年中国统计年鉴整理计算。

第三，城镇化布局结构失衡。核心城市缺乏辐射带动力，主导地位不明显，城市的经济实力和人口的总规模不相适应。总体而言，传统的城镇化建设进程导致我国城镇化存在一系列突出的特点：一方面，城市总量多，但是，中等城市少，规模普遍偏小；另一方面，市区人口虽多，但是中心人口不多，从而导致城市功能偏弱，缺乏经济带动力。统计数据显示，2018 年，我国全部地级及以上的城市数量共有 279 个，但是，400 万人口以上的大型城市数量为 20 个；200~400 万人口之间的较大型城市数量也较少，只有 42 个；100~200 万之间的城市达到了 99 个，剩下的大多为 100 万人口以下的城市；50~100 万之间的城市达到了 88 个；20~50 万之间的城市也有 40 个，并且在 2015 年之后，这些数据几乎没什么太大的变化。[①] 此外，我国城市职能分工特点不明显，产业布局不科学，存在着重复的情况。

第四，城镇化发展方式粗放。改革开放以来，我国很多地方政府由于思想认识上的偏差，在开发建设的过程中过于注重 GDP 数量的增长，从而忽视城镇化建设需要同人口、资源和环境维持一种协调发展的关系，进一步造成环境破坏、资源利用率不高，能源消耗过大等不可持续的严重问题。虽然经济总量获得了高速增长，城市规模扩张迅速，但是，土地资源的消耗却特别严重，2015 年我国的城区面积大概有 191776 平方千米，而 2018 年的时候城区面积达到了 200897 平方千米，共增加了 9121 平方千米。同时，资源的消耗问题也极其严重，2013 年能源消耗量为 4.17 亿标准煤当量，2018 年扩大为 4.64 亿标准煤当量，共增加了将近 0.5 亿标准煤当量。[②]

① 中国城市状况报告 .http: //doc.mbalib.com.

② 中国城市状况报告 2014–2019.http: //doc.mbalib.com.

8.1.1.3 新型城镇化的特征

新型城镇化是相对于传统城镇化而言的，新型城镇化具有以下特征：

第一，新型城镇化以“存量优先”为基本原则。政府突破了前期单一的依赖城镇化率的外延式增长，逐步转变了将已进入城市的农村转移人口市民化作为优先考虑的因素，更加注重城镇化的内在质量。在持续推进城镇化的进程中，立足于农业现代化的基础，保持工业化作为重要渠道，结合我国城乡分割严重的现实状况，重视城市带动农村、工业反哺农业，扩大城市公共服务的覆盖范围，将城市建设的文明成果惠及全体民众。

第二，新型城镇化的核心是“以人为本”。城镇化的实质是实现农民的非农化，是实现农民的城镇化，通过采取一定的措施，消除城乡差别，农民能够与城镇居民同等地享有发达的物质文明和精神文明成果，进一步提高农民的素质。所以，城镇化必须遵循以人为本的基本原则，促进人的全面发展，实现依法治国，推动普遍的公平公正。

第三，新型城镇化建设的重要途径是“四化”同步，即工业化、农业现代化、信息化、城镇化相互协调、相互发展。新型城镇化“必须有产业和市场支撑，否则，新型城镇化也就不可能真正实现，更不可能持续。”① 如果农业和城镇化滞后，工业发展就缺乏市场和条件，工业化的高度发达就不能实现，如果城镇化超前，就会患“城市病”和“农村病”，农村就缺乏高度的物质基础；工业化和城镇化是信息化的前提，信息化更进一步推动工业化、城镇化和农业现代化的发展，信息化可以大幅度提高人类诸多活动的效率，如果缺乏了先进的信息技术来为传统产业服务，那么工业、农业、城镇的现代化目标就很难实现。

第四，新型城镇化是以质量为主导推进的城镇化。新型城镇化不是简单的城镇人口和面积的增加，而是需要依托人居环境改善、生活方式转变、产业优化支持、社会保障完善等方面不断推动由“乡”到“城”的重大改变。

---

① 简新华.新型城镇化与旧型城镇化之比较［J］.管理学刊.2014（6）.

新型城镇化在实现过程中，强调节约和高效，注重科学规划和统筹安排，特别是在土地和资源上加以集约型利用，注重环保和低碳，强调基础设施的完善，提升城市管理水平，加强生态文明建设，注重绿色发展、低碳发展和循环发展模式，打造有历史风范、地域特色、文化气息、民族特质的美丽城镇。

8.1.2 文化资源保护利用与新型城镇化的协调发展机制

8.1.2.1 新型城镇化建设为提高文化资源开发利用效率提供保障

第一，新型城镇化的持续推进能够为文化资源的合理开发和有效利用提供更加有利的交通运输条件。我国西部地区绝大部分地处边疆，主要分布在山区、高原、牧区和森林地区，由于交通不便，很多不为外界所了解。新型城镇化建设给西部地区走向世界提供了契机，为西部地区带来了高水准的交通建设，给西部地区的文化资源保护利用提供了便利的交通条件，为西部地区的文化产业融合缩短了空间距离。

第二，新型城镇化过程中的城市人口规模效应保证文化资源的开发利用。新型城镇化有助于人口聚集效应的实现，从而有利于为民族文化资源的合理保护、有效开发、科学利用、持续传承和健康消费奠定良好的人口基础，为西部地区的文化产品的开发提供了主观条件。在西部地区，具有民族特色的文化资源，通过设计、创意、科技提升和市场运作，转换为文化产品和文化产业，期间关键的环节是消费群体的保证。新型城镇化的人口聚集效应正好满足这一需要。

第三，新型城镇化建设能够为西部地区文化资源合理的保护利用创造齐全的公共设施基础。一般而言，特色文化聚集地的广大西部地区基础设施建设不是特别发达，但是，随着民族特色文化开发力度的加大，相关的公共设施配套建设工作必须跟上步伐，才能更好地促进文化资源的保护与开发进程。例如，由文化资源而带动的文化旅游产业涉及食、住、行、游、购、娱

6 个方面，文化旅游产业要持续发展就需要有相应的配套的公共设施。新型城镇化的建设能够促进相关地区公共设施的建设，并进一步加大民族特色文化资源的保护和利用程度。

第四，新型城镇化为制造业和民族文化产业的融合带来了机遇。新型城镇化为农业以外的产业发展提供了机会，特别是在广大的西部地区，文化旅游资源具有比较优势，是一种重要的增长要素，具有支撑、形成增长极的作用。在这些地区，工业基础相对而言比较薄弱，工业企业的发展程度不高，在新型城镇化的建设和发展过程中，应该突破原来的路径依赖，也不应该照搬硬套西方国家的经验，单纯依赖工业化，而应结合自身的实际情况，从实际出发，发展适合本区域的民族文化旅游业或者其他的特色产业，实现民族文化产业和制造业的相互融合。

8.1.2.2 文化资源保护利用是顺利推进新型城镇化的重要支撑

第一，文化资源有效地保护利用可以为新型城镇化的发展提供良好的产业支撑。保护和利用特色文化资源，比如，藏族的唐卡和建筑，必然带来特色文化旅游和相关产业的发展；如保安族的腰刀，涉及制造业的一些行业的融合，这些产业涉及第一产业、第二产业和第三产业的综合交叉，引起产业结构的优化升级，给新型城镇化发展提供了良好的产业支撑。

第二，文化资源合理地保护利用可以进一步增强新型城镇化建设的软实力。新型城镇化具有软实力和硬实力；硬实力包括经济总量、财政收入、硬件设施等；软实力包括文化水平、人文环境、体制机制等。通过规划、设计和市场运作，特色文化资源转化为文化产业，从而成为区域经济的增长极，刺激城镇的聚集效应和扩散效应，带动城市群的发展，进一步促进新型城镇化的发展，为新型城镇化提供强大的经济支撑。

此外，特色文化资源保护利用能够大幅提升新型城镇化建设的差异化优势。传统城镇化的一个重要弊端就是“千城一面”，城市没有个性。在新型城镇化下，特色文化资源就是区别各个城镇的标志，提升了城镇和城市的魅力，使新型城镇化的品质得到了提高。

8.1.2.3 文化资源保护利用和新型城镇化协调发展机制

文化资源保护利用和新型城镇化建设之间主要体现为协同互补的辩证关系：一方面，新型城镇化建设能够为文化资源的有效开发和合理利用提供有力保障，其主要手段包括交通网络的不断完善、公共设施的持续改进、人口聚集的规模效应、产业结构的升级和产业基础的巩固；另一方面，文化资源合理地保护利用已成为顺利推动新型城镇化建设的重要支撑，其主要手段包括产业化支撑水平的提高、新型城镇化软实力的增强、新型城镇建设差异化优势和柔性竞争能力的提升。两者之间的协调发展机制，如图 8-1 所示。

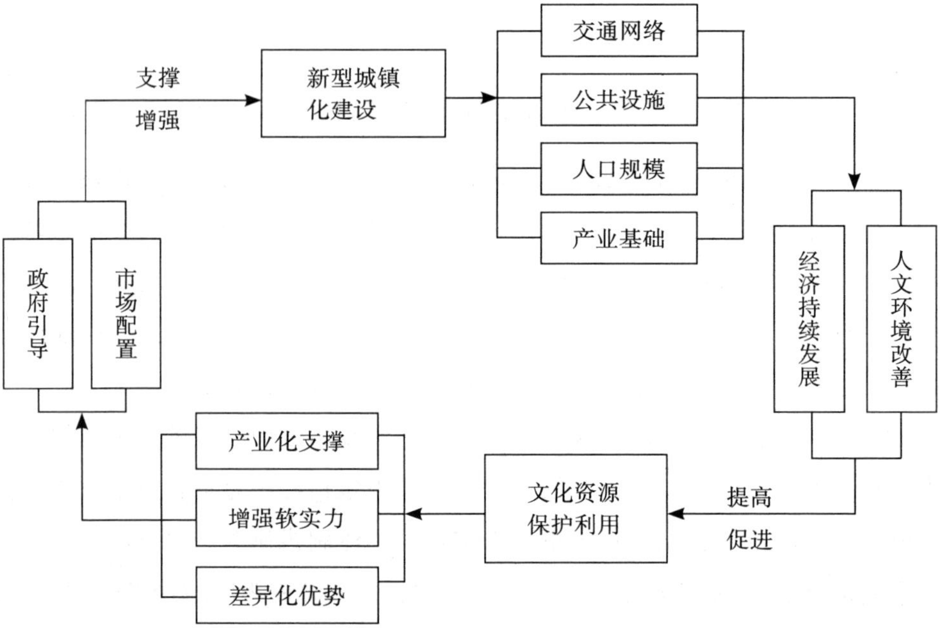

图 8-1 文化资源保护利用和新型城镇化协调发展机制

由图 8-1 可知，新型城镇化建设依托以上 4 种方式，通过经济持续发展和人文环境不断改善两种途径；进一步强化了文化资源的有效保护力度，并提高了文化资源的合理利用水平。而文化资源保护利用水平的提高，又依托 3 种基本方式：一是通过政府的科学引导和市场对资源的有效配置两种途径相互补充；二是大大增强了新型城镇化建设的广度和深度；三是为新型城镇化建设提供有力的支撑。最终，实现了两者的协同互补，良性循环。

近年来，广大西部地区在开发传统文化资源、彰显民族特色、推动城镇化建设等工作中取得了新的成效而且体现了鲜明的特色，本章内容主要以四川省西北高原的藏族聚居区为典型研究对象，深入剖析西部地区文化资源开发利用与新型城镇化协调发展的路径和机制，加强定量分析与定性描述的结合，深化理论与实证的结合，积极探索西部地区特色文化资源开发过程中所面临的问题，并且运用科学的方法对西部地区特色文化资源的保护性开发策略进行全面分析。对于激发西部地区特色文化创造活力、丰富社会文化生活、保障人民基本文化权益，尤其是对于西部地区依托特色文化资源推进新型城镇化建设具有重要意义。

8.2 川西北地区城镇化建设和特色文化资源开发的现状及成就

川西北地区是中国第二大藏族聚居区，是康巴文化的核心区，亦是内地连接西藏自治区的要道，自古就是“汉藏走廊”，其经济、社会、文化发展在我国西部地区中具有一定的代表性。目前，川西北地区城镇经济发展相对落后，工业化程度不高，城镇化率远低于平均水平，产业布局和人口的分布都比较松散。如何在川西北地区因地制宜，合理利用该地区的文化资源发展当地的特色文化产业，带动其他产业的发展，促进新型城镇化建设，无疑具有窗口示范效应，对全面小康社会的建设具有举足轻重的作用。

党的十八大提出了“两个一百年”的奋斗目标，其中第一个目标为全面建成小康社会的目标，关键是要解决西部地区的发展问题。一方面，川西北地区由于受自然环境和历史因素的影响，经济发展水平落后，且肩负维护国家边疆稳定的重要任务；另一方面，由于其在西部地区中占有较大的比重，并且是向全国乃至全世界展示西部民族地区发展情况的窗口。虽然川西北地区全面小康社会建设的难度大、面临的困难多，但是川西北地区全面小康社会的顺利建成，其经验对西部其他少数民族地区的经济社会发展具有较大的启迪和示范作用。川西北地区传统城镇化中的工业基础薄弱，经济基础较差，阻碍了全面小康社会建设目标的顺利实现。唯有自然资源和文化资源禀赋较突出，应该大力发展特色文化产业和旅游服务业，将文化产业的可持续发展作为新型城镇化的重要支撑，走特色文化资源的保护利用和新型城镇化建设协调发展的道路。

川西北高原藏族聚居区包括阿坝州、甘孜州、木里县。截至2018年12月，这3个地区的城镇化水平分别达到40%、31.66%、35.71%，而四川省全省的平均城镇化率，以及全国城镇化建设平均水平分别为52.3%、59.58%，存在较为明显的差距。[①] 川西北地区的城镇化发展相对缓慢，而且存在不平衡的特征，这在一定程度上限制了自身的发展，并且还大大降低了辐射周边农牧地区的作用。

在川西北地区，甘孜州是藏文化的发祥地之一，是康巴文化的诞生地。民族文化风格独特、底蕴深厚、博大精深、源远流长。在漫长的历史长河中，藏、彝、回、汉、蒙古、古西夏等民族在这片热土上生息繁衍并创造了辉煌灿烂的文明，留下了极其丰富的文化遗产。这些文化遗产凝聚着全州各族人民自强不息的精神追求和历久弥新的精神财富，是建设各民族精神家园的重要支撑，在促进甘孜州文化大发展、大繁荣和文化强州建设中发挥着不可替代的作用。在阿坝州，“格萨尔”“雕版印刷技艺”“藏戏”3个项目被列入了“人类非物质文化遗产代表性名录”，同时，还成功申报了国家级非遗项目23个，省级非遗项目62个，州级非遗项目127个；有国家级代表性传承人9人，省级代表性传承人74人，州级代表性传承人242人。[②] 此外，阿

① 2019年四川省统计年鉴.http: //www.sc.stats.gov.cn/tjcbw/tjnj/.

② 2016年四川省统计年鉴.http: //www.sc.stats.gov.cn/tjcbw/tjnj/.

坝州拥有高密度、高品位的世界级旅游资源，有九寨沟、卧龙、四姑娘山和若尔盖湿地 4 个国家级自然保护区。其生态环境优良，立体气候明显，地理环境独特。这些优越的文化资源经过转化，可以成为独特的文化产业。

8.2.1 城镇化建设工作的现状及成就

8.2.1.1 城镇化成绩突出

川西北地区地理位置处于青藏高原的东部边缘，地域比较广阔，海拔较高，气候寒冷，空气稀薄，冬季严寒天气持续时间长，道路交通这类的基础设施较为落后。尽管地理环境比较恶劣，而且基础设施建设也不尽如人意，但在改革开放以后，尤其是在国家西部大开发战略的推动下，川西北地区城镇化建设仍取得了较为显著的成绩。

阿坝州在进行城镇化的过程中，取得了很大的成绩，积累了丰富的经验。一是以规划为导向。按照“四心、多极、两轴”新型城镇体系建设目标，加大改革开放城、九寨沟县城、松潘县城和茂县 4 个中心城镇建设力度，围绕汶川—茂县—松潘—九寨沟和汶川—理县—马尔康—阿坝县两条轴线，打造内涵丰富、文化多元的特色魅力城镇。二是以民生工程为契机。在深入推进扶贫开发、牧民定居、综合防治大骨节病试点和以“四改、两建、调结构、强配套、促增收”为核心内容的幸福美丽家园建设的基础上，大力实施城镇的美化、亮化工程，巩固提升了一批特色浓郁、功能完善、环境优美的小集镇，有效提高了城乡统筹和建设水平。三是以旅游业为龙头。围绕建设国际旅游目的地、中国精品旅游示范区目标，深入实施旅游二次创业，坚持走新型城镇化道路，加快城镇体系和基础设施建设，川主寺镇、漳扎镇、映秀镇、水磨镇、卓克基镇等旅游集镇的城镇扩容和打造提升初见成效。城镇的承载能力显著增强，城镇品位得到提升。目前，全州城镇化率提高 2.8 个百分点，达到了 40%。[①]

甘孜州按照“三去三加”对 18 个县城和重点集镇实施风貌改造。康定成功撤县设市，撤乡建镇 28 个。7 个省级“百镇试点”和 20 个州级示范镇建设初见成效。打造幸福美丽新村 209 个。城镇化率达 31.66%，比 2015 年提高 12 个百分点，宜居宜业宜游的现代高原城乡体系已初步建立。[②]

8.2.1.2 城镇化与区域经济具有相同发展规律

第一，川西北地区城镇化与经济发展在全国处于劣势。2018 年，我国城镇化率为 59.58%，人均 GDP 为 6.4 万元，川西北地区阿坝州城镇化率为 40%，城镇居民人均可支配收入为 3.3 万元，甘孜州城镇化率为 31.66%，城镇居民人均可支配收入为 3.2 万元。[③] 这些事例说明川西北地区的城镇化率和区域经济与全国平均水平相比均处于劣势，且发展具有不平衡性。

第二，川西北地区内部城镇化发展不平衡。通常情况下，城镇化水平是和经济发展水平成正相关的。在川西北地区，区域经济差异明显，与此相应，城镇化的水平差异很大，单从人均 GDP 来看，汶川、康定、理县和马尔康等县、市早已超过 3 万元，其中汶川县最高，达到了 5.6 万元，这 4 个县的城镇化水平也是西部地区最高的 4 个县，其中，马尔康县高达 51.42%；而经济最为落后的当属石渠县，人均 GDP 仅为 9014 元，而该县城镇化水平也才仅仅 19.26%。[④] 川西北地区城镇化率及经济水平差异，如表 8–3 所示。

---

① 2019 年阿坝州统计年鉴 .http: //www.abtjxxw.gov.cn/.

② 2019 年甘孜州统计年鉴 .http: //www.gzztjj.gov.cn/.

③ 中国城市状况报告 .http: //doc.mbalib.com.

④ 2018 年阿坝州统计年鉴 .http: //www.abtjxxw.gov.cn/.

表 8–3 川西北地区城镇化率及经济水平差异

城镇化率	县数（个）	总人口（万）	占西部地区人口比（%）	人均 GDP（元）
15%~20%	4	31.09	14.7	19640
20%~25%	6	32.06	15.1	21509
25%~30%	6	35.25	16.6	16953
30%~35%	4	24.65	11.6	21582
>35%	11	84.34	39.8	31452
合计	31	207.39	97.8	24506

资料来源：《2019 年阿坝州统计年鉴》《2019 四川省农业统计年鉴》。

从表 8–3 可见，川西北地区的县、市总体而言经济发展水平相对滞后，而且城镇化水平也偏低，其中，有 11 个县城镇化水平超过 35%，人均 GDP 达到 31452 元；有 4 个县城镇化水平在 30%~35% 之间（不包括 35%），人均 GDP 达到 21582 元；有 6 个县的城镇化水平在 25%~30% 之间，人均 GDP 达到了 16953 元；有 6 个县的城镇化水平在 20%~25% 之间（不包含 25%），人均 GDP 为 21509 元；有 4 个县的城镇化水平仅在 15%~20% 之间，人均 GDP 仅为 19640 元，川西北地区内部各区域之间差异也很明显。①

第三，人均 GDP 与非农产业尤其是第三产业发展对城镇化的影响显著。以川西北地区 31 个县 2017 年的截面数据为分析对象，可得出川西北地区城镇化水平随人均 GDP 增长呈现正向多项式相关关系，相关系数为 0.4924，呈现为弱相关关系，如图 8–2 所示。

① 2018 年阿坝州统计年鉴 .http: //www.abtjxxw.gov.cn/.

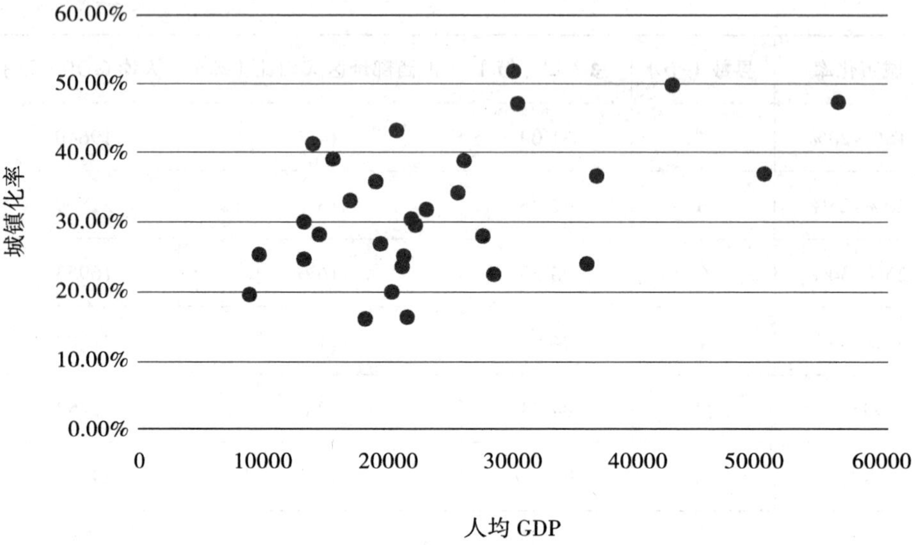

图 8-2　2017 年川西北地区城镇化水平与人均 GDP 关系

此外，2017 年川西北地区 31 个县的截面数据分析表明，人口城镇化与第一产业不相关，相关系数仅为 0.137847，人口城镇化与第二产业低度相关，相关系数仅为 0.425731，和工业的相关系数更小，仅为 0.362287，但和第三产业中度相关，相关系数为 0.697423。这反映了川西北地区第二产业的发展对人口城镇化的贡献率较低，相对来说，第三产业吸纳农村的劳动力强。

8.2.1.3　建制镇和城镇化之间呈正的相关性

在川西北地区，城镇化和建制镇之间呈正的相关性，两者呈正相关关系，相关系数为 0.5665，2017 年川西北地区建制镇和城镇化水平之间的关系，如图 8-3 所示。

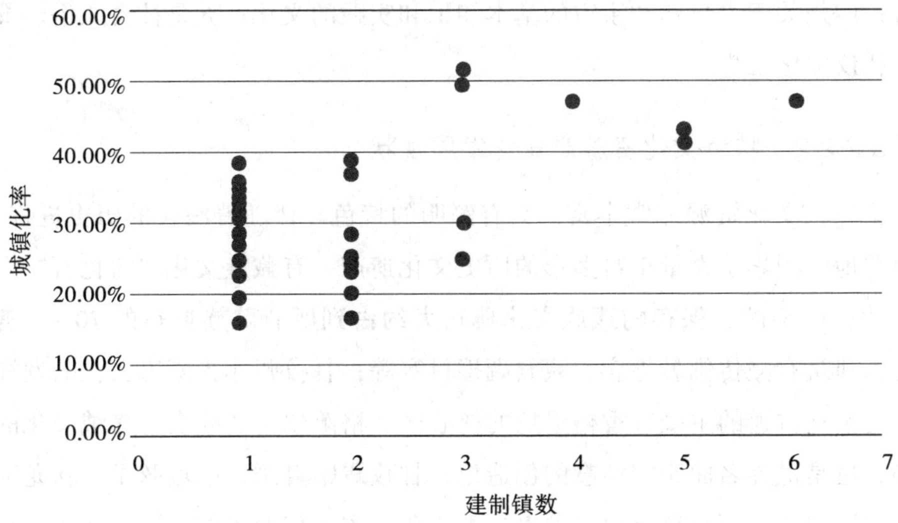

图 8-3　2017 年川西北地区建制镇和城镇化水平之间的关系

以上数据分析表明该区域人口城镇化水平随建制镇数量增加而增加。建制镇最多的是汶川县，一共有 6 个建制镇，非农业人口比例达到了 42.52%。而该区域其余的 12 个县都只有一个建制镇，即其县城，这些县的城镇化水平较低，普遍低于 25%。①

8.2.2　特色文化资源开发种类及产业化发展现状

8.2.2.1　特色文化资源开发的主要种类

特色文化包括物质文化和非物质文化：物质文化是指以物质形态存在的文化，其本质属性是物质的；非物质文化遗产的表现和传承方式呈现出动态化的特征，具体方式包括口头亲述、亲身示范等行为，具有民间传统的各种文化形态或者形式。大致可将其分为 5 种类型：一是表演艺术文化；二是传统手工艺文化；三是口头传说和表述文化，包含作为非物质文化遗产媒介的

① 2018 年四川省统计年鉴 .http: //www.sc.stats.gov.cn/tjcbw/tjnj/.

语言；四是关于大自然和宇宙的基本知识和实践的文化；五是社会风俗、节庆和礼仪文化。[①]

8.2.2.2 特色文化资源产业化发展现状

第一，文化资源非常丰富，具有鲜明的特色。伴随着漫长的历史进程，川西北地区积累了大量丰富多彩的历史文化遗产，有藏族文化“活化石”之称的德格印经院，保存的藏族文化典籍大约占到所有藏族典籍的70%；著名的古建筑有藏传佛教寺庙、藏族碉楼村寨等；甘孜州作为康巴文化的发祥地，是茶马古道的主线、香格里拉的核心区、格萨尔王的故乡、嘉绒文化的中心，也是世界名曲康定情歌的创造地；甘孜踢踏舞蹈、巴塘弦子、新龙锅庄享誉国内外，而且还有白玉戈巴父系文化，国内仅此1处，还存在道孚扎巴走婚习俗等特色地域文化。截至当前，甘孜州成功申报了127项非物质文化遗产，其中，国家级的保护项目有23个；省级的保护项目有39个；州级的保护项目有65个。[②]除此之外，川西北地区还有羌年、藏年等传统的节日，宗教文化的活动也非常丰富，红军长征文化也被很好地保存下来了，并具有一定的地域特色，民族的歌舞和民俗风情也时常让人感到耳目一新。

阿坝州拥有良好的生态环境，气候为显著的立体分布格局，地理位置特色明显，这里还有大熊猫和珙桐等珍稀物种，它们享有“动植物活化石”之美誉。阿坝州共拥有24处自然保护区，占当地面积的29%。国家级自然保护区有4个，分别是九寨沟、卧龙、四姑娘山和若尔盖湿地，其中，九寨沟和黄龙都是世界自然遗产地、“绿色环球21”和人与生物圈保护区；阿坝州的卧龙、四姑娘山和夹金山脉是四川大熊猫的重要栖息地，其在2006年7月12日正式加入世界自然遗产，由此，我国的世界自然遗产达到5处，阿坝州就有3处。[③]阿坝州的省级自然保护区高达11处，分别是黄龙、白河、

---

① 邹启山.文化延续之命运——略论非物质文化遗产及其保护［J］.中外文化交流.2004（7）.

② 甘孜州旅游发展委员会网.http: //www.gzzta.gov.cn/.

③ 阿坝州政府网.http: //www.abazhou.gov.cn/.

白羊、勿角、铁布、草坡、宝顶、米亚罗、曼则塘、南莫且、三打古。3个国家级风景名胜区分别是九寨沟、四姑娘山和黄龙，5个省级风景名胜区分别是卡龙沟、米亚罗、三江、叠溪—松平沟和九顶山—文镇沟大峡谷。这里的山脉连绵不绝，河流曲折蜿蜒，动植物多种多样且珍贵稀有。在川西北高原这块美丽的土地上，不得不感叹世界的神奇，能创造出如此秀美诱人的山水景观。世界知名的旅游专家称阿坝州为世界生态旅游必到之处，是最理想的生态旅游目的地。

阿坝州是重要的红色文化基地，也是红军长征经过的重要阵地，革命先烈不畏艰险、艰苦奋斗的精神影响了世世代代川西北地区民众。整个州被四川省人民政府划为革命老区县的就有13个，其中，红原县就是由周恩来命名的，红军长征纪念碑碑园坐落于此。阿坝州这片热土将永远传承革命先烈的红色精神，也成为当代民众红色旅游和青少年爱国主义教育的重要目的地，红军革命精神也将在此永垂不朽。

第二，特色文化产业成绩显著。川西北地区各级相关政府及党政领导都非常关注文化产业的发展，积极做好规划。阿坝州借灾后重建之机，致力于建设一系列独具藏羌文化特色的小镇，工作思路是形成“一线五片”文化产业总体布局。甘孜州也已出台建立“五个一”文化产业体系的战略规划，即县县一特、一品、一台、一队、一中心。该地区文化品牌建设的效果已经有了初步的显现，比如，“白玉河坡藏刀”“阿西土陶”“藏谜”“色达藏戏”等文化品牌已经初具影响力。2017年，阿坝州文化产业产值达6.1亿元，占全州GDP的2.1%。截至2017年12月，全州文化企业资产总额1000万元以上的27个，1亿元以上的5个；经营收入1000万元以上的10个，1亿元以上的1个。①

第三，特色文化产业实现了初步优化升级。甘孜州的康定情歌文化园区建设的脚步逐渐加快，致力于形成康东多元文化、康北格萨尔文化和康南香巴拉文化三位一体的产业区；全面实施对新龙药泥面具和德格麦宿、白玉河

① 阿坝州政府网.http://www.abazhou.gov.cn/.

坡手工艺品和炉霍唐卡等项目的开发；实现对红色文化资源规划、开发与保护；扩大对文化产业的宣传范围，并增加宣传力度，将“圣洁甘孜”文化旅游区的公用商标上报国家工商总局，促进文化产业的发展。

阿坝州特色文化示范基地众多，包括 1 个国家级文化产业示范基地，2 个省级文化产业示范基地，列入藏羌彝文化产业走廊重点项目的有 3 个。国家对大禹文化产业园的建设项目投入的资金高达 500 万元，大型原生态歌舞乐《藏迷》通过中央文化产业发展专项资金的审批并取得金融贴息；将旅游业与文化结合起来，举办各种民族节日、文物展览和文艺表演等丰富多彩的活动；加大对文艺表演的编排力度，《羌魂》和《九寨千古情》等歌舞表演赴各地进行表演。截至 2016 年 6 月，九寨沟演艺团队共获得了近 60 万人次游客的观看，产值达到 1.14 亿元；非物质文化遗产成为文化产业的中流砥柱，诸如藏羌织绣、唐卡、西路边茶和藏香等传统工艺品受到越来越多游客的喜爱，是人们的新选择。①

8.3 川西北地区城镇化进程中文化资源开发面临的问题

8.3.1 城镇化进程中物质文化资源开发存在的问题

川西北地区城镇化进程中物质文化资源开发面临的问题主要体现为以下几方面。

8.3.1.1 物质文化资源开发过程中过于注重市场化行为

川西北地区在新型城镇化过程中，资金严重短缺，单纯依靠政府自身财政支持，难免不太现实，因此，必然会引进外部投资。各种投资公司在进入

① 中国阿坝州门户网站 .www.abazhou.gov.cn.

后，以利益最大化为目的，忽视了对物质文化资源的保护和开发。例如，四姑娘山旅游风景区，当地居民在马匹运营中，宰客、甩客、漫天要价等现象屡禁不止；马道狭窄，致游客受伤的情况时有发生。这种行为，严重损害了旅游区的形象，不利于当地旅游物质文化资源的开发和利用。

8.3.1.2 基础设施相对落后

当前，川西北地区基础设施建设日益完善，和改革开放前相比，得到了很大的改进和提高，但是，一些拥有丰富物质文化资源的村寨，基础设施仍旧比较落后，对外界来说，可达性差。如黑水县，旅游通道可进入性较低，影响游客深度体验。“道路等级低、同行能力差、地质隐患多”依旧是制约当地旅游突破的最大瓶颈。这主要体现在以下几个方面：一是旅游通道承载力低。尽管其处于全州腹心地带，却不具备枢纽功能，国道 213 线、317 线绕县而过，境内仅有一条山中三级、四级标准的省道，道路等级低，通行能力差。二是库区绕坝路制约突出。全长 22 千米的毛儿盖库区绕坝路，V 形嵌入交通路网，路基沉降、边坡崩塌、滑坡等隐患达到 33 处，加之绕坝道路标准低、弯道多、坡度陡，直接影响游客出行的安全感和舒适感。[①] 三是公路发展差距正在不断拉大。原省道 302 线虽调整国道干线，但是，近期暂无提升改造的可能。建设中的汶马高速、成兰铁路，以及规划中的汶九高速等快速通道均绕县而过，通道差距、承载等级正不断扩大，在一定程度上制约了文化旅游产业的持续发展。

8.3.1.3 新型城镇化过程中，对物质文化资源的保护和开发资金短缺

川西北地区，土地广袤，人口稀少，自然条件恶劣，落后的生产方式导致生产力水平低下，宗教对当地人民影响深远，思想观念相对封闭，地域结构不够开放，导致经济发展落后，是属于靠财政吃饭的地区。由于缺乏资金，无力进行开发的前期工作，不能满足投资商的要求，因此，若只依靠川

① 2014 年阿坝州政府工作报告 .http: //www.abazhou.gov.cn/.

西北地区自身财力，无法很好地保护和开发当地特色物质文化资源。阿坝州的红军长征纪念碑碑园极具历史意义和教育意义，是爱国主义教育基地、省级重点文物保护单位、国防教育基地以及青少年教育基地，但是，当前各项相关文物保护资金未能及时拨付，导致其保护和开发工作仍举步维艰，这在一定程度上使得其难以充分展现其历史教育意义。不仅如此，松潘县的花、绿二海、红石公园、施家堡西沟等特色自然景区开发和红军毛儿盖会议遗址等重要革命遗址的保存维护，因缺乏资金，历史文化未能得到充分挖掘和整理，大大阻碍了松潘旅游项目的开发利用。

8.3.1.4 物质文化资源的区位开发失衡

川西北地区物质文化资源虽然丰富，但其经济效益的发挥却极不平衡，物质文化资源的开发缺乏整体性，对整体物质文化资源的整合力度不够，影响产业联动发展。一方面，境内旅游景点相距较远，且又不处于一条旅游干线，景点与景点之间难以形成旅游环线，优势互补难以实现，资源整合难度较大；另一方面，旅游作为 3 次产业相融互动“催化剂”，但其“润滑剂”的作用发挥不够充分。农产品深加工规模较小、种类较少，仅有少数几家食品有限公司从事特色农产品开发。农副产品就地转化、就近销售量小，三产带动一产提升、推进二产壮大能力较弱，产业间资源整合、相容互动程度不高。

8.3.1.5 红色旅游资源利用层次较低，旅游产品单一

川西北地区开发红色文化旅游产品的进程相对缓慢，层次有待提高，其根本原因主要体现为两方面：一是红色旅游资源开发的深度不够，旧址、纪念馆和革命遗址均为展览形式，呈现内容大同小异，呈现方式单一乏味，未能构建独具特色的红色旅游产品结构体系。二是红色旅游产业开发的程度不高，收入来源主要是景点门票，住宿、餐饮和购物等能带动大消费群体的收入过少，未能成功构建旅游产业体系，不能很好地带动相关产业的发展。

8.3.1.6　物质文化资源的开发给特色文化保护带来影响

川西北地区展开物质文化资源建设项目的打造，不但会促进当地社会、经济和文化的发展，而且也造成了当地居民传统文化的影响和改变。现在西部地区在物质文化资源开发方面遇到的难题主要在于那些面临开发的地区所拥有的传统文化、民风民俗，以及道德伦理都会受到一定的影响，无论是衣、食、住、行，还是风俗习惯都会逐渐与外来文化融合，慢慢向其趋近。受到多元文化和价值观的影响和渗透，少数民族传统文化的趋同化、传统价值观弱化，甚至慢慢丢失的现象一直存在并不断加强，并且这些现象的影响是深远且无形的，此类现象在川西北地区也屡见不鲜。

8.3.1.7　物质文化利用的同质化现象严重

在全国城镇化水平不断提高的背景下，不少地方忽略了对自有的特色民族文化品牌的培养和打造，带来的直接后果是缺少独具特色的城镇品牌和形象。很多城镇的建筑风格非常雷同，片面地把现代元素融入和体现出来，而忽略了地域、民俗和民族的独有特色。很多旅游景区的建筑，只是人为构建的布景，并不是真实的旧迹，和整个环境布局格格不入，完全不能形成体现独具地方特色的文化吸引物。比如，近年来，汶川乡村旅游在发展过程中涌现出了一批独具特色和文化品位的景点，但从总体上看，精品景点所占乡村旅游景点比重较小，四星级、五星级农家乐仅各 1 家，绝大多数乡村旅游景点还停留在看农家景、吃农家饭、采摘、垂钓、玩扑克等“千村一面”的服务项目，当地文化特色缺乏深层次挖掘，乡村旅游发展还尚未形成规模性产业。

8.3.2　城镇化进程中非物质文化资源开发存在的问题

川西北地区城镇化进程中非物质文化资源开发存在的问题主要包括以下几方面。

8.3.2.1 缺少先进的开发理念作支撑

在川西北地区进一步拓展城镇化建设的过程中，不能忽略的重要问题就是非物质文化资源该如何利用和保护。很多地方的非物质文化遗产的重视和保护观念不强，体现在以下 4 个方面：一是没有认识到民间文化在整个主流文化发展过程中的重要性；二是混淆文物和文化遗产的概念，在认识和实践的层面没有做好非物质文化遗产的保护工作；三是对于非物质文化遗产面临灭失的困境，采取的态度是顺其自然和不加以干涉，甚至不管不问；四是现在有些地区的财政不够宽裕，主张发展经济到一定程度后再保护非物质文化遗产。在这些落后开发理念的约束下，非物质文化遗产的保护工作仍有很多尚待改进之处。

8.3.2.2 专项保护资金的紧缺

尽管国家相关部委和四川省各级部门为解决川西北地区总体贫困的问题陆续进行了大量的财政经费扶持，但是，由于该地区历史欠账过多且受到主客观条件的制约，非物质文化资源保护性开发的专项资金紧缺问题依然存在。同时，还因为社会发展总体规划和地方国民经济规划中还没有把我国非物质文化遗产的保护工作全面列入具体工作内容中，关于目标管理、保护标准、收集、整理、记录、调查、建档、利用等一系列保护性工作依然推进缓慢，无法系统科学地解决非物质文化资源的保护问题。

8.3.2.3 非物质文化遗产人才培养工作相对滞后，文化传承途径不畅

非物质文化遗产的传承途径存在障碍，而且忽视了相关人才的培养和教育问题。受到实用主义思想的影响，长期以来，教育领域过于强调职业化技能，忽视了非物质文化遗产保护和传承的宣传教育工作，并没有将其蕴含的核心文化价值传授给学生，使得学生不能真正了解民族文化内涵，也就不会关注非物质文化遗产的保护工作，导致社会缺乏真正能承担保护非物质文化遗产工作的专门人才。新时代年轻人开始脱离了我国的传统文化，不再对民族文化存在极大的兴趣和关注，只是热衷于圣诞节、情人节、选秀的活动。

由于传播途径不通畅，导致部分青少年逐步淡化了对传统非物质文化资源的关注和传承的热情。

8.3.2.4 相关部门支持力度待加强

非遗保护工作的内容多，涉及面广，需要联合财政、教育、建设、科技、旅游、民政、宗教、文物等相关部门的广泛参与，形成合力，建立政府主导，社会参与，职责明确，运转协调的工作机制，因此，需要各级政府予以协调。

8.3.2.5 在建立健全非遗工作机构的基础上，急需增加人员编制

非物质文化遗产保护和开发是一项长期而复杂的工作，涉及面广、门类多，且申报程序规范严格，需要常设机构、配备专人对其进行规划、指导、保护和管理。比如，阿坝州于2011年4月正式在州文化体育和广播影视局设立了文化遗产保护科，主要负责全州非遗保护工作的全面开展，但仅配备了2名编制。经过努力，2012年12月，“甘孜州非物质文化保护中心”在州文化馆正式挂牌成立，但由于无人员编制、无工作经费，不利于相关工作的开展与推进。

8.3.2.6 理论研究和政策研究还相对滞后

缺乏理论知识扎实、工作经验丰富的专业人员。非物质文化遗产保护和开发工作体现为内容丰富、涉及范围广、专业性强等特点，目前，川西北地区非物质文化遗产的保护工作还没有形成相对完善的科学体系，尚处于探索阶段，对于应用性保护工作的研究还不成熟，存在很多不足之处。省厅领导曾带领部分专家为各级非遗保护工作人员开展培训，但由于多种原因影响，竟然有相当部分非遗保护从业人员没有接受过专业化培训。在实际保护工作中，缺乏具有针对性的理论予以指导和专门政策予以支撑，导致非遗保护工作不能很好地开展下去。

8.3.3 典型案例分析：甲居藏寨特色村寨文化资源的保护与开发

甲居藏寨位于四川省甘孜州丹巴县境内，除了拥有迤逦的自然风光，还具有丰富的嘉绒藏族村寨文化资源。寨内共计200余幢风格独特、错落有致的传统民居依山傍水而建。村寨特有的风情文化、节日庆典、歌舞艺术、饮食习俗、景观作物、农牧风貌等民族文化资源与青藏高原自然禀赋融为一体，充分体现了人与自然和谐相处的境界，成为重要的旅游吸引物。经过近二十年的民族文化旅游开发，已发展成为甘孜藏族自治州影响深远、评价较高的特色景区之一，2005年，甲居藏寨被《中国国家地理》杂志评选为“中国最美丽乡村古寨”。根据实地调研的结果，截至2016年末，甲居藏寨3个村共160户人家。其中，从事旅游民居接待的农户有近90户，挂牌经营的有33户，村民一年的家庭毛收入少则5000元，多则达到70万元。虽然甲居藏寨的特色文化村寨建设和开发取得了一定的成就，但从保护性开发的角度分析，其村寨文化资源的目前还面临以下问题。

8.3.3.1 村寨居民的博弈力量较弱，导致文化资源开发收益分配不合理

由于交易成本和监督成本的存在，导致村寨文化资源的相关权利不可能完全界定，必然有部分有价值的资源进入“公共领域”，因此，在“公共领域”“寻租”也成为相关利益主体获得额外收益的目标。村寨居民、文化传承人与利益相关者之间的政治博弈和权力较量直接决定他们是否能够获得在“公共领域”索取和控制“租”的机会。[①] 现实中，受到传统观念的影响、地方经济建设要求、资金稀缺性，以及当地居民管理能力等各种因素的约束，社区和村寨居民在村寨文化旅游资源开发过程中处于利益博弈的弱势地位，

① 左冰，保继刚.从“社区参与”走向“社区增权”——西方“旅游增权”理论研究述评[J].旅游学刊.2008（4）.

政府和开发企业等强势群体可以通过制定新规则、不充分公布信息或采取强制性手段等方式弱化村寨居民的文化资源权益。

根据调研资料的整理，可将甲居藏寨的村民与地方政府的利益博弈分为 3 个阶段，即萌芽阶段、冲突阶段、相对缓和阶段。

第一阶段主要是 2003 年以前，由于甲居藏寨特有的民俗文化、建筑风格、民族风情文化与独特的自然风光相结合，展现出强大的旅游吸引力。开始有成都、重庆等大城市的游客到藏寨观光，不少藏民因为传统思想观念约束不愿意接待游客住宿。在村干部的带头示范下，接待游客的当地藏民逐渐多起来，随着游客数量的不断增长，当地县、乡两级政府对村寨的民族文化旅游业进行了干预，开始对景区收取门票，价格为 10 元。并有专门的工作人员进行收取和控制，由于早期的门票价格较低且村寨居民缺少市场经济意识，广大村民对于门票收益的分配不大关注。

第二阶段为 2004—2007 年，进入到政府与村寨居民利益分配的冲突阶段。随着甲居藏寨的影响力不断扩大，地方政府先后对门票价格进行持续调整，2004 年，门票价格涨到 20 元；2005 年，评选为“中国最美丽的乡村”后，门票价格上涨为 30 元，伴随着客流量的持续增长，2005 年门票收入同比增长近 60%。在经济利益的推动下，村寨居民开始有了门票收入分红的愿望，并于 2004—2006 年通过村委会集体表决、书面申请等多种方式要求将门票收入分为 3 个部分进行合理分配。但当地政府强调门票收入用于偿还当地 7 千米道路的修建贷款，导致村寨居民的利益诉求无法实现，出现了一些冲突事件，甚至部分村民还有过激行为。“中国最美乡村”的利益冲突引起了社会各界的广泛关注，尤其是中央电视台、四川电视台、《华西都市报》等各级新闻媒体于 2006 年对其进行了大量报道，使当地政府面临多重压力。2007 年，县、乡两级政府经多次协调，明确了将甲居藏寨旅游的门票收入的 15% 用于村民分红，再通过社区在村寨居民内部进行二次分配。

第三阶段为 2008 年至今，体现为政府与村寨居民利益博弈的相对缓和阶段，由于地方政府与村寨居民之间进行了收益的界定，门票收入都会在每年年底按照约定的比例进行村寨和家庭的二次分配，再加上藏寨的品牌影响力越来越大，村寨居民收入广泛提高，使甲居藏寨的民族文化旅游业进入到平稳发展时期。2014 年，甲居藏寨的门票收入为 200 多万元，主体景区的一、二、三村每村分得 10 万，平均每户家庭能够分配 1800 元左右。但从目前的情况来看，又有了一些新的变化，2015 年，当地政府将景点的门票价格上涨为 50 元，有部分村民（尤其是家庭旅舍经营规模不大的村民）有了新的利益诉求，希望能进一步提高门票分配额度，甚至有村民反映，为了获得更多的物质利益，他们有时也会收取游客一半或者更少的门票费用，通过其他的路线将游客带入景区游览。

此外，村寨居民在与开发企业之间的利益博弈中也处于相对弱势的地位。目前，在甲居藏寨从事村寨文化旅游开发规模最大的企业为某集团公司下属的投资公司，实力雄厚且在业界的影响力深远，虽然在开发景区发展业态、开拓旅游项目等方面创造了部分就业岗位，但由于企业市场行为更加关注成本收益问题，导致景区开发过程中规划失序、缺乏村社参与、实施协调难度大，甚至逾越属地管理规定等问题客观存在。甲居藏寨属于典型的社区型景区，应该充分重视原住居民的利益诉求，但公司和村寨居民之间没有形成合力和共识，村寨居民只能从门票返还中获得微薄的分成，体现村寨特色文化的有形或无形资产没有得到保障和体现，导致村民对开发公司产生抵触情绪。例如，部分村民不按规划要求在景区内进行藏房乱搭建、环境卫生维护不力、弃种当地特色的景观农作物等。这些问题不但阻碍了景区创建进程，而且使广大村民对保护和传承民族文化失去动力。

通过甲居藏寨村民与地方政府、开发企业的利益博弈可以看出，广大村寨居民在世代的生产生活过程中创造了特有的村寨文化资源，因而，他们应该享有村寨文化开发过程中带来的收益。可是，当前的产权开发制度却损害了村寨的利益，不利于发展当地经济，同时也不利于保护特色村寨文化。尽管民族文化遗产带有共享色彩，可是共享范围应该只限于少数民族内部之间，而不是全体人民。从利益激励的角度上看，村寨居民享有文化产权，不但可以保护村寨居民的民事权益不受侵害，同时，也能够鼓励村寨居民加强自身文化的保护，推动村寨文化产业向着健康的方向发展，能够有效避免出现过度开发的现象，也能避免文化资源陷入公共资源的境地。在合理的产权结构中，如果其他人或者组织需要使用村寨文化资源，最主要的是必须得到村寨文化产权主体的同意。同时，还要合理使用村寨文化资源，不能做出任何有损村寨文化的事情，也不能做出伤害民族感情的事情。对于创造并传承文化资源的村寨居民来说，如果难以获得相应的经济收益，会导致文化主体失去参与保护和开发的积极性，村寨文化将失去发展的动力，村寨文化资源的产业化开发很难实现可持续发展。

8.3.3.2 村寨居民内部存在利益之争，导致负的外部效应产生

根据产权经济理论的分析框架，村寨文化资源明显地呈现出公共产品的一般特征。由于村寨文化承载着物质文化遗产资源系统和非物质文化遗产资源系统的严密体系，尤其是非物质部分体现出明显的共有产权特性，难以明确界定其具体归属，而是属于村寨文化资源所在地区的相关群体的共有资源，因此，村寨文化资源在当地居民的开发过程中体现出明显的公共产权外部性特点。当公共资源的外部性效应与寻租效应交织在一起，利益关联主体在村寨文化旅游资源开发过程中相互侵权的问题将不可避免而且可能会更加突出。

甲居藏寨通过多年村寨文化旅游业的发展，整体经济水平有很大提升，但在市场化开发背景下村寨居民之间的收入差距日益扩大，而且近几年有明显的进一步的趋势，总结其原因，主要包括3个方面：一是有的村寨民居所处地理位置占优势，或处于村寨道路必经处，或处于自然环境更优美的地点，构成相对完美的整体景观，因此，在客源竞争过程中处于相对有利的地位。二是部分村民经营能力和经营水平较高，有的藏家客栈在携程网、赶集网、58同城等网络展开了“景点+住宿”的营销工作，相对于其他村民在获得市场信息和拓展经营范围中具有明显的优势。三是部分居民家庭在旅游接待工作中具有先动优势，由于从业时间较早，在创业、经营、科技、信用等方面奠定前期经验，寨中有23户村民家庭被丹巴县旅游局授予“民居接待示范户”的荣誉称号，在当地的影响力较大，而且在游客中的口碑也较好。

这23户藏家客栈几乎成为每一季大多数客源的主要选择，收入较低的一年也能达到10万左右，而其他村民家庭因为从业时间短、经验不足、经营规模小等因素，接待客源较少，收入也相对较少。

由于主客观方面的原因导致村寨居民之间经济收入差距较大，直接引起旅游接待大户与小户之间、从事村寨旅游的接待农户与未做民居接待的村民家庭之间矛盾不断发生。甲居藏寨内部对于村寨文化资源的开发和旅游发展的管理也没有形成统一的管理机构或组织，收入失衡引起的心理落差，而且缺少相应的利益协调机构，导致村寨居民之间在食宿服务、工艺品销售等多方面经营的无序竞争，相互侵权的行为客观存在。田野调查显示，村寨居民之间相互侵权主要体现为两方面：一方面，通过各种方式争抢客源，当外地游客刚到村寨门口时，当地小散经营户就会群拥上前，进行拉客大赛，竞相压价诱客，甚至有的直接与旅行社带团导游早有约定，以回扣的方式吸引导游到自己家庭客栈消费，部分游客反映，还没来得及领略锅庄表演、服饰表演，就先见识到了言语摩擦和矛盾；另一方面，有的村民在自家经营活动期间不自觉维护村寨环境，制造噪音扰民，使邻居的正常生活受到影响，破坏和谐的邻里关系。例如，甲居三村有一家规模较大的村民客栈因接待游客数量众多，经常进行大中型的锅庄表演和互动节目，深夜也不停止，使邻居正常的生活休息受到影响，双方矛盾激化，最后通过当地公安机关才得以妥善处理。又如，有两户相邻的村民一直是旅游接待中的竞争对手，由于其中一家接待的游客有观赏油菜花的需求，而该村民家没有种植油菜，游客便去邻居家观赏，由于事先没有达成权益的共识，从而引发了两家的矛盾冲突。

通过以上事件可以看出，虽然家庭客栈、油菜地、家庭设施等属于村寨居民的私有财产，但都是甲居藏寨特色民族文化的物质承载物，需要依托当地所特有的民族文化资源和自然资源才能进一步增强其吸引力和开发价值，这些特有的民族文化资源和自然资源是广大村民约定俗成的公共资源。但目前在村寨开发过程中，村民并没有达成明确而一致的经营管理约定及收益分配机制，从而引发了为实现各自利益相互侵权的问题，难以形成合理的民族文化旅游资源保护性开发模式。

8.3.3.3 文化资源的产权界定不清，导致村寨可持续发展内生动力不足

少数民族传统文化资源的有效延续和传承已成为广大民族村寨可持续发展的精髓，由于开发不当所引发的文化生态破坏，轻则导致整个村寨文化吸引力减弱，特色文化旅游资源品位下降；重则造成传统村寨文化资源被外来文化同化直至消失。虽然能够运用现代技术展开抢修，结果也只是修复部分表面形态，难以恢复其原有的文化内核，使特色村寨失去其可持续发展的内生动力。村寨文化资源本身承载着多重产权属性：对于村寨居民而言，民族文化资源具有共享的属性；对于政府机构而言，民族文化资源具有管理的属性；对于投资公司而言，则体现为开发和收益的属性；对于游客而言，则具有观赏和体验的属性。由于复杂的产权属性及过高的交易成本约束了人们的行为，在各利益主体间清晰界定其中某项产权的难度都很大。村寨文化资源保护开发的相关要素都受到不同利益主体的控制，不同的要素产权共同构成村寨文化资源的权利束，如果村寨居民或社区独占这一组权利束，会因为人才匮乏、开发资金不足等原因，产生专业化损失，影响开发效率；如果企业或政府想完全占有这一组权利束，则需要与当地居民或社区进行交换，在信息不充分的条件下，全面获取、彻底转让和充分保护产权过程中会产生大量的“交易成本”。受到村寨文化资源的多重权益属性的限制，单个经济主体难以对其完全行使占有权和控制权，为了有效降低保护性过程中的交易成本及专业化损失，则需要合理分解产权，但是，由于不同的利益主体占有对其最有效率的村寨文化资源的不同权益缺乏有效的约束机制，导致侵权的现象普遍存在。

在甲居藏寨的经济运营过程中，随着经营规模的扩展，更多的利益主体介入到开发利用活动中，导致村寨文化资源属性越来越复杂，由于权益配置的边界不清晰，使保护性开发的交易成本和专业化损失进一步增加。例如，虽然同一村寨内的村舍民房、建筑遗址等物质文化遗产可以通过合理手段部分或全部划定其产权归属，但对于整体文化吸引力而言，它们又是不可分离

的重要组成部分。如果部分村民私自改变部分村寨建筑的外观或风格，将使村寨文化资源的整个品质下降，也变相地侵犯了其他利益主体的收益权。据调查，有部分村民为了获得超额利润，不遵守景区统一规划，在规划范围之外私自修建超高超大的旅游客栈，与当地的山形地势不协调，使景区整体面貌受到影响；有的村民为了迎合城市观光游客的便捷要求，擅自改变建筑风格，不再采用片石、黏土等藏寨传统的建筑材料，放弃使用经典的结构设计、构造做法和立面装饰风格，使嘉绒藏寨的民居逐渐失去历史积淀的精神内含。又如，随着村寨旅游业的持续推进，村寨居民的市场经济意识大大增强，有的村民为了快速获得经济收益，不再种植小麦、油菜等特色景观农作物，而将土地改建成为专门用于收费的停车场，虽然个人的收入有了暂时提高，但使村寨的整体景观风格受到负面影响；有的村民通过各种渠道为他人争夺客源和输送游客，从中提成或收取回扣，由于村寨内部缺少合理的利益共享机制和统一的定价标准，部分游客反映，到甲居藏寨旅游，除了门票和吃住的消费支付之外，其他方面的活动也基本围绕经济而展开，与想象中的纯朴民风相去甚远。[①] 不断增长的以经济利益为中心的风气使游客亲身体验传统民族文化和原生态民族风情的权益受到影响，增加了村寨文化资源保护性开发的交易成本和专业化损失，导致特色村寨可持续发展的内生动力逐渐弱化。

基于甲居藏寨的案例可以看出，依托西部地区特色的村寨文化资源，村寨居民和当地政府的经济状况有了明显改善，加快了当地的城镇化建设步伐，但由于少数民族文化资源的公共品属性及特殊的产权属性，难以在政府、开发企业、村寨居民之间进行相关权益的配置，再加上体制机制的不健全，引发了利益相关者之间的矛盾纠纷。为了有效杜绝少数民族文化资源在开发过程中由于主客观因素所导致的相关问题，推动川西北地区少数民族文化资源保护利用与新型城镇化建设的协调发展，需要在科学理论的指导下，

① 钟洁，李如嘉，唐勇 . 四川民族村寨社区旅游社会冲突的调控机制研究［J］. 开发研究 .2013（3）.

探索少数民族文化资源保护性开发的一般性规律，进一步明确目标体系，进行相应的体制和机制创新。

8.4 促进西部地区特色文化资源保护利用与新型城镇化建设协调发展

8.4.1 完善新型城镇化建设的路径

第一，加强新型城镇化建设规划。在规划新型城镇化时，系统地全面地对新型城镇化总体发展进行规划，明确新农村建设与乡镇、县区和较大城市群建设的发展方向和目标，促进新型城镇化提升到更高的水平，社会发展的各项专项建设规划应该被同步设计和完善，坚定社会和谐发展和可持续发展的原则，使现代文明和历史文化之间，以及人与生态环境的和谐之间同步发展，相互协调。

由政府主要领导和城乡规划管理机关构成联合执法组，共同领导责任追究制和双责任制，不仅要将环保、资源、规划和住建等方面协调在一起，还要完成对新型城镇化规划的执行监督机制的制定和完善。

第二，强化基础设施建设。加强城镇路网建设。在西部地区的基础设施建设规划中要有前瞻意识，预留道路的拓宽空间，提高县城、乡镇及农村的道路建设水平，扩大道路绿化范围；根据改造旧城区和建设新城区等机会，加强城市公共交通的分担率，向周边乡镇的旅游景点区扩展开，先从中心城市道路往郊区、县城、旅游景点延展，再从县城延伸到乡镇、农村聚集点；建立一个以县区为中心，节点为乡镇，网点覆盖在新村的综合交通体系，不仅要求快捷通畅，还要使各个网点和节点衔接紧密。

城镇基础设施系统的建立和改进。结合川西北地区的地理特征，利用太阳能等环保能源工程的建设对农民的生活水平进行不断地提升，提高对水、沼气等资源的重复利用率和使用效率，节约水资源；从县城延伸到乡镇再扩展到新村聚集点，扩大基础设施的供应系统的应用范围。

统筹建设城镇社会公共服务设施。增加学校的建设；扩大医院建设规模，增加医疗设备，加强医疗队伍建设，提高医疗水平；加快完善各县文化活动中心和体育场馆的建设。

第三，强化产业支撑。各县、乡镇应该结合实际，利用当地的资源禀赋，走特色发展道路。在产业发展中，应分析市场需求，以市场为导向发掘产业潜力，融合到市场经济中；加强产业园区的基础设施建设，提升产业园区的承载能力，注重发展循环经济和生态、绿色农畜产品加工产业，促进产业集中、集聚和集群发展；做优做大做强旅游产业，不断提升九寨沟、黄龙等核心景区建设的管理水平，建设更多4A级以上的景区，优化全域布局结构，并发展灾区重建游、乡村风情游、民俗文化游和休闲度假游。

创新发展农村产业。首先，要大力发展农畜产品加工业，鼓励采用各种形式兴办农产品加工企业，拉长农村产业链条，增加农畜产品附加值；其次，挖掘和发展特色高效农业，结合实际，发展中药材、食用菌、果蔬等种植业，发展牦牛、生猪、禽类等养殖业；最后，大力发展农村经济合作组织，促进农民就业，增加农民收入。

第四，拓宽筹资融资渠道，加大资金投入。发挥财政资金对城镇建设的撬动作用，有效整合各类资金支持新型城镇化建设。规范现有融资平台，完善运作机制，引导社会资本投入城镇化建设。州、县发展改革部门切实做好城市基础设施建设、保障性住房建设、公共服务等民生项目的申报和审批工作，积极争取中央、省专项资金，加快城镇建设；州、县财政部门建立和完善支持城镇建设资金稳定增长机制，拓宽筹资渠道，调整优化支出结构，将城市维护建设税、城市公用事业附加税、城市基础设施配套收入按规定用于基础设施和公用设施建设中。

其五，加强县城集镇建设。加快推进马尔康、茂县、九寨沟、金川、小金、阿坝等县城改造和新区建设，拓展城镇空间，扩大城镇规模，提升吸纳聚集和辐射带动能力，培育建设中心城市；加快推进日隆镇、凤仪镇、唐克镇、进安镇、川主寺镇、永乐镇、漳扎镇、观音桥镇等重点旅游集镇的改造和升级，完善旅游配套设施，强化产业服务功能；加快推进土门乡、邛溪镇、镇江关、青云、下孟等产业化镇（乡）建设，围绕服务当地园区、企业，增强配套服务功能，带动人口聚集、就业；加快推进瓦切、色地、麦尔玛、班佑、南木达等牧民定居和扶贫搬迁规模化聚居地的建设完善和幸福美丽家园的改造提升，不断优化人居环境。

8.4.2 通过文化资源保护利用推进新型城镇化建设

第一，充分认识非物质文化遗产保护的必要性和现实意义。非物质文化遗产不仅只是某个群体独有的文化特点和审美特性，而是具备了其他在现代工业社会中产生的文化所不具备的独特性，在某种程度上来说，一旦非物质文化遗产消失了，那么民族文化也会逐渐趋于消亡，是不能再还原的。非物质文化遗产一般是由人们口耳相传留下来的，并没有先进的记录手段予以记录，往往是任由其消亡，无法对其进行复原。在川西北地区，尽管存在着丰富多样的非物质文化遗产，但是，这些脆弱的非物质文化遗产处于消亡的困境中，凭借行为和口授进行传承的文化资产的消失还算是预料之中的事，但是，被记录的大量实物和具有价值的文化资料也开始被人们过度开发、滥用甚至被倒卖到国外，使得非物质文化遗产面临消亡。还由于缺乏一定的研究资源、教育和人才培养方式落后等原因，使得川西北地区应加强对非物质文化遗产的保护和管理。因此，提高认识、转变思路、全面保护工作应及时推进。

第二，对濒危项目进行“消防式”紧急抢救。通过全面梳理和排查，对具有重要价值和代表性强的文化遗产项目进行重点保护和及时抢救。重点针对传承人年事已高的项目、生物濒危项目、高潜力项目、高价值项目等保护项目开始深入调查工作，同时积极引入先进的技术和设备，对各类濒危民族文化项目进行信息采集、视频收集、录音保存传播和数字化加工处理。

第三，完善文化资源产权评估、产权运营及利益分配机制。一是研究科学合理地评估民族文化资源资产的方法、原则，以及具体的指标体系，将民族文化资源资产纳入量化管理体系，增强对其进行科学评估和评价的能力；二是进一步整合区域民族文化资源进行规模化的管理和开发，实行区域文化资源整合。健全民族文化资源社会化的重要渠道，减少资源浪费，提高资源利用效率；三是遵循现代产权经济理论，建立完善的民族文化产业收入分配制度。科学界定地方政府、开发企业、文化传承人及当地少数民族群众之间对文化资源的相关权益束，允许各利益相关者通过各自的权益，在合理的范围内获得适当的收入。

第四，政府运用行政手段予以支持。对于广大西部地区特色文化资源的保护利用，应结合当地的传统习俗和体制特点，发挥政府的主导作用，通过行政手段进行科学引导，在保护规划的制定和完善、保护人员的培养、保护机构的建立，以及特色文化资源核心内涵的宣传教育等方面克服市场手段的局限，从而建设起相对完善的保护性开发体制。

第五，加快立法工作进程。要进一步推动政策法规建设，依据《中华人民共和国非物质文化遗产法》及国家、省颁布实施的管理办法，尽快颁布实施“非物质文化遗产法保护条例”“非遗项目及传承人管理办法”等一系列规章制度。促进非遗保护工作制度化、规范化和科学化。

第六，加强对代表性传承人进行保护。对西部地区特色文化传承人的有效保护是所有工作的核心和关键，必须把抢救和保护文化遗产传承人的工作纳入重要的议事日程：一是要对全州现存的州级以上非物质文化遗产代表性传承人进行全面普查登记，建立健全其档案；二是要力争将现存的州级以上非物质文化遗产代表性传承人，纳入文化行政主管部门文化艺术专业人才序列中进行统一管理；三是要按照非物质文化遗产类别和濒危状况，切实抓好代表性传承人的申报工作，纳入国家、省、州的抢救保护范围；四是根据国家、省、州批准的非物质文化遗产代表性传承人的级别及其项目濒危状况、价值影响力等因素，争取地方财政配套给予传承人一定的生活补助，减轻他们的生活负担，鼓励其传承积极性；五是根据非物质文化遗产类别和濒危情况，要将抢救保护经费纳入地方财政预算，解决好保护项目的资金问题；六是当地党委、政府尤其是文化行政主管部门，要为文化遗产传承人创造良好的传承环境，解决必要的设施设备；七是要将非物质文化遗产代表性传承人的培训纳入当地文化工作的重要内容，纳入当地文化艺术人才队伍的培养计划，纳入年度目标任务同安排、同部署、同检查、同考评。坚持文化部门组织集中培训和非遗项目代表性传承人“传、帮、带”等形式相结合，进行培养培训，避免因老艺人的离世而使得文化遗产消失的现象。

第七，建立“特色文化生态保护区”。以川西北地区为例，因其历史因素和地理条件，形成了德格文化圈、嘉绒文化圈、木雅文化圈、汉藏商贸文化圈、游牧文化圈、扎巴文化圈、帕错文化圈、彝文化圈等多个“亚文化圈”。针对这部分文化生态相对完整且又独具特色的文化区域，应根据各自情况规划制定不同的保护措施和抢救手段，进行动态的整体性保护。具体措施主要包括5点：一是邀请有关专家在认真调研考察的基础上，由州、县人民政府公布一批民族文化生态保护区、历史文化名城、名镇（村），并申报为省和国家级的文化生态保护区、历史文化名城、名镇（村）；二是必须把民族文化生态保护区、历史文化名城、名镇（村）的工作纳入当地经济社会发展规划、纳入当地党委政府重要议事日程、纳入民族文化遗产保护规划、纳入城乡建设规划、纳入地方财政预算；三是要充分发挥当地群众的积极性和主动性，在当地党委、政府领导下，成立州、县、乡、村民族文化生态保护协会，加强民族文化生态保护区的保护工作；四是依法制定本区域内文化遗产和文化环境的保护实施细则，克服乱建设、滥开发的违法破坏现象；五是设立民族文化生态保护基金，让全社会都来关心支持和帮助民族文化遗产的保护工作。

第八，进一步完善工作机制。结合国家、省提供的政策依据和工作措施，以及目前西部地区的实际情况，不断完善工作机制。坚持以资源为载体，以保护为重点，以合理利用为目的；加强保护，合理利用，高标准、宽领域、深层次编制好《文化遗产保护规划》（以下简称《规划》）。在《规划》的指导下做好保护工作，在做好保护工作的前提下，合理利用和开发好民族文化资源。建立健全地区之间、部门之间的民族文化资源案件移送、信息通报、配合调查等配套制度，组织成立具有信息服务、案件督办、数据分析、状况评价、监测预警等管理功能的服务平台，实现执法协调部门、行政执法部门和司法保护机关的配合管理工作，各地区、各部门根据各自的情况成立民族文化资源管理领导小组，对当地的传统文化资源的管理和保护进行全面统筹协调，使传统优秀的文化资源为广大西部地区经济社会又好又快发展服务。

综上所述，广大西部地区，由于偏远的地理位置、艰苦的气候条件，以及历史的原因，综合协调发展受到了较大的约束，以至于成为制约我国顺利迈向全面小康社会的一大瓶颈。一方面，由于环境脆弱；另一方面，由于是主体功能区，是限制性开发地区，原本工业基础薄弱，传统的以工业发展来推动城镇化之路显然不能打破瓶颈，但西部地区拥有独特而丰富的自然资源，环境优美，悠久的藏族民族文化熠熠生辉，深深地吸引着世人。因此，在西部地区，新型城镇化和民族文化资源的开发应该成为迈向现代化的两翼，两者的协调发展是推进西部地区全面建成小康社会的必然选择。

伴随着改革开放的步伐，尤其是第二阶段西部大开发战略的全面推进，西部地区的城镇化建设和民族文化资源产业化发展取得了较大的成就，但由于受到主客观因素的影响，还面临着物质文化资源开发过程中过于注重市场化行为、基础设施相对落后、保护和开发资金短缺、区位开发失衡、红色旅游资源利用层次较低、物质文化利用的同质化现象严重、缺少先进的开发理念作支撑、非物质文化遗产人才培养工作相对滞后、理论研究和政策研究还相对处于滞后等诸多问题，需要在科学理论的指导下，探索西部地区特色文化资源保护性开发的一般性规律，进一步明确目标体系，进行相应的体制和机制创新，推动我国西部地区特色文化资源保护利用与新型城镇化建设的协调发展。

参考文献

1. 郑长德 . 中国西部地区的经济发展［M］. 北京：科学出版社 .2009.

2. 张建世，杨正文 . 西南少数民族民间工艺文化资源保护研究［M］. 成都：四川民族出版社 .2005.

3. 钟海燕．中国少数民族西部地区构建新型城镇化战略格局研究［M］. 北京：中国经济出版社，2013.

4. 钟敬克 . 民俗学概论［M］. 上海：上海文艺出版社，2009.

5. 冯天瑜，何晓明，周积明 . 中华文化史［M］. 上海：上海人民出版社，2010.

6. 段宝林 . 民间文化教程［M］. 北京；高等教育出版社，2006.

7. 冯撰才 . 紧急呼救［M］. 上海：上海文汇出版社，2003.

8. 林耀华 . 民族学通论［M］. 北京：中央民族大学出版社，2005.

9. 丹增 . 文化产业发展论［M］. 北京：人民出版社，2005.

10. 蔡武 . 文化部"十二五"时期文化改革发展规划解读［M］. 北京：新华出版社，2012.

11. 王文章 . 非物质文化遗产概论［M］. 北京：文化艺术出版社，2006.

12. 朱从兵，钱宗范 . 民族传统文化与当代民族发展研究——以广西为例［M］. 合肥：合肥工业大学出版社，2008.

13. 郝朴宁 . 民族文化遗存形态的产业社会化与生态文化创建［M］. 北京：科学出版社，2010.

14. 贾银忠 . 中国少数民族文化产业发展概论［M］. 北京：民族出版社，2012.

15. 赵世林 . 云南少数民族的文化产业与文化传承机制研究［M］. 北京：民族出版社，2010.

16. 青觉，谢广民 . 边疆民族文化的保护和开发与兴边富民［J］. 宁夏社会科学 .2001（11）.

17. 段超 . 再论民族文化生态的保护和建设［J］. 中南民族大学学报（人文社会科学版）.2005（7）.

18. 王晓君，邓志新 . 村寨文化产业发展的知识产权策略［J］. 国家行政学院学报，2013（5）.

19. 黄晓 . 产业化视角下的贵州民族民间文化资源保护［J］. 贵州社会科学，2006（3）.

20. 孙诗靓，马波 . 旅游社区研究的若干基本问题［J］. 旅游科学，2007（2）.

21. 保继刚，孙九霞 . 雨崩村社区旅游：社区参与方式及其增权意义［J］. 旅游论坛，2008（8）.

22. 唐剑，贾秀兰 . 西藏民族文化旅游资源的保护性开发——基于产权经济与关联博弈双重理论视角［J］. 财经科学，2011（1）.

23. 唐剑，贾秀兰 . 西藏生态环境保护体系的构建——基于双重约束机制的分析框架［J］. 西南民族大学学报（社科版），2012（3）.

24. 唐剑，江宗德 . 贵州民族文化的保护开发与民族文化旅游业可持续发展研究［J］. 特区经济，2010（4）.

25.［美］巴泽尔。产权的经济分析［M］. 费方域，段毅才译 . 上海：上海三联书店，2006.

26. 孙诗靓，马波 . 旅游社区研究的若干基本问题［J］. 旅游科学，2007（2）.

27. 王汝辉，巴泽尔产权模型在少数民族村寨资源开发中的应用研究［J］. 旅游学刊，2009（5）.

28.［英］伊恩·莫法特，宋国君译 . 可持续发展：原则、分析和政策［M］. 北京：经济科学出版社 .2002.

29. 中国旅游研究院 . 中国区域旅游发展年度报告 2011—2012 [M] . 北京：中国旅游出版社 .2013.

30. 姚慧琴，徐璋勇 . 中国西部经济发展报告（2012）[M] . 北京：中国人民大学出版社 .2013.

31. 代艳 . 以旅游业作为重要支柱产业促进西藏经济跨越式发展问题研究 [D] . 西藏民族学院硕士学位论文，2007.

32. 董迎轩，田艳 . 少数民族传统文化产权纠纷解决机制研究 [J] . 贵州民族研究，2013（1）.

33. 唐德彪 . 民族文化旅游资源产权制度问题思考 [J]. 黑龙江社会科学，2007（2）.

34. 黄君慈，罗杰 . 声誉、关联博弈与民间信用私人实施机制 [J] . 江淮论坛 .2006（3）.

35. 刘训华 . 湘西民族文化旅游产权存在的问题及其对策 [J] . 吉首大学学报（自然科学版），2010（1）.

36. 文红，唐德彪 . 产权制度的构建与民族文化旅游资源开发 [J] . 云南社会科学，2007（5）.

37. 何颖，颜景，何晓萍 . 广西民族文化的产业化发展研究 [J] . 广西民族研巧，2001（2）.

38. 李锐 . 云南民族文化产业化研究 [J] . 云南行政学院学报,2002（2）.

39. 马平 . 全球化格局下的民族文化多元化发展趋势 [J]. 青海民族研究，2005（1）.

40. 资华筠 . 面对新世纪的文化生态保护 [J] . 中华文化画报,2005（3）.

41. 刘志群 . 西藏民族民间传统文化遗产保护的重要性？急迫性和艰巨性及其对策思考 [J] . 新华文摘，2005（1）.

42. 和少英 . 民族文化保护与传承的“本体论”[J] . 云南民族大学学报（社会科学版），2009（2）.

43. 祁庆富 . 存续“活态传承”是衡量非物质文化遗产保护方式合理性的基本准则 . 中南民族大学学报（化会科学版），2009（5）.

44. J.venon.Henderson, H young Gun wang.Uranization and City Growth: the Role of Institutions [J] . *Region Science and Urban Economies*, 2007 (37) .

45. Sassen.S. *The Global city : New York, London, Tokyo* [M] . Princeton, NJ: Princeton University Press, 1991.

46. Keir, R. *Losangeles : Globalization, Urbanization and Social Struggle*[M]. John Wiley & Sons, 1998.

47. Douglass, M.Mega-urban Regions and World City Formation: Globalization, the Economic Crisis and Urban Policy Issues in Pacific Asia [J] . Urban Studies, 2000, 37 (12) .

48. Sit.*Globalization.Foreign Direct Investment, and Urbanization in Developing Countries* [M] .World Bank, 2001.

49. Song shun feng, Zhang K.H.Urbanization and City Size Distribution in China [J], *Urban Studies*, 2002, 39 (12) .

50. Chang & Brada G.H.The Paradox of China's Growing under Urbanization [J] . *Eeonomic System*, 2006 (30) .

51. Riccardo Di Cecio, Charles S.Gascon.Income Convergence in the United States: Atale of Migration and Urbanization [J] . *The Annals of Regional Science*, 2009 (2) .

52. Geoffiey.W.Preserving Nature and Cultural Heritage [J] . *Annals of Tourism Research*, 1995, 22 (3) .

53. Fletcher, R., Johnson, et al.Living with Heritage: Site Monitoring and Heritage Values in Greater Angkorand and the Angkor World Heritage Site, Cambodia [J] . *World Archaeology*, 2007, 39 (3) .

54. Caflfyn, A., J.Lutz.Developing the Heritage Tourism Product in Multi Ethnic Cities [J] .*Tourism Management*, 1999, 20 (2) .

后　记

“社会主义文化强国建设”已成为新时代中国特色社会主义建设的重要组成部分，不断增强全民族文化创造活力也成为建设社会主义文化强国的重要途径和实现基础，中华民族文化繁荣发展正面临着前所未有的重大战略机遇，必将迎来新的辉煌。独具特色的传统文化资源是发展和繁荣社会主义文化事业和文化产业的根基，尤其是广大西部地区的文化建设事业，在很大程度上影响着我国民族团结和边疆稳定的大局。由于主客观方面的原因，在西部地区进行特色文化资源开发和文化产业发展的过程中，地方文化资源受到不同程度的破坏，甚至一些独具特色的传统文化日渐消亡，使特色文化事业的可持续发展面临较大的压力。如何在全面开发和深度打造特色支柱产业的进程中更好地保障各民族群众的基本文化权益、持续提升社会主义文化的整体实力和综合竞争力、不断增强中华文化的国际影响力是新时代社会主义事业建设面临的重大课题。需要我们立足于特色文化资源的基本属性，运用科学的方法不断探索特色文化产业发展的内在规律，对中国特色文化资源的保护性开发进行全面分析，这也是本书写作的主要意图。

首先，感谢众多良师益友的帮助和指导。在西南财经大学刘灿教授、李萍教授、程民选教授，以及西南民族大学张明善教授、刘晓鹰教授、赵心愚教授、郎维伟教授、刘勇教授、张友教授、杜文忠教授、张立辉教授、蒋彬教授、杨正文教授、张原教授、汤芸教授等众多良师益友的关心和指导下，使我从一个对中国改革与发展问题有着懵懂爱好的青年教师，逐渐成长为具有一定积累的民族经济及民族文化研究工作者。本书的内容，则是对前期各项研究工作的总结和梳理。

其次，感谢西南民族大学西南民族研究院、马克思主义学院、管理学院、经济学院、科技处、民族学博士后流动站的各位领导、朋友和老师，在我多年的求学和工作经历中给予我大力帮助和支持。

此外，本书在撰写及前期相关论文的写作过程中，我与课题组成员深入广大西部地区进行了大量的调研工作，得到了各级部门的大力协助，在此衷心感谢藏区各级相关部门、研究机构的领导和朋友给予的真诚帮助。本书撰写过程中引用了国内外相关学者的研究成果，在此一并致以谢意。

最后，与我朝夕相伴的家人，是我人生历程中的坚实后盾。想起家人，心里总是充满着温暖，感恩、感动和感激之情由然而生。

随着中华民族伟大复兴步伐的稳健迈进，广大西部地区的跨越式发展获得了较多的契机，我们科研工作者必将投入到更加全面地学以致用的浪潮之中，学科的整合、知识的积累、研究范围的扩展，均是我们面临的艰巨任务。老师的指导、朋友的帮助、家人的关心，将鞭策我在今后的日子里，怀揣着梦想，在知识的海洋持中续躬行，为西部地区的建设发展添砖加瓦！

唐　剑

2020 年仲秋于蓉城